中華文化思想叢書

先秦文藝思想史

第四冊

李春青　著

目次

第三編　禮樂制度與藝術精神

第三冊

第六編
楚文化及其藝術精神

第二十六章
楚地的族群構成及其文明形態

　　春秋戰國時期，在中國的南方有一支高度發達且獨具特色的區域文化——楚文化，其所取得的成就輝煌絢爛，萬世仰慕。千百年來引起無數學者對其熱切關注和傾心研究，尤其是二十世紀三〇年代以來，諸多出土文獻相繼問世，它們與已有的傳世文獻或呼應或補充，共同推進了楚文化研究向縱深方向發展。一般認為，楚文化是以南方楚族的傳統文化為主，以中原周文化為次，兼有其它土著民族文化而形成的一個綜合體。它形成於春秋末期，一直延續到戰國結束。可以說，楚文化自周代勃興之始，就與同期的中原文化並駕齊驅，共同照亮了華夏文明的夜空，正如學者所言：「從楚文化形成之時起，華夏文化就分成了北南兩支：北支為中原文化，雄渾如觸砥柱而下的黃河；南支即楚文化，清奇如穿三峽而出的長江。這北南兩支華夏文化是上古中國燦爛文化的表率，而與時代大致相當的古希臘和古羅馬的文化遙相輝映。」[1]楚文化的輝煌成就使其在中國文化史上的地位越來越突出，越來越受到學術界重視，並一度引起學者改寫中國古代文明史的願望。

　　創造出如此文化成就的楚地，其文化主體的構成怎樣，其文明形態又是如何形成的呢？考慮到楚國在先秦時期疆域之廣、享國之久及其在整個南中國的地位，從結構這一角度出發對其族群進行整體分析是必要且適宜的。可以說，以族群結構為出發點，以族群動態演變過

1　張正明：《楚文化史》導言，上海，上海人民出版社，1987，第1頁。

程、族群最終構成及族群間相互關係為主要考察內容，在對其民族來源、與其它族群的關係及勢力範圍的此消彼長與文化交流的觀照中，凸顯楚文化的族群結構特徵，無疑是一個很好的角度。

第一節　楚族作為核心族群促進地域文明的發展

楚族是在江漢地區興起的一個古老部落，在古文獻中又稱為「荊」、「荊楚」，如《今本竹書紀年》載夏桀二十一年，「商師征有洛，克之。遂徵荊，荊降」[2]，此處「荊」即指楚族。在《詩經》《史記》等文獻裡，楚還有「楚蠻」、「荊蠻」、「蠻荊」等稱謂。楚地的族群構成極其複雜，「楚蠻」也不能完全等同於楚族和楚國。學者對此亦有辨析：

> 在人文地理的意義上，「楚」則有二義，一是指芈姓楚國，二是指南方楚蠻。熊繹的封地在楚蠻之地，因此楚蠻與楚國是有交集的，後來楚國與楚蠻合為一體，楚蠻盡數融入楚國，因此，楚國與楚蠻二者，便不大分得清楚。按西周及東周早期時，尚是楚國與楚蠻並立的局面，此時楚國小而楚蠻大，楚國在楚蠻之內；到了東周時，楚蠻盡為楚國所併，楚國奄有南方之地，而楚蠻無蹤矣。由於東周時楚蠻消失無蹤，只有楚國而無楚蠻，於是人們便不免下意識地認為文獻中的「楚」，必是楚國，其實西周時期，楚蠻與楚國共存於世，而且此時的楚蠻要比楚國大得多。[3]

2　王國維：《今本竹書紀年疏證》，見方詩銘、王修齡：《古本竹書紀年輯證》，上海，上海古籍出版社，2005，第222頁。

3　尹弘兵：《周昭王南征對象考》，《人文雜誌》2008年第2期。

楚人雖興起於江漢地區，但在西周春秋時代，江漢地區原為百濮居處。《國語・鄭語》載：「夫荊子熊嚴生子四人……叔熊逃難於濮而蠻。」韋昭注曰：「荊，楚也。熊嚴，楚子鬻熊之後十世也……仲不立，叔在濮。」又載：「及平王之末……楚冒於是乎始啟濮。」韋昭注曰：「濮，南蠻之國，叔熊避難處。」通過這些文獻記載我們可以看到，楚人曾與百濮共居於江漢。至西周末葉，由於楚冒佔據濮地，濮人才被迫遷徙他地。戰國時，楚地已無濮人，楚國境內的居民已主要是群蠻諸部和漢東的揚越。

至於楚國的公族世系，《史記・楚世家》載：

> 楚之先祖出自帝顓頊高陽。高陽者，黃帝之孫，昌意之子也。高陽生稱，稱生卷章，卷章生重黎，重黎為帝嚳高辛居火正，甚有功，能光融天下，帝嚳命曰祝融。共工氏作亂，帝嚳使重黎誅之而不盡。帝乃以庚寅日誅重黎，而以其弟吳回為重黎後，復居火正，為祝融。吳回生陸終。陸終生子六人，坼剖而產焉。其長一曰昆吾；二曰參胡；三曰彭祖；四曰會人；五曰曹姓；六曰季連，羋姓，楚其後也。昆吾氏，夏之時嘗為侯伯，桀之時湯滅之。彭祖氏，殷之時嘗為侯伯，殷之末世滅彭祖氏。季連生附沮，附沮生穴熊。其後中微，或在中國，或在蠻夷，弗能紀其世。
>
> 周文王之時，季連之苗裔曰鬻熊。鬻熊子事文王，蚤卒。其子曰熊麗。熊麗生熊狂，熊狂生熊繹。熊繹當周成王之時，舉文、武勤勞之後嗣，而封熊繹於楚蠻，封以子男之田，姓羋氏，居丹陽。楚子熊繹與魯公伯禽、衛康叔子牟、晉侯燮、齊太公子呂伋俱事成王。

目前，對「祝融」、「陸終」等楚之遠祖雖還有一些爭議，但楚人的世系還是比較清晰的。周初，楚已脫於蕞爾小族之林，建號立國並躋身周室大邦之列。儘管如此，中原諸夏在很長一段時間內對較為落後的荊楚民族頗為藐視。《春秋穀梁傳・莊公十年》曰：「荊者，楚也。何為謂之荊？狄之也。何為狄之？聖人立，必後至；天子弱，必先叛，故曰荊，狄之也。」他們不主動向聖賢靠攏，天子力量衰弱之時卻首先叛亂，在中原諸民族看來，這是野蠻無禮的表現，故稱之為「荊蠻」、「蠻荊」。

楚文化作為南方文明的主要驅動力，是楚民族以自身的文化為基礎，同時兼取其它民族文化的成果。探求楚人的族群構成是解讀此一文化的前提，而楚人的族群構成則與楚人的來源密切相關。關於楚人來源，學界主要有四種觀點：

一是東來說。郭沫若根據西周青銅器《令簋》《禽簋》銘文推斷「淮夷即楚人，即荊蠻」，「為殷之同盟國」[4]；又說：「淮夷即楚人，亦即《逸周書・作雒解》中之『熊盈族』」[5]；又說：「楚之先實居淮水下游，與奄人、徐人等同屬東國……熊盈當即鬻熊，盈鬻一聲之轉，熊盈族為周人所壓迫，始南下至江，為江所阻，復西上至鄂。至鄂而與周人之沿漢水而東下者相衝突。」[6]

二是西來說。岑仲勉從王名帶「熊」字、莫敖官名的獨特性，及楚姓之「芊」與西亞古國米地亞之「米地亞」音合，說楚之先祖顓頊、重黎、祝融皆為「西方人物」。[7]姜亮夫認為：「楚國的發祥地在

4　郭沫若：《中國古代社會研究（外二種）》，石家莊，河北教育出版社，2000，第278頁。

5　郭沫若：《郭沫若全集・考古編》第4卷，北京，科學出版社，2002，第58頁。

6　郭沫若：《郭沫若全集・考古編》第5卷，北京，科學出版社，2002，第112頁。

7　岑仲勉：《兩周文史論叢（外一種）》，北京，中華書局，2004，第61頁。

西方⋯⋯高陽氏來自西方，即今之新疆、青海、甘肅一帶，也就是從崑崙山來的。」[8]又說：「以夏起西方⋯⋯以楚為夏后，蓋亦以為西方民族也。」[9]

　　三是土著說。這一觀點認為，楚文化的基礎是以江漢地區各民族文化為主體，同時也接受中原青銅文化的影響。林惠祥說：「荊人所立之國為楚。其族至春秋時尚自居於蠻夷，自別於『諸夏』或『中國』；諸夏亦稱之為蠻荊或荊蠻」，「大抵荊楚原為南方民族，至少自殷中葉即奠居江漢荊山一帶。」[10]《詩・商頌・殷武》云：「維女荊楚，居國南鄉。昔有成湯，自彼氐羌，莫敢不來享，莫敢不來王，曰商是常。」商王朝曾發動大規模的征伐，至成湯時期，荊楚部落開始臣服於商，對商王朝納貢，成為殷商王朝的南土方國。當然，這裡所說的殷商時期的荊楚，在較大程度上是一種地域概念，泛指淮河以南、長江中下游湖北荊山及豫南南陽盆地一帶的部族和大小方國，而楚部族僅僅是其中的一支。

　　四是北來說。這一觀點認為，楚文化不是本地區原始文化直接發展的結果，而是在中原文化基礎上發展起來的，其中周文化是楚文化的主體。楚文化南下發展也吸收了江漢地區土著文化因素，楚文化的中心區域也經歷了由北向南的遷移。張正明認為：「楚文化的主源絕非三苗文化，而是祝融部落集團崇火尊鳳的原始農業文化。」而「祝融諸部分布在商朝的南境⋯⋯後來隨著殷人的逐步向南開拓而同步向南展寬。」[11]北來說重視對楚貴族文化的探討，所總結的楚文化形

8　姜亮夫：《楚辭今繹講錄》，昆明，雲南人民出版社，1999，第48頁。

9　姜亮夫：《三楚所傳古史與齊魯三晉異同辨》，見《楚辭學論文集》，上海，上海古籍出版社，1987，第92頁。

10　林惠祥：《中國民族史》，北京，商務印書館，1993，第94、98頁。

11　張正明：《楚文化史》，上海，上海人民出版社，1987，第11-12頁。

成、楚文化基本特徵都是以青銅文化為出發點，最重要的考古學證明是淅川下寺等楚貴族墓的喪葬習俗。

綜觀這四種說法，我們認為周建忠的判斷較符合客觀實際。他說：「相比較而言，『西來說』最不可取，既無文獻依據，又無考古證明，所以大多數學者不予採納。『東來說』有較早的文獻依據，但與考古發現相悖……而『土著說』與『北來說』，均有文獻依據與考古發掘支撐，具有一定的理由與根據。而且兩說都承認楚文化是一個源流紛披、結構多元的文化系統，在其產生過程中江漢地區土著文化和中原周文化都曾發揮過重要作用……兩說也有一些相同的困難：比如尋找丹陽『城』的努力了無結局，楚都丹陽至今渺無蹤跡，也沒有確切的文獻證明丹陽作為城或都城的性質；文獻對春秋中期以前楚國的疆域範圍記載不明或過於簡略；考古發掘還缺乏比較系統或上下銜接的證據；還需要比較堅實的基礎理論作指導。」[12]楚族來源之所以歧說紛出，除了無法彌補的「文獻不足徵」的遺憾之外，還與楚族來源多元化有關。林河有一種看似調和的論斷，實際上可以對迄今為止限於傳世文獻和考古材料得出的各種結論作出總結，他說：「楚王族如是少數民族，也不可能排除外來文化的影響；楚王族如係華夏正統，因其身處蠻夷之處，其臣民也未必全是華夏子孫。」[13]以楚為中心的南方文化呈現出的這種態勢，正與中國文化的多中心說相應。

至於楚地的文化成就，根據現有的資料，主要表現在這幾個方面：其一，老莊哲學；其二，屈原的辭賦；其三，手工藝，如青銅冶鑄、絲織、刺繡和髹漆工藝；其四，楚地的美術和樂舞。可以說，楚人所創造的文化成就及其反映出的藝術精神，充分展現了楚地文化形

---

12 周建忠：《出土文獻傳統文獻學術史——論楚辭研究與楚文化研究的關係與出路》，《文學評論》2006年第5期。

13 林河：《九歌與沅湘民俗》，上海，上海三聯書店，1990，第6頁。

態的多樣性、包容力和唯美主義傾向，大大提升了中國傳統文化的美學品位並深刻影響了中國藝術的文化性格。當然，這些成就的取得絕非楚族獨力之功，眾多歸服於楚的族群及與楚地有地緣關係的族群都作出了貢獻。

第二節　地緣共生族群對楚地文明的貢獻

地緣共生族群指的是因地緣關係而處在一個大的文化區域內共同生存、相互交流的族群。在楚地的地緣共生族群當中，楚地土著族群對楚地文明發展作出的貢獻是原發性的。春秋戰國時期，與楚國經常發生關係的土著民族主要有濮、越、巴、蠻等，其中，百濮部落和楚國發生的關涉較多。所以，想要了解南方楚地文明形態，離不開對楚、吳、越、巴、蜀等族群及區域文化的交流的探究。

春秋戰國時代，楚人政治與文化的發展路徑是不同的，在政治上是向外的地域拓展，文化上則是向內的廣泛吸收。這幾乎是後進民族向外擴張的共性，也是楚國國勢強盛的重要原因。美國人類學家羅伯特・F.莫菲指出：「許多人類學家試圖解釋某些地區代表文化的相似性，一個著名的解釋是：鄰近集團在文化上的許多共同點是通過『擴散方式』，即習俗、知識、藝術從一個社會向另一個社會的傳播造成的。另一個對地區文化特徵的解釋特別強調這些地區解決最基本的生存方式的相似性。」[14]「擴散」、「傳播」與「最基本生存方式的相似性」是文化影響的關鍵因素。在先秦時期的中國南方，由於山水的阻隔與聯結等地理上的原因，那些與楚人關係密切的族群，也與楚人擁

---

14 〔美〕羅伯特・F.莫菲：《文化和社會人類學》，吳玫譯，北京，中國文聯出版公司，
　　1988，第97頁。

有大致相同的生活方式和生產資料的來源，這是他們之間進行文化交流，並與楚文化在相依共生中形成新型地域文化的前提。這些新型的地域文化，與楚文化一起，成為我國民族文化星空中的璀璨明星，閃耀於歷史的長空。

一　吳、越族群

先秦時代，吳人與越人的關係至為密切。他們操有共同的語言，《吳越春秋・夫差內傳》載：「吳與越同音共律。」《呂氏春秋・貴直論・知化》也說吳與越「言語通」；奉行共同的文化習俗，即龍圖騰、鳥圖騰、紋身斷髮、雕題黑齒；表現為大體相似的性格特徵，理智、冷靜、機敏，富於冒險精神。地緣上的接近、經濟生活上的來往、政治方式的相通與軍事上的聯合與爭鬥，使得吳、越經常被人們相提並論。

關於吳、越文化與楚文化的關係，《漢書・地理志》載：「本吳、粵與楚接比，數相併兼，故民俗略同。」吳、越本與楚地壤相接，並且多次發生兼併戰爭，民族融合較為深入，因而在民俗上呈現出極大的相似性。楚民族也影響到了吳越文化，李伯謙說：「地處長江下游的吳越兩國，有著自己固有的文化傳統。從族系來說，它們均屬古越族，在文化內涵上與華南和東南沿海諸省的同期遺存也有相似的因素，但若從其文化主流觀察，由於東周時期與中原和楚地交往頻繁，受中原和楚文化影響很深，完全可以將其從百越文化中分離出來，看做是以中原為主體的統一的青銅文化的一部分。」[15]他雖然沒有對楚文化如何影響吳越文化展開詳細論述，但顯然已經注意到了楚文化對

---

15 李伯謙：《中國青銅文化結構體系研究》，北京，科學出版社，1988，第9頁。

吳、越的深刻影響，實為見道之論。楚文化雖與吳、越文化共同植根於華夏文明的沃土之中，但畢竟是不同的文化個體；儘管吳、越文化在長期的歷史發展中各與楚文化有所融合，但追根溯源，三者正如並立的三株大樹，雖有交叉，仍能保持相對獨立，而又呈現出不同的特徵。

（一）吳族源流及吳楚關係

吳人先祖原出於周人。《史記・吳太伯世家》載：「吳太伯，太伯弟仲雍，皆周太王之子，而王季歷之兄也。季歷賢，而有聖子昌，太王欲立季歷以及昌，於是太伯、仲雍二人乃奔荊蠻，紋身斷髮，示不可用，以避季歷。」周人由公劉傳八世至古公亶父，古公亶父有三子，即太伯、仲雍、季歷。古公亶父死，少子季歷即位，是為王季。《詩・大雅・皇矣》云：「帝省其山，柞棫斯拔，松柏斯兌。帝作邦作對，自大伯王季。維此王季，因心則友。則友其兄，則篤其慶，載錫之光。受祿無喪，奄有四方。」其「維此」以下四句，當指王季之兄太伯、仲雍讓位於王季，王季與二兄友愛和睦之事。《史記・吳太伯世家》又載：「太伯之奔荊蠻，自號句吳。荊蠻義之，從而歸之千餘家，立為吳太伯。」司馬貞《索隱》云：「荊者，楚之舊號，以州而言之曰荊。蠻者，閩也，南夷之名；蠻亦稱越。此言自號句吳，吳名起於太伯，明以前未有吳號。地在楚越之間，故稱蠻夷。」由此可見，吳人自始祖太伯起就與楚人有山水同風、疆域接壤之便。吳太伯卒後其弟仲雍立，到仲雍十九代孫「壽夢立而吳始益大，稱王」[16]，吳楚關係由此翻開新的篇章。

吳、楚發生接觸，首見記載的，是楚莊王十三年即周定王六年

---

16 《史記・吳太伯世家》。

（前601）楚國因眾舒叛亂，發兵伐滅舒蓼後向東擴展，至滑（今安徽巢縣、無為縣間）與吳越訂盟而回一事。「楚莊王敢於問鼎中原，與強晉爭衡，其實力之強可知，他在伐滅舒蓼後，竟然不能隨便侵伐吳、越，反而與之訂盟。可知到春秋中期，即壽夢父、祖輩，吳國已是不容輕視。」[17]這也說明了吳之西境已擴大到今安徽巢縣一帶。十七年之後，楚共王七年即吳王壽楚二年（前584），楚人申公巫臣出逃至晉國，從晉國出使吳國，「吳子壽楚說之……與其射御，教吳乘車，教之戰陳，教之叛楚……吳始伐楚、伐巢、伐徐，子重奔命。馬陵之會，吳入州來，子重自鄭奔命……蠻夷屬於楚者，吳盡取之，是以始大，通吳於上國。」[18]《史記・吳太伯世家》於此段史事記載更為簡明：「王壽夢二年，楚之亡大夫申公巫臣怨楚將子反而奔晉，自晉使吳，教吳用兵乘車，令其子為吳行人，吳於是始通於中國。」所謂「通吳於上國」與「通於中國」，都是說吳人開闊了眼界，欲擺脫蠻荒狀態。一方面，奔亡至晉的楚人幫助吳國實現了軍事能力的提高和意識觀念的轉變；而另一方面，這樣的幫助卻也拉開了吳、楚爭戰的序幕。再加上春秋後期，晉國根據自己的戰略需要，聯吳制楚，壽夢執政下的吳國逐漸脫離了楚國的控制，自此至吳國滅亡的百餘年間，吳、楚兩國發生大小戰爭二十多次，平均每五年就有一戰，雙方各有勝負，而楚人略佔優勢。

因地域相近，為了奪取人口、水源、土地、自然物產等有限的生存與發展條件，雙方的爭鬥自然是不可避免的。就吳國而言，東臨大海，南接越國，西鄰楚國，往北則是中原諸強，值其國勢日隆、意圖開疆拓土之時，從戰略上講，南越與西楚自然首當其衝，這便造成了

---

17 王衛平：《吳文化與江南社會研究》，北京，群言出版社，2005，第20頁。
18 《左傳・成公七年》。

吳國與越、楚兩國之間戰事頻繁、關係緊張，而作為戰爭衍生物的戰俘，在一定程度上，卻也促進了吳楚文化的交流和融合。至於作為政治鬥爭犧牲品的出奔者，如先後由楚奔吳的伍子胥和伯嚭，都曾在吳楚爭戰和吳越爭霸中起到了不可替代的歷史作用。除此之外，「就吳文化與楚文化的生成機制而言，它們相似之處體現在兩國先君都是從中原入主當地的，因而吳文化與楚文化都有相當程度吸收華夏文化的機制；吳國與楚國的民族結構中，雙方都曾融進了被中原稱之為蠻、夷、越等種族成分；就文化生成的地域而言，兩者是相鄰之國，地理環境和自然條件也基本接近。這些便造成了吳楚文化的必然的內在聯繫。」[19]吳、楚族群中上層的來源和形成過程極為相似，二者均吸納土著的蠻、夷、越民族成為族群下層，又都附著於南土相鄰的空間之內，這都為吳楚文化交流提供了充分條件，兩者的聯繫也便成為歷史的必然趨勢。

出土情況同樣也能說明吳楚之間交流的頻繁。江蘇六合程橋一、二、三號墓，和仁東周墓均為土坑豎穴，棺槨皆具，隨葬品組合形式及器形相同，基本為楚國葬制，與吳國自西周以來就盛行的不挖墓穴、平地掩埋、堆土成冢的土墩墓迥異。但從春秋中晚期開始，吳國出現營建墓室、設置棺槨的豎穴土坑墓埋葬方式。程橋 M1的九枚編鐘上鑄有「攻敔」字樣銘文，彝銘中常用來指代吳國；M2的編鐘銘文大部分銹蝕不清，但隱約可辨的「旨賞」二字很像吳國的人名。李伯謙據此指出：

> 六合縣春秋時為楚之棠邑，曾是楚國貴族伍尚的食邑，後來，隨著吳國勢力的增強，逐步向西擴展，六合才又為吳所占有。

---

19 王廷洽：《略論吳楚文化的異同》，《上海師範大學學報》1992年第3期。

這種特定的地理位置和歷史沿革不能不對文化遺存的面貌發生影響……分析六合三座墓葬的文化內涵，土坑豎穴墓室、木質棺槨葬具與中原和楚地相同，而與蘇南、浙北以及皖南地區傳統的土墩有別；隨葬品……造型與中原或楚地基本一致，當地特點不明顯，而撇足折沿豎耳銅鼎、帶鼻飾的戈、齒鐮、錛以及紅砂陶鼎、幾何形印紋軟陶、硬陶罐等則不見或少見於中原和楚文化分布地區，相反在蘇南、浙北以及皖南地區卻發現較多。可見，它們雖屬吳國墓葬，但其文化內涵卻是相當複雜的，在其所包含的諸文化因素中，真正具有吳文化特徵的只是以撇足折沿豎耳銅鼎等為代表的那部分因素，其它或多或少帶有中原和楚文化作風……由於六合正處於吳楚交錯地帶，較早地受到楚文化影響，從而比其它地區較快地改變了傳統的土墩墓葬俗，採用了中原和楚地流行的土坑墓葬法。[20]

六合之地由於與楚相鄰，楚、吳在此多有爭戰，大多數情況下是楚勝吳敗，此地率先受到強楚文化影響是很自然的。

此外，鎮江諫壁糧山一、二號墓以及蘇州虎丘、吳縣何山東周墓、無錫等地，都出土有楚式鼎等楚文化風格的青銅器。蘇州吳大城、高淳固城、溧陽平陵城、揚州廣陵城等地，也出土有豐富的楚文化遺物。楚國故地則發現了大量的吳國文化遺物，尤其是兵器，重要的發現有：一九七六年出土於湖北襄陽的「吳王夫差劍」，一九七六年出土於河南輝縣的「吳王夫差劍」，一九七八年出土於安徽南陵的「吳王光劍」，一九八〇年出土於安徽霍山的「吳王夫差戟」，一九八三年出土於湖北江陵的「吳王夫差矛」等。吳國王者兵器在楚國腹地

---

20 李伯謙：《中國青銅文化結構體系研究》，北京，科學出版社，1988，第244-245頁。

大量出土，可能是楚吳交戰過程中楚人所繳獲的戰利品，也可能是吳國攻陷楚國都城後吳人的遺留之物。斯人已逝，只剩這些歷史的陳跡，引發後人對於吳楚故事的揣測與斷想。

楚金幣的發現更是為我們理解吳楚文化的關係提供了有力的佐證。根據文獻記載，從東晉開始，後經宋、明、清等朝，安徽、河南、山東及湖北等地均出土過少量的楚金幣，其中大部分出土於安徽壽縣一帶。新中國成立以來，楚金幣的發現仍以安徽省為最多，河南、江蘇次之，陝西再次，山東、湖北、浙江較少。楚金幣進入流通領域是楚國經濟發達的重要標誌。貨幣固然屬於經濟範疇，但是流通貨幣所代表的文化必定會引發社會文化主導精神的轉變。伴隨著金幣在吳地的流通，楚文化勢必會滲透至吳地，兩者之間的文化交流也就水到渠成了。

現代學者認為，「吳文化與越文化，以及巴文化與蜀文化，都是兩種一元性的文化；至於吳楚文化，則是一種二元性的文化。二元性文化通常存在於兩種一元性文化的交錯地段，從而是邊緣文化或稱雜交文化（marginal culture 或 cross-fertilized culture）。這樣的文化大抵有融合遺傳的優勢，即有『二美具』的特點。」[21]吳、楚兩種文化正是在這樣的交融中最大程度地擴展了美學意蘊和人文內涵。

（二）越族源流與楚越關係

蒙文通將歷史上泛稱的百越分成吳越（包括東甌、閩越）、南越、西甌、駱越四族，其語言、風格、風俗、髮式、分布地域各不相同。[22]越國就是在百越的基礎上建立的，一般認為，越國的基本群眾

---

21 張正明：《吳楚文化三題》，《鄂州大學學報》，2006年第1期。
22 蒙文通：《越史叢考》，北京，人民出版社，1983，第15-25頁。

是當地越人，而王室卻是從山東遷來的夏裔。關於越之建國，《史記・越王句踐世家》說：「越王句踐，其先禹之苗裔。而夏后帝少康之庶子也。封於會稽，以奉守禹之祀。紋身斷髮，披草萊而邑焉。」《越絕書・外傳記地傳》載：「昔者，越之先君無餘，乃禹之世，別封於越，以守禹冢」，「無餘初封於大越，都秦餘望南，千有餘歲而至句踐。」這與吳地、楚地族群的早期來源極為相似，即族群的上層領袖都是外來移民，而下層民眾多為當地土著。

在西元前四七三年越滅吳之前，吳、越關係也是南方重要的族群關係。越王句踐在西元前五世紀之初（前496）即位，即位當年便攻打吳國。據《左傳・定公十四年》所記，這次戰爭是由吳國發起的，但越軍奮擊，越將靈姑擊傷闔閭足趾，闔閭死於陘。吳王夫差於次年（前495）即位，即位次年伐越，使句踐臥薪嚐膽三年，後於前四九〇年被放回。越族於紹興復國，句踐二十四年滅吳。隨即「以兵北渡江淮，與齊晉諸侯會於徐州，致貢於周……時越兵橫行於江淮之上，諸侯畢賀。」[23]句踐於周貞定王元年（前468）遷都琅琊，從此稱霸北國，越族的發展達到了頂峰。越族在琅琊的統治延續了二百餘年，起初國勢甚盛，但後來由於宮廷間的相互殘殺，國勢就日益衰落，在北方難以立足，到周安王二十三年（前379）越王翳在位之時，於越遷於吳地，不得不重返江南。

吳越爭霸是戰國早期的大事件。至西元前四七三年越滅吳之後，楚、越遂成為南中國重要的關係族群。春秋晚期，從考古發現來看，「在湘東北、湘中、湘南的遺址與墓葬中，都有楚、越文化遺物共存，如位於湘東北的平江甕江遺址中，出土的繩紋夾砂陶片，有豆、罐、壺類，共存的有米字形印紋硬陶；湘中的湘鄉何家灣 M1既有越

23 （東漢）趙曄：《吳越春秋》卷六。

式鼎，伴出的還有楚式銅敦，其形制與當陽趙家湖甲類墓第四期敦相同；湘南的郴州高山背一座有頭龕和窄坑的楚墓，隨葬物中同樣有楚、越文化遺物共存，既有楚式陶鬲，又有一件米字形印紋與方格紋組合紋飾的越式陶罐。」[24]考古文物遺存比較可靠地保留了歷史真相，楚越兩族在器物上的聯繫也是如此。從上述考古發現不難看出，在湖南境內的楚文化中，楚、越兩種文化因素非常明顯地並存著。

關於當時楚越之間的關係，《越絕書·外傳記地傳》述及曰：「句踐子與夷時霸，與夷子子翁時霸，子翁子不揚時霸，不揚子無疆時霸，合伐楚，威王滅無疆，無疆子之侯竊自主為君長，之侯子尊時為君長，尊子親失眾，楚伐之，走南山，親以上凡八君，都琅琊二百二十四歲。」自從越王無疆九年（前334）為楚所敗後，楚人把原來句吳之地全部占領，直達今錢塘江北岸。於越實際上被分割成為兩部分，從無疆之子之侯到親共三代，仍然局限於琅琊一隅。此外，今浙江紹興一帶，由於原來是於越部落的聚居中心，以後一直仍是於越繁衍生息的基地，到戰國後期楚國攻占琅琊以後，北方的於越居民進行了遷移，回到了浙江東的會稽山地。

楚越兩族在種族、姓氏、語言、文化都不相同，兩族並非同源。但楚越本同屬於南方的苗蠻集團，兩族之間有相當多的交流，楚材不唯晉用，用於越者也不在少數，如范蠡、文仲、計然等，這些人都在句踐會稽大敗、臥薪嘗膽之後實行的改革中大有作為。關於楚越之間的文化交流，有一首《越人歌》歷來為人所熟知，《說苑》載之曰：「今夕何夕兮？搴洲中流。今日何日兮？得與王子同舟。蒙羞被好兮，不訾詬恥。心幾煩而不絕兮，知得王子。山有木兮木有枝，心悅君兮君不知。」對於這首纏綿悱惻的情歌，有學者考論曰：

---

24 吳銘生：《從考古發現談湖南古越族的概貌》，《江漢考古》1983年第4期。

《說苑・善說》云:「襄成君始封之日……立於遊（流）水之
上，大夫擁鍾錘懸，令執枻號令，呼誰能渡王者。於是也，楚
大夫莊辛過而說之，遂造托而拜謁。起立曰:『臣願把君之
手，其可乎?』襄成君忿然作色而不言。莊辛遷延沓手而稱
曰:『君獨不聞夫鄂君子皙之泛舟於新（漸）波之中也，乘青
翰之舟，極芮芘，張翠蓋，而擒犀尾，班麗裕衽。會鍾鼓之音
畢，榜枻越人擁楫而歌。歌辭曰:「濫兮抃草濫予昌枑（或作
『桓』，或作『袿』）澤予昌州州鑪州焉乎秦胥胥縵予乎昭澶秦
滲堤隨河湖。」』鄂君子皙曰:『吾不知越歌，子試為我楚說
之。』於是乃召越譯而楚說之曰:『……（即上引歌）於是鄂
君子皙乃揄修袂，行而擁之，舉繡被而覆之。鄂君子皙，親楚
王母弟也，官為令尹，爵為執圭……』襄成君乃奉手而進之
曰:『……謹受命。』」鄂君子皙事不知在何時，以《左傳》考
之，疑在楚康王至靈王間，那就是西元前五四〇年前後了。這
首越人歌本非楚歌。越雖為楚之鄰國，但楚、越方言不通，所
以召越譯而「楚說之」，變成為楚聲歌了。[25]

　　《說苑》並非信史，然而此處關於楚、越關係的描述卻接近真
實。龔維英曾以《越人歌》為例說明苗蠻文化對屈原創作的影響:

（《越人歌》）如置入《九歌》，幾可亂真。越族居南方，分布
範圍極廣，有不少越族與苗蠻雜居，相互影響，文化酷肖。這
首歌的原詞咿呀嘲哳，楚的鄂君子皙必要聽譯文方曉其意。此
時當「在楚康王至靈王間，那就是西元前五四〇年前後了」

---

25 姜書閣:《先秦楚歌敘錄》，見《先秦辭賦原論》，濟南，齊魯書社，1983，第5-6頁。

（按：此為上引姜書閣《先秦楚歌敘錄》語）。可見直到西元
前六世紀，荊楚與苗蠻的文化尚扞格難通。戰國是一個劇烈變
動的時代。從鄂君子皙到屈原時代不過二百餘年，同樣作為荊
楚王族的屈原，不但能完全欣賞苗蠻的原始《九歌》，而且可
以為之加工改寫，「更定其詞，去其泰甚」。試讀《湘夫人》
「沅有芷兮澧有蘭，思公子兮未敢言」，豈不恰如朱熹《楚辭
補注》指出的，「其起興之例，正猶越人之歌，所謂『山有木
兮木有枝，心悅君兮君不知』」嗎？[26]

　　從作品手法的相似性，探求文學的前後相承與影響，確實是一個
有效的辦法，文學史上不乏其例。因為文學手法有一個從萌芽、發展
到成熟的過程，一定的文學表現手法往往與一定的文學史階段相聯
繫，對相同的文體來說尤其如此，則相似作品所反映的文化之間的相
關性也能在一定程度上得到說明。《越人歌》及其在文學史上的影響
所折射出的正是楚越之間從扞格難通到開啟溝通之門的關係演變史。

二　巴、蜀族群

　　巴、蜀兩族所創造的文化，雖可區別為巴文化與蜀文化，但在長
期的交流與融合中，到春秋戰國之際，巴、蜀兩族已然形成了共同的
地域文化傳統。儘管如此，為了探究巴、蜀兩族是怎樣與南方其它各
族一起創造了南方文明，還須對兩者及其各自與楚文化的關係分別加
以剖析。

---

26 龔維英：《從九歌看巫楚文化》，《華南師範大學學報（社會科學版）》1985年第4期。

（一）巴族源流與巴楚關係

巴是西南的一個古老民族，《後漢書‧南蠻西南夷列傳》載有西南諸蠻的情況，其中即清楚地記載了巴人的來源、居處、祖先與巴人崇虎的原因：

> 巴郡南郡蠻，本有五姓：巴氏，樊氏，瞫氏，相氏，鄭氏。皆出於武落鍾離山。其山有赤黑二穴，巴氏之子皆出赤穴，四姓之子生於黑穴。未有君長，俱事鬼神，乃共擲劍於石穴，約能中者，奉以為君。巴氏子務相乃獨中之，眾皆歎。又令各乘土船，約能浮者，當以為君。餘姓悉沉，唯務相獨浮。因共立之，是為廩君。乃乘土船，從夷水至鹽陽。鹽水有神女，謂廩君曰：「此地廣大，魚鹽所也，願留共居。」廩君不許。鹽神暮輒來取宿，旦即化為蟲，與諸蟲群飛，掩蔽日光，天地晦冥。積十餘日，廩君思伺其便，因射殺之，天乃開明。廩君於是君乎夷城，四姓皆臣之。廩君死，魂魄世為白虎。

《山海經‧海內經》和《華陽國志》中也有巴人族源的記載。段渝指出：「先秦川東鄂西包括長江三峽和嘉陵江、漢水上游地區是眾多族群的分布區。在西陵峽以東的清江流域，有源出巴氏子務相的廩君系統的文化，有分布在川東至三峽的『濮、賨、苴、共、奴、獽、夷、蜑之蠻』，這幾大族群構成巴地的主要民族，它們就是巴地文化的主體。」[27]可見巴文化本身便是由多元文化構成的。

關於巴、楚的文化聯繫，史籍中屢有記載。在春秋時期，宋玉《對楚王問》曾提及「下里巴人」一詞，即指巴人；《左傳‧桓公九

年》載有巴楚相攻和合作的事件。由於地緣上的關係，無論是在政治
軍事等重大事件中，還是在社會生活的一般層面，巴人與楚人的關係
都相當密切。實際上，巴、楚的文化交融往往是在兩地時戰時和的關
係中、以各種不同的形態進行的，後人往往將其合稱為巴楚文化。作
為一種具有鮮明特色的地域文化，巴楚文化是由荊楚文化和巴蜀文化
兩個大文化圈在長江三峽地區交錯形成的，它「是指先是巴地後是楚
地界域上先後受巴文化和楚文化浸染從而顯示出巴、楚文化共同特徵
的地域文化，它主要體現在這個地區原來的巴地各族的文化上。並
且，巴楚文化主要是指這個地域內的民族民俗文化……它主要發生在
巴地民族文化與楚文化的交流上。具體而言，巴楚文化的主體實為巴
地各個族群，即《華陽國志·巴志》所載巴國之屬『濮、賨、苴、
共、奴、獽、夷、蜑之蠻』，包括《後漢書·巴郡南郡蠻傳》引《世
本》所記載的廩君蠻。」[28]巴楚文化相對巴文化和楚文化來說，是一
種新文化。新文化發展的規律是其文化內涵既存在於之前的文化母體
當中，又必須借鑑異質文化的因素，從而突破原先的文化的模式，鑄
成新的特質與模式。而且，地域文化的形成過程，總是從一個個更小
的區域文化實體出發，它的形成有賴於不同文化實體之間的交融。不
同的地域文化在空間延續性上追求文化共性因素，是形成新的文化體
系所必須追求的。

　　基於勢力擴張或尋求互助的需要，巴楚之間軍事上的衝突與合作
是巴楚文化作為族群形態的地緣共生文化形成的重要原因，尤其是巴
楚間的衝突對於文化交融的意義更為重要。《左傳·莊公十八年》
載：「及文王即位，（楚）與巴人伐申，而驚其師。巴人叛楚而伐那
處，取之，遂門於楚。閻敖遊湧而逸。楚子殺之。其族為亂。」由於

---

28 段渝：《先秦巴文化與巴楚文化的形成》，《華中師範大學學報》2004年第6期。

史未明言,「驚其師」的具體情況已不得而知,其中可能既有方針政策上的矛盾,也有軍令理解不一、協同指揮出現問題,甚或軍事文化理解上的原因。巴人誤會了楚人的意圖,使巴軍受到了驚嚇,致使友軍相攻。這次戰鬥,以楚敗巴勝而告終。此外,《左傳·文公十六年》載:「秦人、巴人從楚師。群蠻從楚子盟,遂滅庸。」《華陽國志·巴志》記巴蔓子先許楚以三城以救巴,而最終以自刎謝楚,可視為巴楚關係轉折的象徵:「周之季世,巴國有亂,將軍有蔓子請師於楚,許以三城。楚王救巴。巴國既寧,楚使請城。蔓子曰:『藉楚之靈,克弭禍難。誠許楚王城,將吾頭往謝之,城不可得也!』乃自刎,以頭授楚使。(楚)王歎曰:『使吾得臣若巴蔓子,用城何用!』乃以上卿禮葬其頭;巴國葬其身,亦以上卿禮。」今湖北利川市城西都亭山上有巴蔓子頭墓,重慶有巴蔓子身冢,忠縣有巴蔓子刎頸存城處和巴王廟。巴蔓子的這種愛國精神,受到巴楚兩地文化的認同,這種價值觀上的互通側面反映了巴楚文化的融合。

除了戰爭,互通婚姻、風俗混同造成的民族融合也推動了巴、楚文化的交融。如《左傳·昭公十三年》記載楚共王與巴姬埋璧祈神立嗣,《華陽國志·巴志》載巴人在戰國時,曾與楚人通婚,都是巴、楚文化共通互滲的表徵。

楚地的巫鬼文化也是來源於巴人。有研究者指出:「巫鬼文化發祥於巫、巴之地,它的興起與古代川東和長江三峽巴地的濮人有關,原是當地濮人的一種文化風尚。」而「江漢之濮卻不是楚人……到戰國時代,楚地已無濮人……既然巫鬼文化起源於巫、巴之地的濮係巴人,而楚人非濮,那麼『西通巫、巴』的江漢地區『信巫鬼,重淫祀』,必然就是來源於巴人,當是信而有徵的」。楚國的武舞,也同樣與巴人有關。「楚的武舞……除以鼓為主要樂器外,還用戈、矛等兵器為道具。湖北荊門戰國楚墓所出『大武闢兵』戈,便是楚國武舞所

用道具。而這些又都是承巴文化之風而來的，其上源便是古老的巴渝舞」。[29]流芳百世的《楚辭》，也多取材於巴山巫峽之間奇幻迷離的巫卜文化。可見，代表楚文化成就的祭祀、樂舞和楚辭，在形式特徵和藝術精神上均不同程度地受到巴文化的陶染。此外，近年來在三峽地區進行的考古發掘，也發現了巴楚之間的聯繫，如在 G16出土一件巴式短劍，個別灰坑出土有與巴文化陶豆十分近似的卷沿豆，這是三峽遺址中目前見到的唯一屬於巴文化的證據材料。於是，譚維四從考古學的角度提出了巴楚文化的六個要素：

> 其一，以虎鈕錞於、巴楚兵器、巴楚編鐘為主要標誌的青銅冶鑄工藝；其二，以從原始蛋殼彩陶到東周拋光塗膠黑皮陶為代表的製陶工藝；其三，以虎座飛鳳及虎座鳳鳥懸鼓為標誌的髹漆工藝；其四，以干欄式、弔角樓式建築為特徵的建築工藝；其五，屈子哲學及屈騷、宋賦為代表的巴楚文學；其六，巴楚樂舞。[30]

這些專屬於巴楚地區的文化密碼，充分表明了巴人和楚人之間存在著較為複雜的文化交流關係，兩種文化之間的動態互滲和長期融合，最終形成了具有某些共同特徵的巴楚文化。

（二）蜀族源流與蜀楚關係

蜀是一個古老的部族。《華陽國志・蜀志》載：「蜀之為國，肇於

---

29 段渝：《政治結構與文化模式：巴蜀古代文明研究》，上海，學林出版社，1999，第418-423頁。

30 譚維四：《「巴楚文化」初論》，見彭萬廷、屈定富主編：《巴楚文化研究》，北京，中國三峽出版社，1997，第11頁。

人皇，與巴同囿。至黃帝，為其子昌意娶蜀山氏之女，生子高陽，是
為帝嚳；封其支庶於蜀，世為侯伯。歷夏、商、周，武王伐紂，蜀與
焉。」所記雖幽遠渺茫，然至少可以看出蜀的歷史相當古老。這裡的
「高陽」即顓頊，而楚祖祝融亦出自顓頊，則蜀、楚兩族在傳說上有
著共同的祖先。

　　對於楚和蜀文化的關係，古籍中也有記載。《水經注》卷三十三
引來敏《本蜀論》說：

> 荊人鱉令死，其屍隨水上，荊人求之不得。令至汶山下復生
> 起，見望帝。望帝者，杜宇也，從天下女子朱利，自江源出為
> 宇妻，遂王於蜀，號曰望帝。望帝立以為相。時巫山峽而蜀水
> 不流，帝使令鑿巫峽通水，蜀得陸處。望帝自以為德不若，遂
> 以國禪，號曰開明。

如此荒唐之言能載於史著，可能曲折反映了蜀與楚的某種關係。楚人
鱉令死而復生，得蜀國以為己有，可能暗示蜀對楚的依附。蜀、楚之
間戰爭，見於文獻記載的只有一次：「（楚）肅王四年，蜀伐楚，取茲
方，於是楚為扞關以距之。」[31]楚蜀關係，與楚吳、楚越、楚巴關係
相比，要稍遠一些。究其原因，一是楚和蜀地域上相距較遠，二是
巴、蜀文化融合的推進，很大程度上淡化了蜀與楚之間的實際關聯。
如段渝所論：「儘管蜀祖、楚祖同出帝顓頊之後，兩者的文化上源具
有相關性，但在發展過程中產生越來越大的差異……蜀人自古僻處西
南，岷江流域是其根源所在。楚人則自黃河流域，而長江流域是從中
原文化圈中分化出來，西周時代才世居南土，為諸夏視若蠻夷的……

---

31 《史記・楚世家》。

作為顓頊之後的兩支，蜀文化和楚文化分別在長江上、中游的長期發展以及兩大文化區的形成，對於中國古史系統的構築產生了巨大作用。」[32]可見，楚與蜀這種疏離與間隔，反而使古代中國的南方文化版圖呈現出更為多元化的風貌。

第三節　歸服於楚的族群對楚地文化的意義

楚地族群構成的過程，就是楚人不斷擴張的過程。楚自開國之君武王熊通時就開始了擴張戰略，其東征西討北伐南下屢見於史籍，其後代也一直以擴張版圖為強國要略。高士奇《左傳紀事本末》說：「春秋滅國之最多者，莫若楚矣……夫先世帶礪之國棋布星羅，南捍荊蠻而北為中原之蔽者，最大陳、蔡，其次申、息，其次江、黃，其次唐、鄧，而唐、鄧尤逼處方城之外，為楚門戶。自鄧亡，而楚之兵申、息受之；申、息亡，而楚之兵江、黃受之；江、黃亡，而楚之兵陳、蔡受之；陳、蔡不支，而楚兵且交於上國矣。」[33]有學者統計自楚文王起至西元前二二三年楚為秦所滅的四百餘年間，楚國通過長期的軍事擴張，吞併了大大小小的商代古國、周初分封的諸侯國及附庸國五十餘個，如加上民族部落，總數當在百餘國族。[34]這百餘侯國、部族覆亡的過程，既是楚國疆域擴大的過程，也是楚文化增殖的過程。在這一過程中，楚文化一邊吸收消化被其征服的侯國、部族的文化營養，一邊以更加強有力的態勢去征服更多的侯國和部族。擂鼓墩一號墓被確定為戰國早期的墓穴，墓主為曾侯乙。曾國作為一個姬姓

---

32 段渝：《政治結構與文化模式：巴蜀古代文明研究》，上海，學林出版社，1999，第430-431頁。

33 轉引自李學勤：《序》，見何浩：《楚滅國研究》，武漢，武漢出版社，1989，第1頁。

34 顧德融、朱順龍：《春秋史》，上海，上海人民出版社，2001，第267頁。

侯國，早在春秋中期就成為了楚國的附庸：「曾國奉楚國為宗主，恭謹勤勞，累世不渝。擂鼓墩一號墓出土編鐘一套計六十四件，正中特意懸掛著楚惠王所贈的鐘一件，這是很有象徵意義的。出土的九鼎八簋，代表了國君身分。九鼎是楚式的升鼎，也形象地標明了楚與曾的主從關係。」[35]因而當我們讚美楚人文化時，應當牢記其中還有曾人的功勞。與此相似的還有淮夷族群等。據考古學家研究，「西周晚期，江淮地區的淮夷文化陶器就出現了一些與湖北地區同時期的陶器相似的因素，如鬲足表面經過刮削的作風，部分鉢、豆的形態特徵等。春秋早、中期，江淮地區的淮夷文化陶器中出現了平沿、束頸，實足根較高的紅陶鬲，這是受楚式鬲直接影響的結果……但到戰國時期，楚國已經占領了原淮夷之域以後，楚文化便迅速在此區域內取代了淮夷文化。當然，在這個取代的過程中，淮夷文化的部分因素也為楚文化所吸收。」[36]這異種文化碰撞所產生的化合作用，使得一地之文化呈現出多樣的形態和非凡的魅力。

楚國擴張戰爭的文化意義，不僅在於融合了臨近小邦的文化，更重要的是吸收並推廣了中原文化，並最終形成具有獨特含義的楚文化。何浩在《楚滅國研究》一書中說：

> 在滅國擴疆的同時，楚人進一步吸取了北方諸夏的文化傳統，反過來又大面積地向南方擴大了華夏文化的影響，而且不斷融合了蠻、夷、巴、濮、百越諸族的文化精華，並在此基礎上形成了光輝燦爛的楚文化……楚人在滅國的過程中，有意識地將滅人宗嗣，解散對方的政治實體，鏟平方國、部落的壁壘以及

---

35 張正明：《楚文化史》，上海，上海人民出版社，1987，第143頁。

36 王迅：《東夷文化與淮夷文化研究》，北京，北京大學出版社，1994，第122頁。

設縣置郡作為「絕其社稷，有其土地」的政治手段。這些做法的歷史意義和影響，也遠遠超過了滅國本身。正是這些做法，構成了南方民族融合的一種有力的催化劑。即使是被楚人採用羈縻政策而暫保留宗（氏）族外殼的某些種姓、部落，終因長期受楚國文化、制度的影響，在秦漢之際順利地「散為戶民」，融入了華夏民族之中。[37]

由此可見，楚人征戰擴疆的過程及其重大意義，已不僅僅是作用於楚文化自身的發展進程，而且作用於南方民族的融合，乃至於南北民族文化融合的大趨勢，並深刻影響了華夏民族的最終構成。

綜上所述，我們可以看到楚地的文明形態，表現為地緣族群的漸進融合和文化的多元共生。當創造這些文化的族群在戰國初期，整體上以楚人的形態融入華夏民族，在秦漢之際融化變異後，它們的歷史使命已經完成。同時，楚文化奄有南方的盛況與中原文化在北方的推行有著很大的不同，前者是一種文化繁衍的過程，而後者則帶有文化專制的意味，因而兩者文明形態大異，前者是零星的文化個體在軍事與政治外力之下趨於整合，而後者則於一統的文化整體之下，而又在不同的地域保有各自的特色。

---

37 何浩：《楚滅國研究》，武漢，武漢出版社，1989，第9頁。

第二十七章
楚地政治方式中的文化包融和衝突

　　春秋戰國時期，楚文化逐漸形成，並達到高峰，楚文化的生成路徑及衍化之跡已漸漸明瞭。政治方式作為文化形態的重要組成部分，既是文化的產物，也是我們解開文化之鎖的關鍵。探求楚文化的內涵，離不開對其政治方式中的文化包融與衝突的理解。

第一節　楚人的文化心態與政治方式

　　文化的不同根本地取決於族群生活方式的不同。政治方式是構成文化的社會系統的一個重要組成部分，地域、族群影響下的不同生活方式對政治方式有著深刻的影響。由於差異是客觀存在的，融合既成為需要，衝突同樣不可避免。政治方式以利益和權力的分配為重點，實現政治目標的過程需要借助一系列的政治運作，採取怎樣的政治方式，一方面深受本民族文化的影響；另一方面外界文化的影響力也不容小覷。楚國制度的設立與施行，既與楚地獨特的文化形態有關；同時又深受中原文化的影響，顯示出文化交融的特點。

　　楚人在周初立國時，屬於南方蠻夷之邦。《史記・楚世家》載：「當周夷王之時，王室微，諸侯或不朝，相伐。熊渠甚得江漢間民和，乃興兵伐庸、楊粵，至於鄂。熊渠曰：『我蠻夷也，不與中國之號諡。』乃立其長子康為句亶王，中子紅為鄂王，少子執疵為越章王，皆在江上楚蠻之地。及周厲王之時，暴虐，熊渠畏其伐楚，亦去

其王。」《史記・楚世家》又載:「（楚武王熊通）三十五年，楚伐隨。隨曰:『我無罪。』楚曰:『我蠻夷也，今諸侯皆為叛相侵，或相殺。我有敝甲，欲以觀中國之政，請王室尊吾號。』」所謂「蠻夷」，在春秋時已不僅是一個地域或民族的概念，更是一個文化概念，所謂「諸侯用夷禮則夷之，夷狄進於中國則中國之」，所謂「杞用夷禮，杞即夷矣；子居九夷，夷不陋矣」，皆是以文明的程度來區分夷夏的，而不是看重地域的差別。自稱「蠻夷」也就是強調自己的社會習俗、政治傳統有別於周室，可以不用周朝的一套社會標準來衡量自己。顯然，熊渠自稱「蠻夷」毫無自輕自賤之意，反倒透露出不俗的實力與獨立於列國之林的自信，封其二子為王，反映的正是楚人試圖建立獨異於「中國」的統治制度與方式。周厲王之時楚「去其王」乃是楚人善於應對局勢的表現，顯出楚人的通權達變。由於國力增強，熊通除了高調自稱「蠻夷」外，更是以天下紛亂為出兵攻伐之名與「觀中國之政」的藉口，並欲以此「要脅」周王室給予尊號。儘管這一圖謀當時並未實現，到楚成王元年，周天子也只是給予「鎮爾南方夷越之亂，無侵中國」[1]的承諾，未見賜予尊號，但楚人實力的不斷增強卻是不爭的事實，楚人作為「蠻夷」的自信也進一步增強。

春秋時代，中原往往以「荊」稱呼楚國，這在文化上是帶有貶義色彩的。荊門包山二號墓出土的楚簡稱楚王為「荊王」。郭沫若考稽卜辭，發現其中屢見「荊」字，於是指出:「『荊』乃楚之別號。然楚人之器無自稱『荊』者，典籍亦然。是則『荊』乃周人呼『楚』之惡名。以其自名『楚』，故斥之為『荊』也。」[2]儘管楚人似乎並不在意「蠻夷」的稱號，但為什麼周器上常見用「荊」字，而楚器上未見使用呢，這很大程度上反映了楚人的矛盾心態。口頭上宣稱「蠻夷」只

1　《史記・楚世家》。

2　郭沫若:《郭沫若全集・考古編》第5卷，北京，科學出版社，2002，第94頁。

是過耳之言，而銘於金石則流傳久遠，用「荊」字會有損於楚人的聲威。他們以一種表面上對中原華夏文化漫不經心的姿態，掩蓋了他們對先進文化的渴望。

不過，楚地政治方式的構建過程也是文化融合與衝突的過程。先秦時期的國家形態相當複雜，不同的諸侯國的治理方式也有差異。相對而言，由於在思想來源與文化系統上的相似性，北方中原在政治方式上表現出相對統一的特徵。地處南方文化圈的楚地，其政治方式則有別於北方。

第二節　楚地政治方式的文化內涵

政治方式既包括制度化的形式，也包括非制度化的形式。在古代政治形成的早期階段和王權統治時代，這兩者混雜在一起，不能截然分開。所以應當研究楚地較為明顯的制度方式，同時適當參照非制度化形式的內容，以此作為闡明楚地政治方式中的文化融合與衝突的具體形態。

一　楚國官制中的「敖」、「尹」

在周王朝治下，楚君是享有治理一方民眾、享用南土貢賦物產的區域統治者，並有一套自己的官制系統。西周時代，楚國的官制無所考。到了春秋時代，楚國才逐步建立了一套較為完整和龐大的官僚政治機構作為統治工具。降至戰國，既有因襲，也有變革。大體而言，楚國的官制在形式上與諸夏同少異多，而在具體內容上則與周制及其它諸侯國相合者甚眾。以楚國官制中的「敖」、「尹」為例，不難發現楚文化與中原文化之間若即若離的關係。

楚國統治者在稱號上與中原各國有很大的不同，國君常有稱「敖」的：

> 楚國的君主自熊儀有稱「敖」者。《史記・楚世家》記載：「熊
> 咢九年，卒，子熊儀立，是為若敖⋯⋯二十七年，若敖卒，子
> 熊坎立，是為霄敖。霄敖六年，卒，子熊眴立，是為蚡
> 冒。」⋯⋯熊眴稱蚡冒，「敖」與「冒」，韻母相同，一聲之轉，
> 古音可以通假。由此可見，西周後期的楚國國君稱「敖」。[3]

除此之外，楚君之下其世襲貴族的首領或族長也稱「敖」，如
「若敖」、「莫敖」、「蔿敖」等，其子孫宗族，亦同樣稱為「若敖」、
「莫敖」、「蔿敖」。諸敖與楚國國君為同宗族的人，具有或遠或近的
血緣關係，「敖」是楚國王室裂變出來的家族長，楚國的「敖」，可以
擔任楚國的內政、外交、祭祀和軍事等各種職務。王逸在《楚辭章
句・天問》中說：「楚人稱未成君者為敖。」這裡所謂「未成君者」
的「敖」，應指未繼國君之位的楚人部落聯盟軍事首領。周原甲骨文
和楚器銘文，受封之後，敖即可稱子，或也可稱公、稱侯、稱伯。而
從楚建國到春秋時期開始前，其中央職官系統的詳情已不可考。有學
者指出，「大體是楚建國之後，中央政府機構是由『敖』組成的」。[4]

「敖」之名並非楚人首創與首用。據考證：

> 早在堯、舜之時，就有用「敖」字命名的人物或氏族部落，如
> 《莊子・人間》載：「昔者堯攻叢林胥敖。」《呂氏春秋・召

3　李玉潔：《楚國史》，開封，河南大學出版社，2002，第79頁。
4　譚黎明：《春秋戰國時期楚國官制研究》，吉林大學古籍所2006屆博士學位論文。

類》載：「禹攻屈敖。」西周時期，銅器銘文上還常出現以「敖」字命名的酋長或「邦君」。如敖伯簋：「二月，眉敖至見，獻敖」；「王命益公徵眉敖」；岐山出土九年衛鼎：「眉敖者膚為吏（使）。」可見，以「敖」名官在堯、舜時期，就已存在了。但多半為少數民族的部落首長。[5]

　　傳世文獻和出土文獻都說明，「敖」作為一個古老的稱謂自有其文化內涵。「敖」從指稱人物或氏族部落，到指稱酋長或「邦君」，「敖」之「實」在演變，而「敖」之「名」則相對穩定。這表明「敖」之「名」具有超越「敖」之「實」而「自是其實」的特點。楚人之能用「敖」之「名」指稱己之「實」，一是因為名實關係普遍存在的通變性，二是因為楚人自我標榜獨立於中國之外，而力圖表現出排他性。

　　西周後期，已不再滿足於南方之地的楚人勢力逐步擴大，野心在膨脹，與周王室的關係也在調整之中。楚國國君自周厲王以後，又逢宣王南征江漢遭受打擊，因此，不敢再輕犯周天子之諱稱「王」，但又不願再按周王室的封號稱「子」。所以就在幽王被殺之後，以稱「敖」來試探周王室的態度。這大概就是西周晚期楚國國君自稱敖不稱王的原因。世人多好「循名責實」，殊不知，對政治家和權勢者來說，「為實正名」以至「名動天下」，施行方略才能「師出有名」、「名副其實」。楚人偏在南方，受中原傳統禮規束較少，更容易有這樣不顧名實的舉動，楚君之稱「敖」即含有這樣的政治文化原因。

　　楚官從中央到地方稱「尹」者較為普遍，這與中原文化也有割不斷的密切關係。《左傳·莊公四年》記載：「令尹鬪祁、莫敖屈重除

道、梁溠，營軍臨隨。」時為楚武王五十一年，即西元前六九〇年。
這是有關楚國「令尹」的最早記載。到了春秋戰國時期，各國官僚機
構中往往以相位為最高，唯獨楚國不設相位而僅設「令尹」一職，其
職能與相類似，又類同於西周職官系統中的「皇天尹」，那麼楚國以
尹命官，極有可能是受周朝的影響。

　　用「尹」命官與「敖」大有相通之處，其源也在中原華夏文化：

> 　　屬於周厲王時期（前877-前841年）的銅器《伊簋》銘文載
> 有：「王呼命尹㝅冊命尹」，這裡的「命尹」又稱為「作冊」
> 「作冊尹」及「尹氏」。由於古代「命」「令」同字，所以「命
> 尹」即「令尹」，為內史之長，其職在書王命與制祿、命官，
> 與太師同秉國政。楚國執政「令尹」之名即來自於此。[6]

　　除了「令尹」外，楚人以尹所命之官還有左尹、右尹等二十餘
種，都屬於中原文化的烙印。

　　所以，儘管我們可以說楚人為了求得獨立和尊嚴，故意特立獨
行，多以「敖」、「尹」名官，其核心與武王宣布的「我自尊耳」如出
一轍，一脈相承。但就文化而言，卻可作進一步探討。楚國官制形式
上與諸夏的差異，並沒有掩蓋實質上楚人對華夏文化的借鑑，從中正
可以見出楚人文化包融的胸懷。楚人當中的一些智者從理念上對諸夏
文化的理性認知，促使其採用華夏文化的優長，自覺地運用到楚國的
政治和社會生活中。以屈原為代表的楚辭作家，於創作過程中在政治
觀念和文化觀念上表現出的對北方中原華夏文化的借鑑，就能很好地
說明這一點。

6　駱科強：《楚「令尹」新論》，《武漢文博》2006年第1期。

　　在楚人看來，稱「敖」和「尹」似乎正如熊渠所說：「我蠻夷也，不與中國之號諡。」表現出試圖掙脫華夏文化影響的努力，而其實都是受到中原文化影響的產物。一般而言，異種文化之間的作用往往在潛移默化中發生，而浸潤其中的人可能還茫然無知，文化包融往往處於無意識的層面，楚人所處的正是這樣的狀況。楚人於此，是外在地表現出與中原文化的衝突與疏離，而內在地卻表現與中原文化的相容與效仿，這種民族性「表裡不一」所表現出的矛盾，原因很多，但是楚民族的文化個性及當時的地緣政治環境理應是其中重要的一項。

二　楚國縣制的建立

　　張正明在《楚文化史》中說：「縣，也是周朝原有的。但周朝的縣本來只是王畿邊遠地區的泛稱，並不構成行政區域體制的一個層次。真正作為行政區域的縣最初見於楚國，而楚國的縣最初是在蠻夷地區創設的。後來其它國家也推行縣制，則或多或少仿效楚國的先例。」[7]確實《周禮》中有不少關於縣制的材料，已有學者做過這方面的歸納與分析。但《周禮》中有關縣的記載無法與西周春秋時期的縣制完全相吻合。「《周禮》所載縣制資料仍有一些西周、春秋時期歷史的真實內容」，「將縣置於甸和都、鄙（野）之中間的地帶，不僅較為符合春秋時期作為縣鄙之縣的真實情況，同時也同西周、春秋以來畿服之制下的國土構造的情況較為接近。」[8]以至楚國置縣之前，還沒有後世真正意義上的縣的存在，則楚之立縣就具有很大的歷史價值。

7　張正明：《楚文化史》，上海，上海人民出版社，1987，第61頁。

8　周書燦：《春秋時期「縣」的組織形式和管理形態》，《江海學刊》2003年第3期。

　　楚國在文化方面雖然有自己的傳統，但是在西周及春秋戰國時
期，它和周王朝以及中原其它諸侯國的交往仍然在不斷地進行，因
此，它不可能不受中原文化的影響，而且這種影響在一定時期還是相
當大的。楚人朝周與周人奔楚的例子史書並不少見。而《周禮》之成
書可能在戰國時期，但是其中有若干思想與實踐必定遠在戰國之前就
已為中原知識階層所掌握，楚人在與中原人的交往中吸取這方面的優
長是有可能的。這就是楚國立縣的歷史文化背景，其中必有楚國與中
原周文化包融的體現與衝突。

　　《左傳・莊公十八年》有追述楚武王滅權並「使鬬緡尹之」之
事，然史書未有更詳記載，似不宜作為楚立縣之最早的例證。《左
傳・宣公十一年》載楚莊王十六年楚滅陳立縣應為最早一例：

> 冬，楚子為陳夏氏亂故，伐陳。謂陳人：「無動！將討於少西
> 氏」。遂入陳，殺夏徵舒，轘諸栗門。因縣陳。陳侯在晉。申
> 叔時使於齊，反，覆命而退。王使讓之，曰：「夏徵舒為不
> 道，弑其君，寡人以諸侯討而戮之，諸侯、縣公皆慶寡人，女
> 獨不慶寡人，何故？」對曰：「猶可辭乎？」王曰：「可哉！」
> 曰：「夏徵舒弑其君，其罪大矣；討而戮之，君之義也。抑人
> 亦有言曰：『牽牛以蹊人之田，而奪之牛。牽牛以蹊者，信有
> 罪矣；而奪之牛，罰已重矣。』諸侯之從也，曰討有罪也。今
> 縣陳，貪其富也。以討召諸侯，而以貪歸之，無乃不可乎？」
> 王曰：「善哉！吾未之聞也。反之，可乎？」對曰：「吾儕小人
> 所謂『取諸其懷而與之』也。」乃復封陳。鄉取一人焉以歸，
> 謂之夏州。故書曰「楚子入陳。納公孫寧、儀行父於陳」，書
> 有禮也。

　　楚人在滅陳立縣上表現出的反覆，固然是楚人對自己的實力還不
夠自信的表現，同時，也應看到在這一事件當中，莊王與申叔時在探
討問題時，雙方所持的都是同一標準，即道義。這一標準在楚地君王
看來顯然不是特別重要，完全可以棄之不顧，所謂「我蠻夷也，不與
中國之號諡」，承認「道義」與否全在楚人自己，即「取予」由楚。
然而對楚人來說，道義作為中原文化的產物，在適當的時候還是值得
利用的，至於用與不用，何時可用，都得視具體情況而定。楚子（莊
王）滅陳是因「夏徵舒為不道，弒其君」，所以楚完全有理由「以諸
侯討而戮之」；而申叔時「討而戮之，君之義也」的一番話也肯定了
楚人之義。《左傳》作者對此事的態度也耐人尋味：「故書曰『楚子入
陳。納公孫寧、儀行父於陳』，書有禮也。」楊伯峻注曰：「《陳世
家》亦載此事，末云：『孔子讀史記至楚復陳，曰：「賢哉楚莊王！輕
千乘之國而重一言。」』」[9]楊伯峻還引《孔子家語·好生篇》所記類
似內容，並對此有分析說：「楚莊不縣陳而復之，與孔丘『興滅國，
繼絕世』（《論語·堯曰》篇）之義合，故《左氏傳》謂之『有禮』。
然納孔寧、儀行父，是否『有禮』，後人有疑之者，有辨之者。」[10]確
實如此，楚畢竟已滅陳，這無論如何也不符合當時禮制規定，立縣之
所以不能立即實行實際上還有更深刻的原因，即楚國還沒有為設縣做
好充分的政治準備，尤其是在文化上，儘管楚人表現出對北方中原文
化的興趣，欲立縣，但還不至於冒天下之大不韙為所欲為，當時文化
的環境也還不允許楚國這樣做。而楚國再次滅陳並立縣在楚靈王之
時，此時距第一次滅陳已經過去了約七十年，世異時移，立縣已提上
議事日程。

9　楊伯峻：《春秋左傳注》，北京，中華書局，1990，第716頁。
10　楊伯峻：《春秋左傳注》，北京，中華書局，1990，第716頁。

　　據周書燦對春秋時期「縣」所進行的研究,「作為春秋時期原始形態的縣,從最初的縣鄙之縣發展轉化為一級地方行政組織的縣邑之縣,這正反映了兩周之際,中國的基層地域組織漸趨完備,在新的國家結構形式之下,一種新型的中央與地方之間的關係在政治、經濟、軍事制度新舊交替的壯闊歷史背景下,正悄悄地孕育並即將萌芽這一客觀事實。」[11]可見楚人立縣正是順應了歷史發展的潮流,而「縣」的建立實際上也正來源於楚人的軍事擴張與族群征服。在春秋大國爭霸的過程中,列國在對外兼併擴張、掠奪大量人口和城邑的過程中,逐漸產生了日漸明確的國土和主權概念。

　　楚國縣制的確是先秦一項嶄新的制度,涂又光指出:「與分封制相比,縣制是真正的革命,其進步意義,估計得再高也不會過高。《左傳》桓公二年有『始懼楚也』的話,此年為楚武王三十一年（西元前710年）。北方諸國為什麼開始懼楚?根本的原因在於楚國邊境的縣制,比北方諸國的終身而又世襲的分封制,有無比強大的生命力。」[12]李玉潔也說:「楚國建立縣制,其政治機構、軍事組織、賦稅制度、土地占有形式等發生了巨大的變化。縣制的建立是楚國政治革新的基點。」[13]分封制這種以縣制作為楚國新政基點的政治方式,與楚人的文化個性有關,也同楚人與北方中原文化及其它文化的交流有關。由於族群生活方式的不同,交流中的文化差異必然存在。政治方式作為構成社會文化系統的一個重要組成部分,異種文化之間的衝突就不可避免。縣制建立對楚國現實政治方式的影響是直接而持久的。

---

11 周書燦:《春秋時期「縣」的組織形式和管理形態》,《江海學刊》2003年第3期。

12 涂又光:《楚國哲學史》,武漢,湖北教育出版社,1995,第10-11頁。

13 李玉潔:《楚國史》,開封,河南大學出版社,2002,第131頁。

三　楚國的繼統制度

　　繼統制度是政治制度的一項重要內容，其重要性在於它對王權政治的直接影響。在王權統治時代，國家成敗往往維繫於君王。明君抑或昏君，立抑或廢，關乎國運國勢。繼統制度牽一髮而動全身，八百年楚國史的輝煌，穩定而優化的家族繼統制度為力尤巨，而其背後則是楚地文化的獨特性及其演變。

　　關於楚國的繼統形式，學界一直以來就有不少分歧。有論者對此進行了綜述和評價，將諸多觀點進行歸納，認為：「（各家說法）基本上可以歸結為兩大類七小種觀點，其中一類是無規律說：包括了羅爾綱先生的鬥爭說；李衡眉先生的選擇繼承說。另一類是制度說，即有規律性，其中一種是少子繼承制（暫把幼子繼承說包含在內），這是最早的觀點，也是傳統的觀點；一種是嫡長子繼承制，近幾年似乎是越來越多人支持了；另外一種是兄終弟及兼以父死子繼說；還有唐嘉弘先生的立王說；最後一種是一世一及說。」此後，作者指出各家研究都有明顯的缺陷在於：一是沒有對楚國王位繼承制度做階段性的劃分；二是對於楚國君位繼承制的研究只是孤立地進行，而沒有把繼承制問題跟命氏、公族、封君、執政序列的分析研究等進行綜合考察，沒有對楚國與中原國家文化交往對於君位繼承制的影響進行深入探討；三是對於君位繼承制問題上的「常態」與「變態」不加區分，因此不是陷入無規律說便是被某一階段的歷史表象所迷惑。[14]事實確實如此。對任何制度的研究只在一定的階段裡才有意義，這樣的研究才可能是有效的；沒有時段規定和階段劃分的繼統制度研究是無的放矢，制度的形成與展開往往處於一個複雜的系統之中，孤立地研究繼

---

14 陶亮：《楚國君位繼統制度研究》，吉林大學2005屆碩士學位論文。

統，割裂了相關的事物之間的聯繫，得出的結論勢必「一葉障目，不見森林」；任何可以作為制度來言說的內容都必須具備一定的制度形式，但制度形式總是為一定的政治需要服務，當政治形勢發生變化時，形式的變化成為必然，研究者就不能「以不變應萬變」，而要適時改弦更張，以合於變化了的研究對象。

其實，任何一種家族繼統制度都不是一成不變的。對楚人繼統制度的建構而言，因「留有氏族社會習慣法的殘留」，而使得君位經常出現不由推選，而係爭奪得來的情況。唐嘉弘認為：「綜觀中國古代封建制的長達三千年的君王繼承制度中，有時雖然強調法定的嫡長子繼承制，但是實際政治生活中，按照君王或貴族的意志預定接班人——立王制，常常佔據十分重要的地位。」「楚王的繼承制度與中原基本類似，屬於『立王』制，即在王位繼承人的選立過程中，有從國家大局出發，有按當權貴族意志，有依據在位君王的喜好，有用卜筮來決，有時以夫人好惡為準，有時諸子諸兄弟武力或陰謀搶奪自立。與中原不同之處，在於楚國不是重視長子繼承權，而是更加注重幼子繼承權。」[15]這種從古代社會政治實際出發的看法值得重視。繼統制度的複雜性正緣於古代政治的「人治」特點，為王者作為個體在某些歷史時期對具有政治制度的影響，經常超出常態的政治推動力，因為其出發點並不在主動、有意識地建構或維護這一制度。故在考察某種制度時，不應總是用某種固定的制度形態為出發點，而必須考慮到其中非制度化的政治形態，充分考慮歷史的複雜性。楚人在繼統制度上表現的差異正應作這樣的考察。由於族群歷史和地域懸隔等方面的原因，楚人政治的制度化進程應是落後於北方地區，楚人政治方式的逐步完善需要一個過程。

---

15 唐嘉弘：《論楚王的繼承制度》，《中州學刊》1990年第1期。

　　作為殷商王朝的南土方國，荊楚地區在文化思想等方面受著商王朝很大的影響，這是逐漸為前賢今彥所認同的基本看法。姜亮夫認為：「少子繼世之制，其與東土習性相近者，有一事，則其繼世多在少子，此亦殷制也。」[16]少子承繼製作為一種傳統觀點至今還很有影響，不過一味強調也會走入誤區。李玉潔從殷商王朝實行父死子繼、兄終弟及的制度出發，認為「（在）西周時期，由於文化思想影響的連續性，楚在繼統制度方面實施著與商王朝相同的制度，即父死子繼、兄終弟及的承繼形式。」[17]並以北方華夏諸國為參照，指出楚人這種君位繼承制的優長：「楚國繼統制度的父死子繼、兄終弟及，以及幼子承繼的情況是，當父親死後，長子承繼，然後依次第而立，最終輪至幼子；或長子之後，幼子即立；由幼子再傳幼子之子。幼子即位，實際是兄終弟及。兄終之後，弟也基本長大成人，這樣就保證了楚國的君位不會落到幼沖小兒身上。北方華夏諸國的嫡長子承繼制雖然保證了嚴格的君統，減少兄弟爭立的內亂局面，但只有嫡長子才是法定繼承人，因此不會出現幼沖即位的情況。楚國的幼子承繼制，兄終弟及制都是一種長君承繼制。國有長君，社稷之福。楚國政權始終掌握在成年國君手中，這對楚國的發展具有重要的意義。」[18]由此可見，所謂「表現出一種少子承繼制」，不是對父死子繼、兄終弟及的一種簡單補充，而是其必不可少的重要組成部分。如《左傳‧文西元年》記載楚成王欲以商臣為太子，訪諸令尹子文，子文以「楚國之舉，恆在少者」為依據，加以反對；又《左傳‧昭公十三年》載，當棄疾與子比爭奪王位之初，韓宣子就曾預言：「芊姓有亂，必季實

16　姜亮夫：《三楚所傳古史與齊魯三晉異同辨》，見《楚辭學論文集》，上海，上海古籍出版社，1987，第9頁。
17　李玉潔：《楚國史》，開封，河南大學出版社，2002，第74頁。
18　李玉潔：《楚國史》，開封，河南大學出版社，2002，第75頁。

立，楚之常也。」可見在王位繼承問題上，與中原諸國重長輕幼的慣
例是不同的。

四　楚國的宗室與貴族祭禮

在先秦時代，「國之大事，唯祀與戎」，宗室貴族對祭祀之禮的重
視為後人樹立了一個很高的標桿，之所以如此，是因為祭禮是政治的
一個重要組成部分。國家祭祀是王朝的正統宗教制度形態。《禮記・
禮運》載孔子之言曰：「故政者，君之所以藏身也。是故夫政必本於
天，殽以降命。命降於社之謂殽地，降於祖廟之謂仁義，降於山川之
謂興作，降於五祀之謂制度。此聖人所以藏身之固也。」禮的目的也
正如孔子所說：「是故禮者，君之大柄也，所以別嫌明微，儐鬼神，
考制度，別仁義，所以治政安君也。」[19]這兩段話毫不隱諱，條分縷
析地說出禮是君王「藏身」、「治政」之道，令人歎服夫子之洞見。即
使一般貴族的祭祀也具有其政治目的。祭禮所具有的政治屬性無可
懷疑。

楚地宗室與貴族祭禮當然地具有政治屬性，這一點從時人對祭禮
的看法中可以看得很清楚。關於祭禮的目的，《國語・楚語下》中載
有年末各個家族祭祖的情況：

> 國於是乎蒸嘗，家於是乎嘗祀，百姓夫婦擇其令辰，奉其犧
> 牲，敬其粢盛，潔其糞除，慎其彩服，禋其酒醴，帥其子姓，
> 從其時享，虔其宗祝，道其順辭，以昭祀其先祖，肅肅濟濟，
> 如或臨之。於是乎合其州鄉朋友婚姻，比爾兄弟親戚。於是乎

弭其百苛，殄其讒慝，合其嘉好，結其親昵，億其上下，以申固其姓。

對此，晁福林分析說「祭祀祖先神靈時要準備犧牲、粢盛、酒醴，要蕭蕭濟濟的莊嚴態度，祭祀時要有祖先親自降臨一般的感覺。這樣的祭祀便可以達到使同族的人上下相安，相互親近，從而使宗族穩固。春秋時期各個諸侯國的君主對於祭祀祖先都十分重視，『諸侯宗廟之事，必自射牛、刲羊、擊豕，夫人必自舂其盛』（《國語・楚語下》），國君及其夫人尚且如此重視，『況其下之人，其誰敢不戰戰兢兢，以事百神』（《國語・楚語下》）。可以說對於祖先的祭祀是維繫族人的一個精神寄託，是鞏固宗族勢力的一個重要措施。」[20]張正明在《楚文化史》中指出：「在封爵、食邑、禮法等方面，春秋時代的楚制也各具特色。」之所以如此，是因為「在楚文化的茁長期（按，指春秋中期前），位於夷夏之間的楚人，往往有意顯示出亦夏亦夷或非夏非夷的個性來，從中可以看出強烈的自尊心和積極的獨創性，這無疑是至可寶貴的素質。」[21]在《楚文化史》一書中，他將楚文化的主要發展階段分為濫觴期、茁長期、鼎盛期及滯緩期和轉化期，則在楚文化的發展過程中，各個下屬的文化門類也都有各自的發展歷程。楚地祭禮從有別於中原華夏的禮制文化，到納入華夏禮制文化之中，經歷了一個較長的過程。

　　楚地原始的祭祀方式是不分貴賤等級的，而至春秋時期漸漸有了等級化的趨勢。春秋時楚國的觀射父謂：「天子舉以大牢，祀以會；諸侯舉以特牛，祀以太牢；卿舉以少牢，祀以特牛；大夫舉以特牲，

---

20 晁福林：《試論春秋時期的祖先崇拜》，《陝西師範大學學報（哲學社會科學版）》1995年第2期。

21 張正明：《楚文化史》，上海，上海人民出版社，1987，第62頁。

祀以少牢；士食魚炙，祀以特牲；庶人食菜，祀以魚。」[22]可見，春秋時期楚國祭祀等級制度方面已進一步加強，不同等級的人祭品差異很大。《國語・楚語上》所載楚史上一件與祭祀有關的事，很能說明楚人政治方式中的文化包融與衝突：「屈到嗜芰。有疾，召其宗老而屬之，曰：『祭我必以芰。』及祥，宗老將薦芰，屈建命去之。老曰：『夫子屬之。』子木曰：『不然。夫子承楚國之政，其法刑在民心而藏在王府，上之可以比先王，下之可以訓後世，雖微楚國，諸侯莫不譽。其祭典有之曰：國君有牛享，大夫有羊饋，士有豚犬之奠，庶人有魚炙之薦，籩豆、脯醢則上下共之。不羞珍異，不陳庶侈。夫子不以其私干國之典』遂不用。」屈建即子木，是屈到之子，其人西元前五三七年為楚靈王所殺，則上述屈建談祭當發生在春秋中期左右。屈建談話中所提及的祭典究竟是何種具體典籍，現已不得而知，但規定的等級秩序非常明顯，其豐富與嚴格較之中原華夏的祭禮似也不相上下了。宗老可能是當時保留與認可楚蠻之風較多的「傳統的」楚國人，而屈建則代表著一批沾溉「新風尚」的楚國人。隨著楚人與周王室及中原諸國交流的增多，這些浸潤了中原華夏之禮的「新人」漸漸熟悉了中原華夏之禮，並以之用來規範祭禮行為，從中可以管窺楚國在發展過程中的新舊變化，其中蘊涵的正是楚國政治文化中體現出的文化的衝突與包融。

五　楚國與周王室的關係

　　諸侯國與周王室的關係影響諸侯國所在地域的政治方式，這是兩周時代任何一個諸侯國都不能迴避的現實。就楚地而言，這其中的文

---

22 《國語・楚語下》。

化包融與衝突當然尤其值得關注。

　　《左傳・昭公九年》載周大夫詹桓伯語：「巴、濮、楚、鄧，吾南土也。」楚人歸於周之治下並不算晚。西周成康之際，周人經營的重點是東方，無暇顧及南方。當時，南方的荊楚還是一個臣服於周王朝的並不強大的政治力量。楚人利用周人東征的機會，卑事周室，積蓄力量，在江漢地區迅速發展。至周昭王時，東方初定，南楚與周王室關係緊張起來。在這種情況下，昭王開始南征楚國。如《史牆盤》銘文載：「弘魯召王，廣能荊楚，惟寏南行。」《竹書紀年》記載了周昭王三次伐楚的經過：「周昭王十六年，伐楚，涉漢，遇大兕。」[23]「（周昭王十九年）祭公、辛伯從王伐楚，天大曀，雉兔皆震，喪六師於漢。」[24]「昭王末年，夜清，五色光貫紫微，其年，王南巡不返。」[25]《左傳・僖公四年》記載春秋時期齊桓公稱霸，南下伐楚，責以不貢苞茅、昭王南征不返，楚人的答覆是繼續進貢苞茅，但在「昭王南征不返」的問題上，卻說「君其問諸水濱」，而齊桓公和管仲因無確實證據，未繼續加以責難深究。

　　《國語・周語》記晉楚城濮之戰後，文公「以諸侯朝王於衡雍，且獻楚捷，遂為踐土之盟，於是乎始霸也。」韋昭注曰：「捷，勝也，勝楚所獲兵眾也。文公以僖二十八年夏四月敗楚於城濮。城濮，衛也。旋至衡雍，天子臨之，晉侯以諸侯朝王，且獻所得楚兵馴介百乘，徒兵千也。王命尹氏及王子虎、內史興父策命晉侯為伯」，此外還有大量的輿服、弓矢、禮器和虎賁賞賜。城濮一戰，晉人上下同心戰勝了驕兵楚軍。戰後，晉人向周王室獻上楚俘，周王室冊封晉侯為

---

23 方詩銘、王修齡：《古本竹書紀年輯證》，上海，上海古籍出版社，2005，第45頁。

24 王國維：《今本竹書紀年疏證》，見方詩銘、王修齡：《古本竹書紀年輯證》，上海，上海古籍出版社，2005，第249頁。

25 方詩銘、王修齡：《古本竹書紀年輯證》，上海，上海古籍出版社，2005，第46頁。

伯，承認了晉文公的霸主地位，獲得了討伐他國的「體制內」授權。
楚人由此增加了一個強敵，而楚王與周室的矛盾也被突顯出來。

楚人一直希望獲得中原王朝的政治認可，這方面的記載不在少
數。《史記・楚世家》又載東周宣王時：「（楚武王熊通）三十五年，
楚伐隨。隨曰：『我無罪。』楚曰：『我蠻夷也，今諸侯皆為叛相侵，
或相殺。我有敝甲，欲以觀中國之政，請王室尊吾號。』」「與隨人盟
而去」。這次虎頭蛇尾的征伐行動，政治上未達目標，表面上很無
禮，骨子裡卻表達了楚人對中原王朝文化的嚮往。楚國作為一個有著
悠久歷史的古老國度且為異姓諸侯國，雖然對周王朝有時有所叛逆，
但在大多數時候還是臣服於周王朝的，是西周列國之一，直到春秋時
期楚國還是口頭承認要對周王朝稱臣貢納的。這一點在《左傳・僖公
四年》的史料中已經十分明確。但楚國已經稱「王」，並控制諸多小
國，顯然已經成為雄踞一方的霸主。從近年來晉侯墓出土的楚公逆鐘
銘文也約略可以窺測此一事實。

楚人對中原王朝的反抗有其歷史原因。《詩・商頌・殷武》云：
「維女荊楚，居國南鄉。昔有成湯，自彼氐羌，莫敢不來享，莫敢不
來王，曰商是常。」自成湯時期，荊楚部落開始臣服於商，對商王朝
納貢，成為殷商王朝的南土方國。當然，這裡所說的殷商時期的荊
楚，在較大程度上是一種地域概念，泛指淮河以南、長江中下游湖北
荊山及豫南南陽盆地一帶的部族和大小方國，而楚部族僅是其中的
一支。

青銅器是一種典型的文化標誌物，諸侯統治區域青銅器在鑄造方
法、數量多寡、紋飾形態、組合方式、銘文設計、總體風格等方面的
特徵，能曲折地反映出諸侯國的國勢及其與周王室的關係，從而也表
現出政治方式的內涵。楚系青銅器當然也可作如是觀。劉彬徽《楚系
青銅器研究》指出：「從楚國歷史發展來看，西元前597年邲之戰，楚

大勝晉，楚之霸業成功，標誌著楚國進入最強盛期；這正是楚銅器獨特風格的形成期。」[26]從西周晚期開始，周王室的權能逐漸減弱，出現諸侯爭霸現象。象徵王權、禮樂制度文化的重器——青銅器不再為周王室獨有。據劉彬徽統計，現存的楚系有銘青銅器，最早的出現於西周晚期，僅三件，而東周時期則有一〇五件。[27]可見，至戰國時期，楚國已不甘臣服，而以一方之霸的地位由最初試探性地「問鼎中原」，而最終真正做起了王者之夢。

　　楚地政治方式是一個複雜性的系統，這其中還有許多未解之謎。限於篇幅，本書不可能涉及所有與此相關的內容。除以上所涉及的項目外，楚國封君制度、司法制度、禮樂制度、宗法制度、都城制度、行政制度等都應該是其政治方式的一部分，或者說都有大量的政治內涵，因而也可以從政治方式角度予以探析。

　　總之，因為楚地特有的政治文化傳統，再加上與中原有如此複雜的關係，楚人有著與中原不同的政治方式。西周至春秋前期的楚國，較少地受中原禮制的影響，立國行政和處理對外關係時都較為收斂。而當其勢力膨脹，在中國南方有了獨特地位之後，楚地政治方式所表現出的文化包融與衝突更為激烈，其中有民族自信的成分，更有對高水準異種文化的瞻慕。

---

26 劉彬徽：《楚系青銅器研究》，武漢，湖北教育出版社，1995，第50頁。
27 劉彬徽：《楚系青銅器研究》，武漢，湖北教育出版社，1995，第380-394頁。

第二十八章
楚地儀式的世俗情懷和超越精神

　　儀式是古往今來社會生活中一種常見的文化現象，它既與社會實踐活動相聯繫，又與人們的精神世界密不可分，各種或繁或簡的儀式往往包蘊著深刻的內涵。儀式在社會活動中，以其豐富的象徵意味和生動的表演性質，在承載文化傳統、溝通天人關係、強化社會秩序和整合社會資源等方面，具有不可替代的社會功能。儀式是在某一特殊場合之下舉行的典禮或儀禮，它是被文化傳統所規範或由國家權力所約束的生存技術，也是人在文化時空中參與創建的歷史沉澱。儀式不僅外在地體現了一定的社會秩序與社會關係，也集中地表達了人們的觀念和感情。可見，這種習以為常的文化現象與人們的情感世界和精神狀況都有著密切的關聯。

第一節　楚地的儀式文化

　　中國古代可謂儀式的大邦，典籍中對儀式的記載可謂繁富。楚族承夏商文化而來，夏商文化的核心就是巫祭和鬼神，從國家大政到生活瑣事，都要問諸鬼神，按鬼神的意旨行事。我們相信，當時位於中原的周、楚等小國也處於這種文化氛圍之中。而「問諸鬼神」就必須借助一定的儀式。楚地巫風之盛世罕其匹，在楚人生活的許多方面都有儀式展演的空間和印跡。

　　楚地儀式眾多，其中每一個儀式都有其來龍去脈與文化內涵，可

分為兩大類，一類是制度化儀式，一類是民間儀式。所謂制度化儀式
乃是由習慣法或者說禮儀制度所規定的，多由朝廷、社會上層或精英
階層實施的儀式。當然，並不是所有的儀式都會被制度化，即使是制
度化的儀式本身，在其實施過程中，也會有不盡守儀式規程的內容。
這其中既有共時的差異，也會有歷時的變遷。社會上層的儀式會隨著
時代變遷轉化為普通的民間儀式，反之也是可能的。民間儀式也有約
定俗成的形式，不過其地位與影響力主要在民間。儀式的制度化既是
歷史的，又是相對的，儀式的實踐性與世俗性質，是決定其必須不斷
變化的關鍵因素。我們能看到不少對中國古代儀式制度化的表述，
「三禮」之形成就是如此。義大利哲學家馬里奧・佩爾尼奧拉為他的
《儀式思維：性、死亡和世界》中譯本所寫的序中有這樣的話：「儀
式在中國文化中，曾被賦予了至高無上之地位……一般說來，西方人
總是把儀式看成是生命自發活力的對立面；可是這樣一來，人們就忽
略了儀式中與契約甚至是法律之間的那層辯證關係（而這一點恰恰在
中國古典文獻中，通過儒家和法家雙方的論爭，而早已得到證
實）。」[1]如其所言，儀式在中國文化中的地位是神聖且富有一定法律
精神的，這在楚文化中表現得尤為突出。

因為獨特的地域特點，楚地文化有其個性，儀式文化作為楚文化
中的大宗，並未如人們想像的那樣有著中原周文化一般規則的形態，
更多的是表現出儀式制度化的缺失。究其原因，在於楚文化有著與中
原周文化不一樣的進程與形態，不必說「三禮」這類文獻的可靠性、
時代定位等問題一直存在著很大的爭議，即使可信，只有當楚人的
「華夏化」到了一定階段後才會對「三禮」有所參照。可見「三禮」
中所記的儀式內容並不能作為楚人儀式的根據。

---

1 〔義〕馬里奧・佩爾尼奧拉：《儀式思維：性、死亡和世界・中譯本序》，呂捷譯，
　　北京，商務印書館，2006。

　　楚地儀式是楚人與南方民族在長期社會生活中所形成的傳統習俗，它有著深遠的歷史積澱，是楚地南方文化的歷史性、地緣性、民族性等多種因素的綜合。本書不擬對楚地儀式進行嚴格分類，只是根據楚地儀式事件的實際情況，適當將類似的儀式聚而論之。重點把特定儀式作為個別事件來研究，儘量避免泛論儀式，以期解讀出這些儀式背後南楚文化的內涵。

第二節　楚地儀式與楚人的感情世界

　　當代藝術哲學從原始藝術的產生角度，論證了儀式的精神特質，「（史前人類在洞穴中的繪畫）他們畫這些動物並不是為了審美的需要，而是為了舉行某種儀式的需要。在狩獵前後舉行的儀式中，原始人借這些壁畫表示他們的『精神』對狩獵成敗的決定性影響。這是巫術，但同時也是藝術，因為他們的生存情感也自然而然地在這種表達中呈現為奔放、自由的形象。因此，藝術的誕生，不能歸因於原始人類在勞動之餘出現了獨立的審美趣味，而應當看做是原始巫術的伴生物。」[2]以巫術儀式為代表的楚地儀式文化，無疑是建構楚文化有機體不可或缺的基本因素，南方楚文化直接從原始巫術文化中走出來，具有原始巫術所特有的詭譎、浪漫、熾熱，是強烈原始情感的自由奔瀉。而禮在遠古時代就是原始圖騰巫術儀式，無論原始藝術類比描繪的對象是戰爭、勞動、自然還是神靈，無論它的功能是宗教、政治、軍事還是某種具體的事功，它都是通過儀式表現出來，並隨著儀式的發展變化而發展變化。考慮到「禮」是中國古代社會最為本質的特徵之一，儘管楚地文化與傳統的中原禮文化有明顯的不同，我們仍然可

2　王德峰：《藝術哲學》，上海，復旦大學出版社，2005，第41頁。

以認為，儀式文化是楚文化整體的元要素，對楚文化中其它層次的文化具有示範導引意義。

作為人類意識的外化與實現，儀式具有相當程度的形而上的本質，它來源於人類的精神世界，與經濟基礎和上層建築領域各相關要素發生文化聯繫，其本身更多地表現出世俗情懷與超越精神的交融。楚地的儀式當然也遵循著這些基本規則。

一　喪葬儀式

一般來說，喪葬儀式作為個體人生禮儀最後一個重要階段，歷來受到高度重視。從喪葬儀式中，我們能夠看到關於人生的很多內容。對個體而言，分離儀式之所以在葬禮中比較明顯，其原因似乎是不言而喻的。因為這一分離儀式的舉行意味著「這一個」個體的消失，由死所帶來的悲哀當是俗世中最令人痛心疾首且無可彌補的。楚人巫風之盛世罕其匹，對鬼神的祭祀就是其中的重要內容；鬼神祭祀活動必定伴隨著一定的儀式，喪葬儀式與巫風相煽，體現出楚人的精神世界。

包山二號楚墓槨外的銅戈可能就與楚地的喪葬儀式有關。作為傳說中的地中凶煞，方良不可驚擾，但掘地必驚方良，而方良又專食死者的肝腦。為保護死者的安寧，須得由方相氏為先驅，入葬前後在墓壙的四周執戈揚盾揮舞，以擊死方良，驅惡避邪。因此，包山二號楚墓槨外的銅戈可能就是方相氏驅逐方良後的遺物。而入葬前後在墓壙的四周執戈揚盾揮舞，大概就是一種典型的喪葬儀式。郭淨對此喪葬儀式有較為詳細的論述：

　　方相氏為大喪靈柩先導，在周代已經形成制度，又為漢晉所沿

襲。《後漢書·禮儀志》說：「（喪禮）大駕，方相氏立乘四馬先驅。」《太平御覽》五五二引《漢官儀》云：「陰太后崩，前有方相及鳳凰車。」看來這位戴假面的大神不須勞神走路，而是耀武揚威地乘著專車行進在送葬隊伍的前頭。不僅如此，兩漢人為求得死後的安寧，亦以方相氏鎮守墓室，故而漢墓中方相的尊容隨處可見。[3]

對於這樣一個方相氏，顧樸光在《中國面具史》中從眼睛崇拜的角度，以楚系文化中的方相氏為重點，賦予方相氏一種新的文化價值：

> （在屬於楚系的）湖北隨縣擂鼓墩戰國早期曾侯乙墓內棺的彩繪方相氏形象：他頭戴面具，手執雙戈，兩臂曲舉，腳踏火焰；面具係由假頭和假面兩部分組成，在假面的眼睛外側，有兩個碩大的圓圈，應當是熊首假頭的眼睛。
> 方相氏面具的「四目」從表面看不過是一種裝飾形式，但其深層卻蘊涵著濃厚的巫術意義。眼睛是人類最重要的器官之一，民間認為，眼睛是光明的象徵，人的生命和靈力都集中於雙目之中，而英雄和神祇的「神目」，更是具有神秘奇異的功能。它不僅能穿透黑暗，燭照一切，而且能識別鬼魅，驅逐妖邪。以故古代神話中的許多英雄和神祇，眼睛的數目皆多於常人，如靈官、二郎、山王、雷神為三目，蚩尤、倉頡為四目，帝舜重瞳亦為四目，黃帝四面八目，等等，非如此不足以表現其強大的力量。作為儺祭主持人的方相氏，為了徹底掃除四方疫癘鬼怪，其眼睛的數目超過常人的一倍，也就不足為奇了。從民

3　郭淨：《中國面具文化》，上海，上海人民出版社，1992，第347-348頁。

俗學的角度考察，方相氏戴「四目」面具，乃是眼睛崇拜的一
種表現。[4]

　　肉體死亡是自然形態的人的死亡，並不意味著人的真正離去，只
有通過喪葬儀式對社會意義上的死亡加以確認和宣告，才標誌著真正
的死亡，而那些無人收屍的死者成為孤魂野鬼，「享受」不到這樣的
「待遇」。這正是喪葬儀式的精義之所在。「眼睛是心靈的窗戶」，是
洞察他人內心的「強光手電筒」，也是人表情達意最重要的器官。威
嚇、強力、執著等都會從方相氏的「四目」中流露出來，所以儘管方
相氏的眼睛形狀因時因地而會有不同，但對楚人而言，超常的眼睛形
象，在此儀式中有攝人心魄的力量。可以設想，在此儀式過程中，死
者的親朋好友目睹生命的凋謝，靜立於死者之側，不禁悲從中來。在
儀式主持人營造的神秘、凝重而肅穆的氛圍中，在具有啟發性和心理
暗示性動作的指引下，親臨儀式者必定有恍若隔世之感，對超世的終
極關懷感同身受，並懷著五味雜陳的心理，被帶入一種似幻似真而又
發人深省的境界。

　　在喪葬儀式上，由方相氏執戈揚盾揮舞於墓壙之中，驅逐方良，
源自楚人的靈魂不死觀念。恩格斯在《路德維希・費爾巴哈和德國古
典哲學的終結》一文中說：「在遠古時代，人們還完全不知道身體的
構造，並且受夢中景象的影響，於是就產生一種觀念：他們的思維和
感覺不是他們身體的活動，而是一種獨特的寓於這個身體之中而在人
死亡時就離開身體的靈魂的活動。從這個時候起，人們不得不思考這
種靈魂對外部世界的關係。如果靈魂在人死時離開肉體而繼續活著，
那就沒有任何理由去設想它本身還會死亡；這樣就產生了靈魂不死的

4　顧樸光：《中國面具史》，貴陽，貴州民族出版社，2002，第116頁。

觀念。」[5]當然這樣的觀念不獨楚人有，歷史上有些民族也有。然而對楚人來說，這種儀式經過《楚辭》的記載與活用，不僅顯示出此類儀式的多重適用性，而且為楚人情感與精神提供了又一載體和抒發空間。

朱熹在《楚辭集注·招魂》中對此有明確說明：「古者人死，則使人以其上服升屋，履危北面而號曰：『皋！某復』遂以其衣三招之，乃下以覆屍，此《禮》所謂復。而說者以為招魂復魂，又以為盡愛之道而有禱祠之心者，蓋猶冀其復生也。如是而不生，則不生矣，於是乃行死事。此制禮者之意也。」[6]由此可見，「招魂」乃是楚人在人死之後，安葬之前所行之禮，目的是「冀其復生也」。當然這樣的儀式更多地只是為了達到生者盡禮而無憾，死者瞑目而安行的效果。雖然僅僅是個形式而已，但可以見出楚人對生命之眷戀與對死亡之憾痛。死事之大與重，誠不可無儀式。緊接著朱熹又談到此種儀式在楚地的獨特之處：「荊楚之俗，乃或以是施之生人，故宋玉哀閔屈原無罪放逐，恐其魂魄離散而不復還，遂因國俗，托帝命，假巫語以招之。」[7]可見，在楚人的意識中，靈魂的觀念幾乎是無處不在的。

二　巫術儀式

今存文獻史料中，保存巫師巫術資料最多的是春秋戰國時代楚國的遺存。自王逸《楚辭章句》探討楚巫風以來，對楚地巫風之盛早有定評。但對於巫術之為何物，學界還存在歧見。柯林伍德說：「巫術是一種再現，它所激發的情感是根據它在實際生活中的作用而給予重

5　《馬克思恩格斯選集》第4卷，北京，人民出版社，1995，第2版，第223-224頁。

6　〔宋〕朱熹集注：《楚辭集注》，上海，上海古籍出版社，1979，第133頁。

7　〔宋〕朱熹集注：《楚辭集注》，上海，上海古籍出版社，1979，第133頁。

視的那種情感，激發這種情感為的是它可以釋放那種作用，並且由具有發動和集中效果的巫術活動把這種情感提供給需要它的實際生活。巫術活動是一種發電機，它供給開動實際生活的機構以情感電流。」[8]當代藝術哲學認為：原始巫術並不是「理智的」，而是「情感的」，是一種激發和呈現人類原始共同體情感的活動。因為原始人並沒有以為只要舉行巫術儀式就能讓大自然滿足人的需要。事實上，在巫術活動之後，他們立即投入緊張的勞動之中。如果以為原始人在巫術之外就不再關心自然的知識，不去提高在打製工具、土地耕作以及馴養牲口方面的技術與能力，那是對文明史的嚴重歪曲。原始巫術的真正目的，「是為了表達和保存生存的情感與信念，因為這對於生產活動的成功和共同體的維繫至關重要」。[9]可以說，儀式活動的參加者主觀上帶著實用功利的目的，客觀上達到的是情感滿足與愉悅的效果。或者說巫術的目的，不只在「控制環境（外界自然）與想像的鬼靈世界」，還有巫術參與者共同的心理需求；對於先民來說，巫術只是活動的前奏，情感的醞釀與發酵過程，即巫術儀式實際上是世俗功利與精神超越的共同載體。

在《國語・楚語下》中，有一段楚昭王與觀射父關於「絕地天通」的對話，歷來是研究楚地巫文化不得不仔細揣摩的資料，其中觀射父談到的一些內容尤其值得重視：

> 昭王問於觀射父，曰：「《周書》所謂重、黎寔使天地不通者，何也？若無然，民將能登天乎？」
> 對曰：「非此之謂也。古者民神不雜。民之精爽不攜貳者，而

8　〔英〕喬治・柯林伍德：《藝術原理》，王至元、陳華中譯，北京，中國社會科學出版社，1985，第70頁。

9　王德峰：《藝術哲學》，上海，復旦大學出版社，2005，第43頁。

又能齊肅衷正，其智慧上下比義，其聖能光遠宣朗，其明能光照之，其聰能聽徹之，如是則明神降之，在男曰覡，在女曰巫。是使制神之處位次主，而為之牲器時服，而後使先聖之後之有光烈，而能知山川之號、高祖之主、宗廟之事、昭穆之世、齊敬之勤、禮節之宜、威儀之則、容貌之崇、忠信之質、禋絜之服而敬恭明神者，以為之祝。使名姓之後，能知四時之生、犧牲之物、玉帛之類、彩服之儀、彝器之量、次主之度、屏攝之位、壇場之所、上下之神、氏姓之出，而心率舊典者為之宗。於是乎有天地神民類物之官，是謂五官，各司其序，不相亂也。民是以能有忠信，神是以能有明德，民神異業，敬而不瀆，故神降之嘉生，民以物享，禍災不至，求用不匱。

「及少皞之衰也，九黎亂德，民神雜糅，不可方物。夫人作享，家為巫史，無有要質。民匱於祀，而不知其福。烝享無度，民神同位。民瀆齊盟，無有嚴威。神狎民則，不蠲其為。嘉生不降，無物以享。禍災薦臻，莫盡其氣。顓頊受之，乃命南正重司天以屬神，命火正黎司地以屬民，使復舊常，無相侵瀆，是謂絕地天通。

「其後，三苗復九黎之德，堯復育重黎之後，不忘舊者，使復典之。以至於夏、商，故重、黎氏世敘天地，而別其分主者也。其在周，程伯休父其後也，當宣王時，失其官守，而為司馬氏。寵神其祖，以取威於民，曰：『重寔上天，黎寔下地。』遭世之亂，而莫之能禦也。不然，夫天地成而不變，何比之有？」

對此，學者們往往從不同的角度進行闡釋，得出許多精闢的見解。張光直從儀式文化角度對其進行了解讀：

在楚昭王時代（西元前515-前489）由楚國的專家所追述的古
代宗教祭儀制度包含下述幾個特點：（1）宗教儀式行為的兩方
面是「民」和「神」；（2）民的中間有生具異稟者（先聖之後和
名姓之後）稱為巫覡，他們的作用是「明神降之」，也就是說神
「降」於巫覡；（3）降神依儀式而行，儀式的主要成分是「以
物享」，即以動物犧牲供奉於神；（4）巫覡之中有分工，大致
而言，其中主持儀式形式的稱為祝，管理儀式行為的稱為宗。[10]

　　春秋末年由楚國專家追述的這些情況，極有可能就是楚國巫儀式
文化的實貌。張光直則由此出發，結合甲骨文和金文文獻，從訓詁的
角度，以關涉周、楚的文獻為參照，對商代「巫」的職能進行考證，
對「降」、「陟」二字的意義生成和演化進行研究，[11]所得出的結論自
然也適用於楚地巫術儀式。正如張光直所說：「『降』的意義，也就是
說巫師能舉行儀式請神自上界下降，降下來把信息、指示交與下界；
這在《楚辭・九歌》裡有生動的描寫。」而「與『降』相對的是
『陟』……巫師舉行的儀式，除了降神的以外有沒有陟神的，即巫師
到上界去與神祖相會的？《楚辭・天問》『啟棘賓商、九辯九歌』；
《山海經・大荒西經》也說：『夏后開，開上三嬪於天，得九辯與九
歌以下。』故楚國相信古代有陟神的儀式。至於楚國本身的巫師駕車
遠遊的行動，《楚辭》中到處都有。《離騷》這一段說得再清楚不過
了。」[12]楚地巫師舉行的與神溝通交往的儀式，是雙向互動的。這種

---

10 張光直：《中國青銅時代》，北京，生活・讀書・新知三聯書店，1999，第254頁。

11 張光直：《中國青銅時代》，北京，生活・讀書・新知三聯書店，1999，第254-261
頁。

12 張光直：《中國青銅時代》，北京，生活・讀書・新知三聯書社，1999，第261、
262頁。

儀式模式表現出楚人對待神的態度，是恭敬而不乏自尊，在互動中獲得與神的交流，是對等的尊重關懷，不少論者在談到中西神性傳統時，往往一味強調中國神的凜然神聖不可親近，以及西方神的俗世品性與人間情味，殊不知在楚人心目中，神也是可以接近的。降神是以「人」為主，通過「人」自以為好的物與人——即犧牲，作為優厚的條件引誘、禱告、邀請神到人間來，神則為客，勢必「客隨主便」，神自然會盡可能甚至全部地滿足人的要求；而陟神舉動表現出楚人敢於追求、甘冒風險的擔當，人主動「出擊」，必須不辭勞苦、歷經磨難，屈人而就神，更表現出人對神境的嚮往和企慕。

　　出土文獻中有關楚地占卜儀式的資料，也能為我們理解楚人的內心世界提供幫助。李零《中國方術考》介紹楚占卜竹簡時引述包山楚簡，談到為墓主兩天之內進行的十一次占卜。第一天由五個貞人做兩輪占卜，共十次。前一輪還看不出病情嚴重，後一輪則表明墓主已病入膏肓。第二天只有一次，也是最後一次占卜，墓主在一個月後死掉。[13]對此現象，李零在《卜賭同源》一文中說：「占卜的初衷本是預測未發生之事，但結果卻往往是一種心理測試。例如，比較商代卜辭和西周、戰國的卜辭，我們不難看出，它們在形式上是不太一樣的。商代卜辭有驗辭，而西周和戰國沒有，反而多出表示願望和可能的『思』（義如願）、『尚』（義如當）等辭。後者對占卜的靈驗與否好像已不太關心，更關心的倒是願望的表達。特別是戰國卜辭，明明人已病入膏肓，卜人還要追問不休。」[14]兩相結合，可見楚人的占卜表現出一種強烈的生之渴望。自古以來，楚地因山水之利，其民尤得山水之靈氣，由此善感而信巫，這種巫鬼信仰，與其說是一種宗教情感，

---

13 李零：《中國方術考》，北京，人民中國出版社，1993，第257-259頁。
14 李零：《卜賭同源》，見《中國方術續考》，北京，中華書局，2006，第20頁。

不如說是一種精神寄託——在占卜儀式中追問生命存續的可能性，實際上是面對未知產生了恐慌，希望藉占卜為自己提供一個精神支點，以便鼓起勇氣走下去。

三 政治儀式個案

政治儀式因權力實踐的權威性需要而產生，其展演又是為了避免權力因過度「曝光」而失去權威。在古代社會中，儀式是強化政治權力的重要方式，政治儀式是維繫統治者地位的一種重要的治理方式，是一種權力「技術」，張光直在談到「導致了政治權力集中在某個統治集團手中的各種條件」時說：「通過文字以外的手段，如巫術儀式（及其樂舞）以及動物藝術和青銅禮器，以達到獨占與天和在天神靈溝通的目的。」[15]儀式對政治而言不可或缺。楚地典型的政治儀式必定不在少數，本文從中選取若干個案進行闡釋。

（一）楚共王擇嗣：幕後的玄機

王位繼承人的選擇從來都是古代君王的大事，從本宗族或家族中選出一個能為多數宗室成員認可的繼承人，這是「家天下」時代所有君王的大事。楚人自從跨入文明之門，在這方面已與其它侯國無異。就具體儀式而言，其中有具體情勢的原因，也有楚文化的影響。

《左傳・昭公十三年》記載了楚共王選定繼承人的儀式：

> 初，共王無冢適，有寵子五人，無適立焉。乃大有事於群望，

---

15 張光直：《美術、神話與祭祀》，郭淨、陳星譯，瀋陽，遼寧教育出版社，1988，第91頁。

而祈曰：「請神擇於五人者，使主社稷。」乃遍以璧見於群望，曰：「當璧而拜者，神所立也，誰敢違之？」既，乃與巴姬密埋璧於大室之庭，使五人齊，而長入拜。康王跨之，靈王肘加焉，子干、子皙皆遠之。平王弱，抱而入，再拜，皆厭紐。鬥韋龜屬成然焉，且曰：「棄禮違命，楚其危哉！」

「乃大有事於群望」，楊伯峻注：「遍祭名山大川。名山大川為群望。大有事，遍祭也。」可見這是一次大規模的祭祀儀式。楊伯峻引《杜注》：「巴姬，共王妾。」[16]這次儀式關乎楚國的嗣君與楚國未來的國運，其重要性自不必說，但採取的是比占卜可能更為複雜、費時費力而又有點虎頭蛇尾、不倫不類的手段。首先是「大有事於群望」，這是一個隆重的祭祀「開幕式」，其意是請名山大川「公證」祭祀的合法性，其過程是大費周章的。其次則是「埋璧於大室之庭」以觀諸子之「厭紐」與否。在整個事件程序中，史書並未交代除共王、巴姬之外還有其它巫者，則共王身兼為巫是不錯的，這正體現了古代帝王對巫事活動的控制。

　　巫術活動從一種較為普遍的民間社會及上層統治者都有權藉重的方式，逐漸演變為由統治者獨占的權力，經歷了一個漫長的過程。《國語‧楚語下》所載觀射父回答楚昭王的話，很能說明巫活動及其與統治關係的變遷（見前）。李學勤主編的《中國古代文明與國家形成研究》一書對此也有精到的闡述：

　　觀射父所謂「古者」，不是指原始時代，而是指周代人們所能理解和記憶的巫覡出現後的古代。所謂「夫人作享，家有巫

---

16 楊伯峻：《春秋左傳注》，北京，中華書局，1990，第1350頁。

史」才是原始宗教盛行時的狀況，而且是和範圍狹小的氏族制度相適應的。而當社會組織已出現範圍較大的部落聯合體以後，仍然是人人都能通神，傳達神的意旨的話，必然影響聯合體的統一意志、統一行動。所謂「九黎亂德」、「九黎之亂」，或許就是由此引起的動亂，促使顓頊進行了「絕地天通」的宗教改革……直至夏商周王朝，由於國家機器尚不夠完善，宗教仍是重要的統治支柱，所謂「殷人尊神，率民以事神，先鬼而後禮」可以為證。[17]

「直至夏商周王朝……宗教仍是重要的統治支柱」，楚人在文化自覺、政治制度乃至社會風俗上表現出的滯後性，更是必須由統治者對神巫活動進行控制，歷史與現實都對楚王提出了這樣的要求。從外在來看，儀式由於神聖化而顯得神秘詭異，而就實在的內容來說，它往往與當地人們日常生活中最基本的生存技術相關聯。楚共王的擇嗣儀式在其實質上就與自身的統治息息相關。美國人類學家羅伯特・F.莫菲在談到杜克海姆對神聖儀式的看法時說：

> 杜克海姆注意到，人對某些現象、行為、物體和人表現出一種敬畏感，甚至是恐怖。這些事物和人被認為是與凡事不同的、脫離日常現實的。它們屬於與日常經歷完全不同的範圍。杜克海姆將這個生活範疇稱為「神聖的」，以此來與日常生活的「世俗」世界相對。普通凡人也可涉及神聖的領域，但必須是在非常特殊的環境中，要很謹慎，很正式。「神聖的東西看上

---

17 李學勤主編：《中國古代文明與國家形成研究》，昆明，雲南人民出版社，1997，第203-204頁。

去可能和世俗的一樣，人們對它們的敬畏感和異樣感是約定俗成的。這沒有什麼可奇怪的。所有的意義都是約定俗成的，是從人們頭腦和文化中產生的，而不是從事物本身具有的性質中產生的。」[18]

對於這樣一個重要的擇嗣事件，我們尤其需要注意的是，雖然這樣的布置形同遊戲，但在共王與巴姬卻是以十分恭敬與認真的態度來實施的。嚴謹肅端的態度與荒誕遊戲的過程表現出極大的矛盾。於此，我們恰恰能看到楚人表現的世俗情懷與超越精神。如前已述，廣義範疇的儀式應是在一特殊場合之下或帶有點世俗性意味的典禮或儀禮。在上述儀式過程中，「大有事於群望」這樣「神乎其神」的活動，與神溝通、請神恩准、祈神福祐的所有活動都是為了一個世俗的目的——選定嗣君。一個堂而皇之、似乎與現實社會政治無關的「開幕式」，一個理性缺失、手法荒唐卻一本正經的「正文」，得到的卻是一個足以影響楚人命運與楚國勢運的結果。

荷蘭學者胡伊青加（J.Huizinga）在《人：遊戲者——對文化中遊戲因素的研究》中對多種語言中「遊戲」概念的表達進行了跨語系的詞源文化比較研究，揭示了遊戲與眾多社會現象之間的聯繫，尤其值得注意的是揭示了遊戲與嚴肅之間的關係，從而證明了儀式、詩歌、音樂、舞蹈、智慧、哲學、戰爭的規則以及高尚生活的習慣「都是在各種遊戲中被建立起來的」，「文明是在遊戲中並作為遊戲而產生和發展起來的」。[19]從這一角度來說，楚共王所採取的方法雖然也是一

---

18 〔美〕羅伯特·F.莫菲：《文化和社會人類學》，吳玫譯，北京，中國文聯出版公司，1988，第134-135頁。

19 〔荷〕胡伊青加：《人：遊戲者——對文化中遊戲因素的研究》，成窮譯，貴陽，貴州人民出版社，2007，第5頁。

種巫術手段,但卻近乎遊戲。

胡伊青加又說:「原始社會舉行神聖儀式、犧牲儀式、獻祭儀式與神秘儀式,所有這些儀式都以一種當事人心領神會的純粹遊戲的精神來擔保世界的福祉。」[20]以此來理解楚共王與巴姬共同導演參與的這齣神聖表演,必須正確認識「原始社會」一語的不同語境。胡伊青加所說的「原始社會」應是一般意義上生產力和經濟文化水準處於原始階段的社會形態,而由於楚文化的相對滯後,楚並未能與中原一起步入大致相同的社會階段,因此不能視之為一般意義上的社會形態。此外,巴姬的參與也是一個值得考慮的因素,因為巴人在某種程度上還落後於楚人,而史籍不憚費筆墨,明載巴姬參與這一項政治活動,只能說明巴姬對楚共王舉行選定繼承人儀式的影響。在胡伊青加看來,「神聖的表演遠非只是意念的實現即遠非一種虛假的現實;神聖的表演也遠非一種象徵的現實,而是一種神秘的東西。在神聖表演中,某種不可見的與不現實的東西取得了美麗的、現實的、神聖的形式,儀式的參與者相信,該行為就在實現和造成某一確定的福祉,它帶來一種較他們日常生活更高的事物的秩序。」[21]

《史記·楚世家》亦載楚共王與巴姬請神決嗣之事,對事情過程的記載基本相同:

> 初,共王有寵子五人,無適立。乃望祭群神,請神決之,使主
> 社稷,而陰與巴姬埋璧於室內,召五公子齋而入。康王跨之,
> 靈王肘加之,子比、子晳皆遠之。平王幼,抱其上而拜,厭

20 〔荷〕胡伊青加:《人:遊戲者——對文化中遊戲因素的研究》,成窮譯,貴陽,貴州人民出版社,2007,第5頁。

21 〔荷〕胡伊青加:《人:遊戲者——對文化中遊戲因素的研究》,成窮譯,貴陽,貴州人民出版社,2007,第13頁。

紐。故康王以長立，至其子失之；圍為靈王，及身而弒；子比
為王十餘日，子晳不得立，又俱誅。四子皆絕無後。唯獨棄疾
後立，為平王，竟續楚祀，如其神符。

可見《左傳》和《史記》的記載大體相同，不同的是對此事的後
續介紹及評論。前已述及《左傳》，而《史記》曰：「唯獨棄疾後立，
為平王，竟續楚祀，如其神符。」似乎司馬遷還相信「神符」擇嗣。
不過「顯然，『神符』擇子為嗣一事，當是共王與巴姬已屬意幼子，
故指使抱者『厭紐』，以為其日後登上王位鋪平道路」。[22]那麼司馬遷
的輕信也就告訴我們，這種儀式的威力到了漢代還有信徒。這或許能
為我們理解共王及其所主持的擇嗣儀式的內涵提供一個有力的佐證。

象徵人類學代表人物柯利弗德‧格爾茨從一個更為廣義的角度解
釋儀式，他認為正是通過聖化了的行動——儀式，才產生出「宗教觀
念是真實的」這樣的信念；通過某種儀式，動機與情緒及關於存在秩
序的一般觀念才是相互滿足和補充的。通過儀式，生存的世界和想像
的世界借助於一組象徵形式融合起來，變為同一個世界，而它們構成
了一個民族的精神意識。[23]可以說，就上述儀式個案而言，除了楚
王、巴姬之外，楚人當中當然還有更多清醒的人，能夠認識到該儀式
的真實本質，但總是還有為數不少的人並未意識到儀式本質之所在，
這些人在儀式的「愚化」下，認識到「生存的世界和想像的世界」
「融合起來」，從而在儀式場景的迷惑下「構成了一個民族的精神意
識」。

在這一神聖儀式過程中，儀式的展演特點更為明顯。儀式參加者

---

22 吳永章：《論楚文化與南方民族文化的關係》，《民族研究》1992年第6期。

23 Geertz. Clifford, 1973, The Interpretation of Cultures.Basic Books, Inc. pp.87-125。轉引
　自郭於華主編：《儀式與社會變遷》，北京，社會科學文獻出版社，2000，第2頁。

彷彿都穿上了「戲服」，明眼人一望便知儀式操控人的真實意圖；穿上「戲服」的表演者在投入的表演中往往也不知不覺會「穿幫」，但儀式還是得繼續下去，為了那個真實的目的。

（二）「苞茅縮酒」：政治儀式的民俗化

《左傳・昭公十二年》載有楚靈王與右尹子革的對話：「昔我先王熊繹闢在荊山，篳路藍縷以處草莽，跋涉山川以事天子，唯是桃弧棘矢以共御王事。」「共御」即進奉、貢獻「桃弧棘矢」，是楚王熊繹為周王室、朝廷舉行儀式所盡的義務。「國之大事，在祀與戎」，貢苞茅以縮酒的職責還差點給楚國帶來殺伐之災。有論者以為：「初期楚國國君地位不高，但在縮灑祭祀上卻享有特權」[24]，而事實可能並非如此。楚之貢苞茅等以供祭祀之需只是周王室「下達的任務」，是楚人應盡的義務，而非「特權」。如果是「特權」，楚國不會一度置之不理。因為楚人強大後，貢苞茅以縮酒的職責竟一時未能顧及，或者竟在有意無意之間不願盡職，這曾被齊國當做討伐楚國的口實。《左傳・僖公四年》載管仲代表齊桓公向楚國興師問罪：「爾貢苞茅不入，王祭不共，無以縮酒，寡人是征。」從這句話來看，由楚人所貢的苞茅似乎還是周王室縮酒儀式的不二選擇，因為齊人說的是「爾貢苞茅不入，王祭不共，無以縮酒」，其中雖不無齊人挾天子之聲威，趁機渲染苞茅的作用以誇大口實、張揚所謂討伐正義性的成分，但楚人所貢苞茅，也確實有其「地靈物華」的獨到之處。張正明《楚文化史》引《史記・孝武本紀》證明說：「江淮間一茅三脊，為神藉。《集解》引孟康說：『所謂靈茅也。』」又說：「楚地所產的苞茅必定又多

---

24 馮春：《淺談先秦祭祀的「苞茅縮酒」》，《武漢文博》2007年第3期。

又好，以致楚君有向周室貢苞茅的義務。」²⁵荊楚盛產菁茅（也稱之為苞茅），《漢書‧地理志》述及荊州時有「包匭菁茅」的記載。師古注曰：「匭，柙也。菁，菜也，可以為菹。茅可以縮酒。苞其茅匭其菁而獻之。」

那麼，楚人是否曾用這樣有靈性的神物舉行過相關的儀式呢？《離騷》有「索瓊茅以筵篿兮」一句，這告訴我們，楚人曾用一種楚地特產的靈草「瓊茅」來進行占卜，即「結草以卜」。「瓊茅」也被稱為「苞茅」，盛產於荊山山麓，用於占卜時，斷草以定吉凶。張正明在《楚文化史》中寫道：「承杜棣生先生相告：直到現代，鄂西仍有縮酒的遺風，由巫師主持，辦法是在地上先鋪一層茅，在茅上加鋪一層沙，把酒潑在上面，讓它經沙和茅的過濾下瀝，也算是『象神歆之』。周代縮酒的方式，估計與現代不大一樣，但縮酒的祭法逾三千年而未絕，卻是令人訝異的。楚俗源遠而流長，這也是一例。」²⁶看來，楚人是有這樣的習俗的。

李家祥統觀「縮」在《周禮》《儀禮》《禮記》《左傳》的祭祀之文中的用法，訓「縮酒」之「縮」為「放」、「擺」、「呈」、「恭放」、「恭擺」、「敬放」、「敬擺」，引申為「敬獻」、「呈獻」、「恭獻」、「獻」等義，並引現代少數民族的風俗加以比對，說明楚人這一儀式在後世南方的演化：

> 居於雲、貴、川、桂四省區的彝族，於宗教活動、喪葬活動、宗廟活動、歲節祭祖時，都要在每座神位前、祖先靈位前、亡靈前平插一株扁竹葉……祭者雙膝跪於靈位前，接過主祭人手

25 張正明：《楚文化史》，上海，上海人民出版社，1987，第19頁。
26 張正明：《楚文化史》，上海，上海人民出版社，1987，第19頁。

中酒杯，兩手舉杯齊眉，將酒緩緩注於扁竹葉上，酒順葉而
流，流至滴尖滴於地上，以示神飲。此情此景，與鄭氏「沃酒
其上，酒滲下去，若神飲之」之狀，幾乎一模一樣。不過彝族
不叫「縮酒」而稱之為「獻酒」。[27]

又有學者考證指出，「這種茅草盛產於荊山山麓南漳、保康、谷
城一帶」。而且「『苞茅縮酒』遺風今在湖北端公舞中有所表現」，「端
公舞是保存在襄樊南漳、保康、谷城一帶的巫教祭祀舞蹈，這種巫舞
就是從古代楚國流傳下來的。在湖北襄陽和湘鄂西的苗寨也有變異的
縮酒遺俗存在」。[28]這樣的歷史遺存自有其意義，以此來反觀歷史，推
想楚人之「苞茅縮酒」就不難理解。楚人重巫的天性，楚人在人神、
人鬼與天人之間所做的各種事情，令我們相信，楚人是不會放棄任何
一個與各種超越現世生活的對象溝通的機會的。可能這樣的儀式本來
是政治性的，而後來變成了民間風俗的一部分，轉變的具體時間則難
以確指。可以推想，如果楚人要舉行類似的儀式，一定是靈氛縈空不
絕、神鬼紛至沓來，場面盛大熱烈。這樣的儀式無疑也昭示著楚人對
與神親近、溝通及獲得神靈福祐的企盼。

除了上述儀式外，楚地還有大量的儺儀式、自然崇拜儀式等。儺
儀式與巫、及戲劇相聯繫，應該是儀式戲劇的重要來源，楚地巫風也
帶動了儺風的興盛。自然崇拜必須借助一定的儀式，因為儀式是自然
崇拜體系的一個重要元素，它是表現人神之間關係的行為活動方式，
是人們祈求自然神的主要形式。楚人還有神樹崇拜、太陽崇拜，等
等，後文將一一述及。

---

27 李家祥：《訓「縮酒」》，《貴州民族學院學報（哲學社會科學版）》1990年第3期。

28 楊萬娟：《韓國祭祀習俗與古代楚俗比較研究》，《湖北社會科學》2005年第8期。

第三節　銅鼓文化與南方民族的儀式

銅鼓在中國有著廣泛的分布，它是南方民族儀式活動的重要器具，因而成為南方民族文化的重要標誌物之一。

一　銅鼓源於楚地說

關於銅鼓起源於何地，主要有中原內地、西南邊疆、雲南中部偏西等說法，還有印度、柬埔寨、越南北部等說法。目前比較有影響的是越南北部說和中國南方說。源於楚地的說法也值得重視。凌純聲、聞宥都曾有銅鼓應自兩湖地區（「雲夢大澤」）發源的主張。[29]莊為璣也認為：「銅鼓起源於中國，為兩湖人民所創造，繼而傳布於苗族、壯族及彝族之間，即《史記》的『南楚』地區。」之所以如此是因為「楚人在『南方民族』中開化較早，夏商時期青銅文化早已發達，楚人吸收商周文化以改造其巫覡文化，遂有南方銅鼓的創造，稱為『楚鼓』。」[30]史載楚莊王對鼓有很大的興趣，「左抱鄭姬，右抱越女，坐鐘鼓之間」[31]。此鼓很可能就是銅鼓。據此可以想見銅鼓曾用於楚宮廷樂舞中。

銅鼓之所以能在南方楚地較早產生，是因為，楚地不僅較早擁有銅礦，且其礦較大。《史記・楚世家》記載楚莊王觀兵問鼎時揚言：「楚國折鉤之喙，足以為九鼎。」張正明認為：「（當時）銅的多少與國的強弱大致成正比。楚國產銅最多……成王中葉以後，楚國主要的

---

29 汪寧生：《銅鼓與南方民族》，長春，吉林教育出版社，1989，第83頁。

30 莊為璣：《銅鼓起源於荊楚民族》，見中國古代銅鼓研究會編：《古代銅鼓學術討論會論文集》，北京，文物出版社，1982，第73-74頁。

31 《史記・楚世家》。

紅銅冶煉基地應在今銅綠山和附近地區……銅綠山古銅礦，是我國現已發現的年代最早、規模最大而且保存最好的古銅礦」，而且「從銅綠山附近的商代遺址中有煉銅的遺跡這個發現來看，我們不能排除銅綠山古銅礦開採年代上限在商代晚期的可能性。」[32]則楚人用銅的歷史年代還有被進一步上推的可能。故莊為璣說，「南方民族最早進入青銅時代的是荊楚族。荊楚開化較早，吸收中原文化較早，富於幻想、巧於製作。在我國銅器中，能與北方銅鼎比美者，厥唯南方銅鼓……南方銅鼓的首創者為荊楚人民，商周人民則首創北方銅鼓，南北銅鼓型制全不相同。」[33]通觀《楚辭》，其中對銅鼓的記載也很常見。

童恩正在《試論早期銅鼓》一文中說：「從早期銅鼓的功能來看，它不大可能產生於中原各國，包括江漢地區的楚國，因為這些國家的社會組織健全，生產比較先進，宗教意識雖然還是敬天事神，但是已經產生了『天道遠、人道邇』的進步思想。宗教儀式有一套嚴格的程序，使用的樂器、禮器都有明確的記載，早已脫離了原始階段。」[34]其實思想未必都能落實到實踐中，楚國的祭祀儀式也是如此。《國語·楚語上》所載楚史與祭祀之事，就能說明當時楚人的祭祀儀式未必很嚴格：「屈到嗜芰。有疾，召其宗老而屬之，曰：『祭我必以芰。』及祥，宗老將薦芰，屈建命去之。老曰：『夫子屬之。』子木曰：『不然。夫子承楚國之政，其法刑在民心而藏在王府，上之可以比先王，下之可以訓後世，雖微楚國，諸侯莫不譽。其祭典有之曰：國君有牛享，大夫有羊饋，士有豚犬之奠，庶人有魚炙之薦，籩豆、脯醢則上下共之。不羞珍異，不陳庶侈。夫子不以其私干國之

---

32 張正明：《楚文化史》，上海，上海人民出版社，1987，第64-66頁。

33 莊為璣：《銅鼓起源於荊楚民族》，見中國古代銅鼓研究會編：《古代銅鼓學術討論會論文集》，北京，文物出版社，1982，第74頁。

34 童恩正：《試論早期銅鼓》，見《南方文明》，重慶，重慶出版社，2004，第311頁。

典。』遂不用。」屈建是屈到之子，西元前五三七年為楚靈王所殺，則此事發生在春秋中期。屈到的個人要求並未得到滿足，但屈到希望屈建「祭我必以芰」，正表明此前及當時，肯定已有貴族按個人喜好交代包括祀典儀式在內的後事，並且後人也已照辦的情況。更何況「脫離了原始階段」，並不能說明銅鼓不能在楚地產生。

二　銅鼓功能與南方儀式

M.P. 色斯特萬斯（Michele Pirazzoli-T'Serstevens）在考察了石寨山銅鼓的功能以後，指出：「就其社會和宗教的表現來看，滇文化可以確定為一種銅鼓文化，因為銅鼓事實上已經與各級社會組織及神話思想相聯繫。銅鼓作為酋長的權威和優越的標記，作為在各種場合中必備的具有魔力的樂器，已經成為雨水充足和作物豐饒的象徵。圍繞著銅鼓、銅柱以及與之有關的犧牲，滇族青銅器上所表現的宗教儀式似乎是與農業勞動、豐收以及喪禮相聯繫的。」[35]這一論述告訴我們，銅鼓與儀式有著密不可分的關係。

從西元前七世紀至今，銅鼓一直在中國南方和東南亞許多民族之中廣為流傳。它在社會生活各個方面都曾起過重要作用。我們還沒有發現哪一種文物能像銅鼓這樣源遠流長，影響深遠。銅鼓之用，學界的說法大同小異。席克定、余宏模按銅鼓的社會功能，主要以滇族銅鼓為考察對象，將銅鼓的發展分為三個階段，即早期階段、發展階段和延續階段，認為早期銅鼓的功能是樂器而兼作炊具；到了發展階段

---

35 Michele Pirazzoli-T'Serstevens, "The bronze drums of Shizhai Shan, their Social and ritual signifieance", Early South East Asia: Essays in archaeology, history and historical geography. Part 1, pp.125-136。轉引自童恩正：《南方文明》，重慶，重慶出版社，2004，第311頁。

功能為樂器、陳列、貯貝；到了延續階段則與「獵首」、財富、貢賦、祭祀、婚姻、喪葬、節日等多項文化相聯繫。[36]蔣志龍將其功用歸納為樂器、賽神或娛樂的工具、傳信、地位與權力的象徵四大方面，「由於戰爭和祭祀活動都是由部落或氏族的頭領主持，為此，銅鼓的使用不同於一般的樂器，而是類似中原地區的鐘、鼎、彝器，變成為占有者身分和地位與權力的象徵。」[37]可與楚地及南方儀式共相討論的，是樂器功能和陳列功能。銅鼓作為一種樂器，用於祭典和一些隆重的儀式活動中。作為陳列，「一是在各種祭祀盛典中……此種陳列銅鼓的方式，其性質顯然類似於周代奴隸主用作『禮器』的列鼎。二是將巨型銅鼓陳列於各種宗教儀式或其它活動場所中……賦予銅鼓一種神秘的色彩，視為神靈之物，用它來陳列，或用來祭祀，其實質則是為了增加奴隸主統治的權威。」[38]可見，銅鼓因其特殊的應用場合而成為略帶神秘且具有神性的器具。

　　一九五五至一九六〇年間發掘的雲南晉寧石寨山墓葬群，據汪寧生考證，「整個墓葬群的年代約為戰國晚期至西漢中期」[39]。滇楚之間的關係如前文所述，楚威王時（西元前339-前329年），曾派將領莊蹻率領一批楚國士兵，溯水經夜郎進入滇。秦滅了巴國和蜀國，莊蹻及其士兵便失去了與楚國的聯繫，最終融合到雲南的民族之中。當然這樣的滇楚文化交流並不會太深入，但互有影響卻是肯定的，則楚滇作為同處南方的文化類型似可連類共論。

---

36 席克定、余宏模：《試論中國南方銅鼓的社會功能》，見中國古代銅鼓研究會編：《古代銅鼓學術討論會論文集》，北京，文物出版社，1982，第163-171頁。

37 蔣志龍：《滇國探秘：石寨山文化的新發現》，昆明，雲南教育出版社，2002，第297頁。

38 席克定、余宏模：《試論中國南方銅鼓的社會功能》，見中國古代銅鼓研究會主編：《古代銅鼓學術討論會論文集》，北京，文物出版社，1982，載165頁。

39 汪寧生著：《銅鼓與南方民族》，長春，吉林教育出版社，1989，第28-29頁。

　　關於銅鼓成為各類儀式要素的原因，可以從銅鼓本身的特點來探究。銅鼓最為獨特之處在於其聲音的頻率不同於其它鼓，它能引起比其它鼓更為強烈的刺激，從而導致人們精神上和肉體上的異常反應，使儀式參與者——主持人、舞蹈者和觀看者都處於興奮甚至迷狂的狀態。開始時人們並不能解釋這一現象，於是相信銅鼓的神奇，使之成為儀式不可或缺的道具，而當人們擁有的自然知識足夠對此進行解釋時，銅鼓的功能逐步擴展了，但其基本功能並未消失。重複而有節奏的鼓點是銅鼓獨特的物理特徵，影響著儀式參與者的心理狀態，並引起較為明顯的行為反應，喚起沉澱的情感，其能量令每一個在現場的人沉溺甚至服從，這些都是儀式所需要的效果。

　　從儀式文化角度說，南方以銅鼓為標誌物，北方以鼎為標誌物，兩者的水準差可比肩而立，構成的卻是中國古代儀式文化南北分流而對峙的現象。其中一直未獲足夠重視的是南方的銅鼓文化。其原因，一是在器形上，大多數銅鼓缺乏多數北方鼎所具有的氣勢，有些銅鼓雖也很高大，但力度終究不足；二是北方文化的強勢形態一定程度上遮蔽了南方文化的色彩；三是與鼎及其儀式文化相比，銅鼓及其儀式文化在演化過程中滲入越來越多的民間因素，在官方體制之中，久久未能得到理所當然的「話語權」；四是對這種文化現象的研究還很薄弱，沒能引起人們足夠的關注。

　　當我們把目光投向楚地儀式時，眾多的儀式形態令人目不暇接。僅《荊楚歲時記》所敘時令儀式就已蔚為壯觀。對這些儀式進行全面的文化解析固然是可能和必要的，但研究對象的複雜性可能使我們陷入籠統而不得要領的境地。本文僅視楚地儀式的具體情況，對若干儀式類型與實踐，進行理論分析與個案解剖，以期對楚地儀式有一個點面結合的認識。

　　考慮到上古時代歌、樂、舞三者的密切關係，很多儀式在原初的

展演過程中可能都有詩歌相伴，只是因為文獻失載，無以為證。與詩
歌有關的儀式，作為儀式詩歌的內容將在《楚地儀式詩歌的形態和功
能》一節中予以論述。

三　銅鼓的藝術價值

從考古資料來看，銅鼓的發祥地在中國古代的濮水流域，出土文
物所顯示的銅鼓紋飾，一定程度上反映了古代濮人的生活習俗，尤其
是祭祀禮俗。由此出發，現代研究者往往將銅鼓紋飾納入象徵性符號
系統中，強調紋飾中所體現出的民族文化內涵，以及其中折射出的先
民對生命的尊重、對神靈的膜拜和對自然的崇敬。除此之外，在漫長
的工藝發展過程中，銅鼓還以其獨特的美學特徵，展示出了非同一般
的藝術魅力和不容忽視的藝術價值。

（一）造型各異的南方銅鼓

中國古代銅鼓主要分布在雲南、貴州、廣西、廣東、四川和湖南
等中國南方地區。南方銅鼓既有著各自獨特的造型，又隨著歲月的變
遷在局部細節方面有著不斷的改進。研究者依其形制將銅鼓分為八種
類型：以雲南楚雄縣萬家壩出土銅鼓為代表的萬家壩式，以雲南晉寧
縣石寨山出土銅鼓為代表的石寨山式，以廣西藤縣冷水衝出土銅鼓為
代表的冷水衝式，以貴州遵義出土銅鼓為代表的遵義式，以貴州麻江
縣出土銅鼓為代表的麻江式，以廣西北流縣出土銅鼓為代表的北流
式，以廣西靈山縣出土銅鼓為代表的靈山式和以雲南西盟縣徵集銅鼓
為代表的西盟式。

各類銅鼓中以萬家壩式最早，它代表了春秋戰國時期銅鼓的工藝
水準。一九六〇年雲南楚雄縣大海波出土的銅鼓就屬萬家壩式——鼓

面小，鼓腹大，腰寬足短，通體無紋，聲音清脆短促，形似倒置的銅釜，與一九七五年楚雄縣萬家壩古墓出土的立耳銅釜極為相似，而與之伴出的銅鼓鼓面留有煙炱痕，看來銅鼓在上古也有炊具之功用，有學者因而推測「先秦雲南的濮人，在工餘飯後，把炊具釜翻轉來敲擊以取樂，並逐漸把銅釜發展為銅鼓」[40]，此說正可以解釋早期銅鼓為何具有與釜形似、圖紋簡單、樣式樸拙的特點。

　　隨著銅鼓藝術的發展，其兼作炊具的職能消失，作為樂器的功能更加突出。稍後的石寨山式銅鼓繼承了春秋戰國時的造型特徵，鼓身分為三段，鼓面仍小於鼓胸、但足徑大於腰徑，上下更為勻稱，鼓聲更為渾厚，除了鼓面中心的太陽紋等裝飾，鼓的胸部和耳部也有裝飾紋樣，與稚拙的萬家壩式銅鼓相比，其工藝更趨成熟。其後出現的冷水衝式、北流式和靈山式銅鼓，鼓面增加了動物和人物類的紋飾，裝飾美感增強，工藝更為複雜，體積也更大，鼓面直徑往往有一米左右。廣西北流出土的被稱為「銅鼓王」的桂101號銅鼓，更達到了鼓面直徑一六五公分、高八〇多公分、重三〇〇千克，形制威嚴，音聲洪亮，氣勢磅礡。這類銅鼓應用於政治生活中，成為威權的象徵。而當銅鼓作為樂器從廟堂普及到民間之後，其形體又變小，曲線也更為柔和，紋飾趨於繁複精細，現今較為多見的麻江式和西盟式銅鼓就是明證。

　　由此可見，銅鼓的審美特性與其社會功能有著直接的聯繫。當銅鼓的一般實用功能逐漸弱化，作為樂器和禮器的功能愈益彰顯，其審美特性便更加強化，在平面曲腰、中空無底、側有四耳的基本形制之外，體態輪廓的曲線漸趨柔美，紋飾圖案的變化層出不窮，使得銅鼓更成為展現中國古人手工技藝的工藝品，在藝術史上占有一席之地。

---

40 張世銓：《論銅鼓藝術》，《民族藝術》1986年第3期。

（二）豐富多樣的銅鼓紋飾

銅鼓的藝術美感更多地表現在銅鼓的花紋和立體裝飾上，各種類型的紋飾最大限度地豐富了銅鼓的人文意涵，並凸顯其美學風貌，展現出中國古人精巧細膩的工藝手法。銅鼓紋飾根據所刻畫的內容，大致可以分為以下四類：

第一，幾何圖紋：以點線組合成各類幾何圖案，在此基礎上形成種類繁複的紋樣，如鋸齒紋、水波紋、葉脈紋、翎眼紋、圓圈紋、方格紋、菱形紋、符篆紋、龜甲紋、佛光紋、蓮座紋、八卦紋，等等，不勝枚舉。早期的銅鼓，如萬家壩式，多以菱形紋、網紋、雲紋等裝飾鼓面，其紋飾與新石器時代的陶器上的紋樣類似。石寨山式銅鼓的裝飾性元素則擴大至鼓腹，除此前常見的網紋、羽紋之外，還有同心圓紋、齒紋、點紋等，其後期還出現了折線紋、斜線紋、櫛紋等。幾何圖紋在銅鼓裝飾上的應用，體現了點、線、面的結合，其排列組合方式之多樣化令人眼花繚亂，體現了國人豐富的幾何構圖能力和對於線條美的無限追求。

第二，自然物象：主要是太陽紋和雲雷紋。太陽紋分為光體和光芒兩部分，處於鼓面中心位置、圓形、略微隆起的為光體，圍繞光體有銳角、輻射狀、數量不等的光芒。太陽紋因時代、地區和民族的不同，呈現出各異的形態。作為銅鼓紋飾中最為恆久的基礎圖案，太陽紋飾普遍存在於各期各類銅鼓上。研究者認為這與原始思維影響下人類的自然崇拜觀念，尤其是太陽崇拜觀念有關，飾以太陽紋的銅鼓，不但作為祭器用於祭祀儀式，還作為軍鼓用於戰爭場合，因為「飾以太陽紋，最具權力和力量的象徵意義，也是祈禱太陽神能給予自己力量而戰勝對方」。[41]至於雲雷紋，其實是由幾何圖案迴環套疊組合而成

---

41 錢靜：《中國古代銅鼓紋飾的文化內涵》，《滁州師專學報》2003年第3期。

的。這類圖紋往往密布在太陽紋的周圍，象徵著太陽與雲、雷共存於天際，仍與先民的自然崇拜觀念有關。與自然界的風雲變幻、雷電交加相映成趣的是，銅鼓上刻畫的雲紋和雷紋也是種類繁多、富於變化，「雲」、「雷」穿插交錯，似乎喻示著波譎雲詭的自然天象和風起雲湧的社會現實。各類銅鼓中，北流式和靈山式銅鼓均以雲雷紋作為其主要紋飾。

第三，動物形象：較為多見的有翔鷺紋、青蛙紋和十二生肖紋。展翅欲飛的鷺鳥是銅鼓中最具藝術性的紋飾之一，石寨山式、冷水沖式銅鼓中，都不乏形態各異的鷺鳥，數量八至四十隻不等，長喙、圓眼、扇形尾翼的鷺鳥為銅鼓增添了靈動美和韻律感。研究者分析翔鷺紋作為銅鼓常見裝飾的原因時，指出：「滇池地區自古多鷺，且有『田漁之饒』，從長喙善漁的白鷺，引申為『漁利』，可能是選此母題的本意，後來又普遍化為祈福求利的觀念。」[42]而銅鼓裝飾上出現的青蛙，往往是立體的，一般為環踞鼓面邊沿，最早出現在冷水沖早期銅鼓上，其後靈山式、北流式銅鼓上也有立體蛙飾，其數量有四隻的，有六隻的，也有八隻的，既有形態各異的單隻青蛙，也有意趣盎然的「累蹲蛙」（即大蛙背小蛙）。青蛙以食害蟲而利莊稼，蛙鳴則預示著下雨，在農業型社會，青蛙可謂吉祥物，因而它成為嶺南越人崇拜的圖騰。置蛙飾於銅鼓之上，大概也與求雨有關。而以剪影線浮雕式十二生肖圖案裝飾於銅鼓之上，則是麻江式銅鼓特有的。

第四，社會活動：銅鼓紋飾中線條更為複雜、意涵更為豐富的是反映祭祀、征戰、競渡、歌舞等場面。銅鼓既作為一種禮器應用於各類儀式性場合中，那麼古人在銅鼓上刻畫並表現各種社會禮俗、文化活動、典禮場面也是可以理解的。如石寨山出土的 M12：205號銅鼓

42　李偉卿：《試談銅鼓藝術》，《美術研究》1983年第1期。

形貯貝器紋中所描繪的成群男女且鼓且唱、載歌載舞的圖景，就是祭祀場面的體現；還有石寨山出土的 M14：15A 號銅鼓圖紋中，有大量頭戴羽飾或鳥首狀飾物的人物行船的場面，船上並有擂鼓者，應與祭祀水神或競渡儀式有關。[43]《詩・魯頌・有駜》中有「振振鷺，鷺於下。鼓咽咽，醉言舞。於胥樂兮！」的句子，表現了君臣在鼓聲伴奏下欣賞鷺舞這一歡樂的宴飲場景。而手持鷺羽翩然起舞的場面也是銅鼓紋飾中反覆出現的主題之一。以歌舞場景為表現對象的銅鼓紋飾中，舞者或頭戴羽冠，或身披羽飾，或手執羽毛，或執干戚，歌舞昇平，其樂融融，其現實基礎正來源於西南少數民族以羽毛為飾物的習俗，而以羽毛為飾既有裝飾美感，又有表示英勇以使敵人膽怯的目的。這類以表現儀式場面為主題的紋飾，有著豐富的人文內涵，其畫面繁複，整齊中不乏變化，體現出典禮儀式的盛大莊嚴和社會分工的精細明確，以簡單流暢的線條和符號化的物象，生動地展示了社會生活和民俗民情。這些儀式化場景，是我們傳統悠久的中華民族不可磨滅的文化記憶。

從春秋戰國時期的萬家壩式，到清代的麻江式，銅鼓文化幾乎貫穿了中國歷史的始終，其造型進化史在某種程度上正是中國古人工藝技巧發展的縮影。它在我國西南地區和一些東南亞國家中，作為一個文化符號，更有著特殊的意義。時至今日，銅鼓造型和銅鼓紋飾，仍被藝術家多方借鑑，作為裝飾元素存在於社會文化生活中。

---

43 過常寶：《楚辭與原始宗教》，北京，東方出版社，1997，第81-85頁。

第二十九章
繪畫、雕刻、工藝中的自我和世界

　　與其它民族一樣，早期楚人對自我與客觀世界的認知，往往表現為不自覺的藝術創造。當族群文明發展到一定階段後，由早期不自覺的藝術追求所奠定的民族藝術品格，必然會影響著發展與成熟階段的藝術品、工藝品與方技運用，從而形成楚人在這些方面的特點。這種特點既與物質形態有關，又與精神形態有關。

　　馬克思在《政治經濟學批判導言》的「政治經濟學的方法」一節中提出了掌握世界的四種方式[1]。學者在剖析馬克思這一經典論述時指出：「所謂掌握世界方式，不管哪一種掌握世界的方式，都不能只單純地理解為『認識、反映世界的形式』，也不能單純地理解為『思維規律或思維』，而應該是除了正確地認識對象的特點和規律以外，還必須要具備一定生產（包括物質生產和精神生產）能力的主體對對象運用什麼手段和方法進行創造性的生產活動，從而生產出標誌著最後對世界掌握的產品。也就是說，掌握世界方式是勞動對象、主體的認識和勞動活動、勞動手段和方法，以及勞動者四者有機的結合或總和，缺一都是不能成其為掌握世界的方式的。」[2]可見，掌握世界的方式不僅具有外化可見的形式，也不僅包含洞察靜觀的觀念，還意味著創造手段與過程，更應該能夠產生某種或某件具形的物質或精神形態的產品。以藝術掌握世界方式為例，這種掌握世界方式「必須具備

1　《馬克思恩格斯選集》第2卷，北京，人民出版社，1995，第2版，第19頁。
2　呂景雲、朱豐順：《藝術心理學新論》，北京，文化藝術出版社，1999，第38頁。

下列幾個基本要素：第一，對社會生活的體驗和認識——藝術思維；第二，具有一定藝術創造能力的藝術家的藝術創造活動；第三，運用必要的藝術創作手段和方法；第四，創造成果——藝術作品」。[3]對照楚地繪畫、雕刻、工藝、方技所具有的特點，我們看到的是楚人觀念中的自我與世界。

第一節 繪畫

繪畫是以色彩、線條、明暗、質感等為語言的造型手段，「以平面的形與色構成的一方藝術聖土」，「中國傳統繪畫在形和色的創造，尤其是線上的運用等方面均能獨樹一幟，明顯區別於西洋繪畫，體現了悠遠的東方神韻」。[4]楚地繪畫既具有東方藝術的共性，又有自己的個性，「荊楚繪畫，狂放奇詭，造型爛漫天真、雄奇矯健，充滿原始野性的活力，傳達出一種熱烈、強旺的生命機體的律動感，在總體上，總是以浪漫氣概感染人」。[5]

楚地的繪畫種類繁多，包括帛畫、壁畫、漆畫、器物繪畫等，本文選取帛畫、壁畫加以探討。

一 帛畫

一九四九年出土於長沙市東郊陳家大山楚墓的《人物龍鳳》帛畫，以及一九七三年出土於長沙城南子彈庫楚墓的《人物御龍》帛畫，是楚地帛畫的傑出代表，是我國迄今發現的最早的完整獨幅繪畫

3　呂景雲、朱豐順：《藝術心理學新論》，北京，文化藝術出版社，1999，第21-24頁。

4　彭吉象：《中國藝術學》，北京，北京大學出版社，2007，第288頁。

5　彭吉象：《中國藝術學》，北京，北京大學出版社，2007，第441頁。

作品，也是我國目前發現的年代最早的兩幅絹畫作品。[6]

　　《人物龍鳳》帛畫，以深褐色的平紋絹為本。以畫邊完整者為準，長三十一公分，寬二十二點五公分。下部正中偏右畫一婦人，站立於地，高髻細腰，廣袖寬裾，合掌做祈禱狀。上部正中畫一鳳，左側畫一龍，作爭逐狀。綜觀全畫，可約略觀察出，生動有力的龍現天空中左上方，作扶搖直上之態。右上方為鳳，用力奮起，意欲表明其飛向理想的「天國」。龍鳳下方之婦人，站在大地上，側身向著龍鳳而立，面部表情肅穆，寬袖細腰曳地的長袍迎風擺動，她的雙手向著已在天空中昇天之龍鳳，顯然是在合掌祈求，希望飛騰的神龍、神鳳引導她的幽靈早日登天升仙。[7]

　　《人物御龍》帛畫，帛為細絹，淺褐色。長方形，長三十七點五公分，寬二十八公分，上端裹有一根長三十公分的竹條，正中繫一絲繩，可以懸掛，狀如「銘旌」。畫面正中用墨筆繪一著長服佩劍、嘴上留有短鬚、頭上結有纓帶的中年男子。他側身手持韁繩，駕馭一龍，龍形如龍舟。舟上有寶蓋，舟尾立一鶴鳥，舟下繪有水中游魚。其主題顯然是描繪墓主人駕龍昇天的圖景。[8]

　　這兩幅畫涉及楚人對龍鳳的尊崇與喜愛。關於楚人對鳳的認識，考古學者認為：

> 楚人以為飛禽、爬蟲、走獸，無論善惡，都有與人相通的「靈性」。出於圖騰崇拜的遺風，楚人莫不尊鳳。《藝文類聚》卷九〇《鳥部上》引《莊子》云：「老子歎曰：『吾聞南方有鳥，其名

6　彭吉象：《中國藝術學》，北京，北京大學出版社，2007，第289頁。彭著將子彈庫帛畫題為《人物御龍》。

7　熊傳新：《對照新舊摹本談楚國人物龍鳳帛畫》，《江漢論壇》1981年第1期。

8　湖南省博物館等：《長沙楚墓》，北京，文物出版社，2000，第428頁。

為鳳』」。楚人深信祝融是自己的先祖，而祝融正是鳳的化身。[9]

受中原文化的影響，楚人對龍也很尊崇。《楚辭》中多處寫到「乘龍」「駕龍輈」「駕飛龍」。在楚人看來，龍鳳都是可引導人飛升成仙的。楚地出土有不少以龍鳳為題材的器物，笭床就是其中一種。據研究，笭床是一種形制華麗的長方形雕花木板，為楚墓棺底所習見，多鏤刻或彩繪龍鳳花紋。長沙楚墓中出土的笭床已見於報導的就有十多件，其圖案多以龍鳳為題材。龍鳳形象抽象而古樸，極富想像力。在墓主人躺臥的「笭床」上刻這樣的圖案，旨在希冀死者的靈魂乘龍鳳以昇天。[10]

這兩幅帛畫的性質，有論者以為是用以表明死者身分的銘旌，也有論者以為「兩張帛畫，畫的都是死者遺容」[11]，其性質，「從形制與放置部位來看，與銘旌有一定關係……銘文換成了畫像，其用以識別死者的意義則是一致的」。[12]張正明認為：「兩幅帛畫的性質，不像是僅僅用以表明死者身分的銘旌。它們的主題，看來並不相同。人物龍鳳帛畫中的龍與鳳，有顯而易見的爭鬥之狀，似有祈求善而美的鳳戰勝惡而醜的龍，保護墓主在冥府平安生活之意。在《人物御龍》帛畫中，華蓋雖可能象徵天，遊魚雖可能指代地，但人在龍背立，龍在水上行，也看不出有昇天之勢，大概只是用以表示墓主在冥府仍可像在人世一樣安寧逸樂。」[13]

9　湖南省博物館等：《長沙楚墓》，北京，文物出版社，2000，第541頁。

10　湖南省博物館等：《長沙楚墓》，北京，文物出版社，2000，第544頁。

11　金維諾：《先秦至隋唐五代時期的繪畫》，見《中國美術史論集》，哈爾濱，黑龍江美術出版社，2004，第27頁。

12　金維諾：《先秦至隋唐五代時期的繪畫》，見《中國美術史論集》，哈爾濱，黑龍江美術出版社，2004，第16頁。

13　張正明：《楚文化史》，上海，上海人民出版社，1987，第269-271頁。

　　這兩幅畫的成功之處在於，畫家以流暢優美的線條，刻畫出人物優美的體態和生動的情韻。先秦時期中國繪畫的一個重要特點，是「在繪畫語言上逐步形成以線條為主要手段」[14]，在這當中，楚地繪畫也貢獻了其不俗的成就，這兩幅帛畫作為其中的代表作，尤其值得關注，其中蘊涵著對人的來世幸福的嚮往之情。尺幅之間，具形傳神。線條關係組成不同的空間介面，不同的空間介面又搭配成不同的物象類型，或分離，或合同，交織、幻化出內蘊深長、外形豐富的畫面，展現畫裡畫外人的情感。一切以線條為基點，將繪畫語言收納其中，情滿意溢而布白有間，表現出人在虛實之間對另一個世界的嚮往。

　　另外，值得討論的是長沙子彈庫楚墓出土的一幅繒書。該繒書主體由圖畫與文字合成，文字居中，圖畫位於四邊。很有系統地安排為一面三位的十二神，四角各繪一株樹，顏色分別為青、赤、白、黑，以體現四時方位；繒書中間書寫的文字，提到了伏羲、女媧、炎帝、祝融等南方神話諸神的名字，論述了天象與人間災疫的聯繫，涉及四時、晝夜形成的神話。[15]張光直在《說殷代的「亞」形》一文中，認為楚繒書與殷周時代青銅器上的「亞」這一「圖形文字」關係密切，他說：「繒書有一種看法便是楚的明堂圖。繒書所代表的宇宙世界與宗廟明堂所象徵的宇宙世界可能是一回事。繒書四角的四木便是古代宗廟明堂建築角隅所種植的四木。明堂的牆壁到了四角為了四木的關係向裡凹入，所以明堂的平面圖便成為亞形了。如果將楚繒書加上黑框，再把四木的四角躲開，豈不是真真正正的一幅亞形明堂圖嗎？如果楚的明堂是亞形的，它的四角每角便有兩根柱子撐著屋頂，一共需

---

14 李淞：《遠古至先秦繪畫史》，北京，人民美術出版社，2004，第7頁。
15 皮道堅：《楚藝術史》，武漢，湖北教育出版社，1995，第275頁。

要八根柱子，所以『天問』說，『八柱何當？』」[16]雖然繒書所繪代表的是明堂，但這個「繒上明堂」之所以放入墓葬之中，想必並非是期望它真能發揮明堂的功能，而是聊以表達對死者的尊重以及生者的慰藉。這當然與明堂的功能有關，「至少到周代以後，明堂的功能已經遠遠不止祭祀日月這一項，可以肯定新生的功能至少有兩項：祭天和祭祖」[17]。祭天祭祖都是與自我以外的想像世界進行的交流活動，表現的是人們慎終追遠與祈願求福相結合的心態，明堂當然還會有其它一些臨時功能，但只是逐漸增加，而且定制不多，況且繒書所繪僅僅是虛設其位的形式而已，應是出於「規定動作」的目的，因為繒書之被放入墓葬是經過慎重考慮的，若以臨時性附加功能來看待可能不得其解。畫有明堂的繒書被放入墓葬，可能意味著在楚人看來，在另一個幽冥世界中人，同樣需要祭祀各種各樣的神靈，以求得平安與福祐。

二　壁畫

楚國有壁畫，是據王逸《楚辭補注 · 天問章句》得出的結論，其中說到：「《天問》者，屈原之所作也……屈原放逐，憂心愁悴。彷徨川澤，經歷陵陸。嗟號昊旻，仰天歎息。見楚有先王之廟及公卿祠堂，圖畫天地山川神靈，琦瑋譎詭，及古聖賢怪物行事。周流疲倦，休息其下。仰見圖畫，因書其壁，呵而問之，以渫憤懣，舒瀉愁思。楚人哀惜屈原，因共論述，故其文義不次序云爾。」所謂《天問》「呵壁」而作，即由此而來。儘管有學者不贊同王逸的說法，認為《天問》的內容並非壁畫所能容納，「公卿祠堂」是漢代風俗；但越

---

16 張光直：《中國青銅時代》，北京，生活 · 讀書 · 新知三聯書店，1999，第315-316頁。

17 張一兵：《明堂制度研究》，北京，中華書局，2005，第201頁。

來越多的學者開始認同王逸之說。對此孫作雲認為,「根據《天問》本文,可以確信《天問》是根據壁畫而作的」,「除了王逸所說的『公卿祠堂』乃以漢代風俗說先秦禮俗為微誤外,其餘所說皆是正確的。應該注意,他所說的壁畫內容,為天地、山川、神靈、怪物及古賢聖行事,這是合乎壁畫的實際情況的」,[18]則可「根據《天問》中關於宇宙天地、山川神靈、古史傳說等方面的內容所提的一百七十多個問題,去大致推測楚先王宗廟壁畫的內容、規模乃至樣式」。[19]

壁畫之存在已經不是問題,從《天問》所述「反推」壁畫的內容與楚人的精神世界也就成為可能。《天問》這一百七十多個問題大體可分為兩個部分,一是關於自然的,一是關於社會的,但這兩個部分並未截然分開,而往往糾結在一起,其中問到宇宙天體的形成,關於地理形態的神話傳說,鯀禹治水,夏、商、周的興起與歷史大事。屈原在當時的楚國理所當然地屬於精英知識階層,但在《天問》中,或者說《天問》所臨寫的楚壁畫的內容,還將歷史與傳說,確鑿的事實與可能的虛擬相混,表明那時的楚人對自我與世界的關係還處於無法辨識的階段。誠如李凇所論:「當然,將《天問》的內容等同於某一座具體楚廟的壁畫內容還缺乏更有力的證據,雖然兩者之間的緊密聯繫是顯而易見的,但充滿想像力的詩歌畢竟不是某幅壁畫的解說詞。」「北方的壁畫多寫實的現實題材,南方的壁畫多浪漫的想像題材……王逸對楚廟壁畫的記載及屈原由此引發的《天問》,則突出代表了南方壁畫重想像的特點。」[20]而想像「歸根到底是對一種價值的肯定,這種價值雖然不是現實的,卻給予現實以意義,這一意義不幫

18 孫作雲:《從天問中所見的春秋末年楚宗廟壁畫》,見《孫作雲文集·楚辭研究(下)》,開封,河南大學出版社,2003,第548-549頁。

19 皮道堅:《楚藝術史》,武漢,湖北教育出版社,1995,第98頁。

20 李凇:《遠古至先秦繪畫史》,北京,人民美術出版社,2004,第210頁。

助我們去感知，不直接使對象完善……而是使我們超越感知……」[21]
楚人的浪漫想像實際上也是來源於現實，不過是他們心目中的、變形
了的現實，他們的想像並沒有改變客觀世界的能力與可能，但是卻能
從不同側面、以不同方式影響著藝術接受者的觀念，因為觀念的建構
從來都不只是對客觀存在的直接的和寫實性的感知，想像的能量在此
中得到有力的釋放，這些也正是我們認識楚人精神世界的通道。

　　張正明《楚文化史》介紹說，除了《天問》可能借助的大型楚壁
畫外，還有小型壁畫，「如天星觀一號墓就有壁畫，畫面作『田』字
形構圖，用五種彩色畫著菱形紋、卷雲紋和三角形花瓣狀雲紋，所畫
的是門。在另外的楚墓中，曾發現木製的假門，結構恰為『田』字
形，有的假門還裝著一對鋪首銜環。天星觀一號墓有七室，各室本不
相通，畫上門去，以示可通。」[22]「田」字形構圖的門畫與「田」字
形的假門，兩者之間正是都可以為對方作解的相互闡明關係。在楚人
對待生死的態度中，死，只是換一個居住的地方而已。當然，想必他
們也知道死畢竟是不同於生的，於是一則為圖畫之門，一則為假門
（儘管這門上還有鋪首銜環，這銜環是真實的），都是虛設之門。古
時喪葬器物，有祭器與明器之分，祭器有實用功能，而明器純為隨葬
配置。壁畫作「田」字門形，而另又有真銜與假門相配，祭器與明器
這樣混合在一起，其含義令人懸想，難有確解。在這虛實相生的世界
中，死者獲得以禮安葬的哀榮尊嚴，生者既感到無愧於死者，同時也
在對自己身後事的想像中得到心理滿足。

---

21 〔法〕米・杜夫海納：《審美經驗現象學》，韓樹站譯，北京，文化藝術出版社，
　　1992，第393頁。

22 張正明：《楚文化史》，上海，上海人民出版社，1987，第271頁。

第二節　雕刻

　　中國古典雕刻的成就非常之輝煌。它是歷代工匠們在歷史的沉重進程中不斷努力、積極創造的結晶，是寶貴的精神文化遺產。作為一種造型藝術，雕刻是「通過它的各個部分在體積、形式及其空間位置上的一定關係形成的。藝術家要按照所提出的任務來安排這種關係，因為這種關係對他來說是可以說話、可以表達某種感情的」。[23]雕刻正是一種雕刻家「創造那種體現著支配世界和自己命運的力量的觀念的獨特造型象徵」[24]。楚地雕刻是中國古典雕刻藝術中濃墨重彩的一筆。

　　在我們所熟知的寓言故事《葉公好龍》中，楚人葉公的房子裡到處裝飾著龍的形象。寓言當然是虛構的，但細節卻有現實依據。從中我們可以推知，木雕裝飾已在楚地民居中得到廣泛的運用。

　　地不愛寶，大量楚地的雕刻精品出自墓葬。在眾多可供選擇的雕刻用料中，以木質材料最易取得也最易操作，楚國的木雕作品是楚雕刻藝術的精品。各類木雕作品雖埋藏數千年，卻依然姿態各異、五彩斑斕、氣勢橫溢；雖然造型詭譎、冷若冰霜、鬼氣逼人，但已足以令後人領略楚人精神世界之一斑。

一　「鳳鳥」雕刻

　　荊州天星觀二號楚墓出土的一件精緻的透雕座屏，刻畫的是鳥蛇相鬥的圖案，以二方連續對稱布局。八隻鳥雌雄相配，背向而立，呈爭鬥狀，每隻鳥嘴裡各銜食一條蛇，蛇身倒立盤旋數周後，蛇頭伸向

---

23 張榮生：《非洲雕刻》，上海，上海人民出版社，1986，第40頁。
24 張榮生：《非洲雕刻》，上海，上海人民出版社，1986，第42頁。

鳥足，張嘴與鳥爭鬥。畫面中，鳥大蛇小，鳥主動蛇被動，鳥勝而蛇敗，在現實生活中，鳥能制蛇，蛇也能食鳥，透雕反映的是鳳鳥食蛇。[25]這樣的雕刻題材，一是變形寫實，鳥蛇相爭本是自然的現象，但如此規模的動物群體大戰在自然界並不存在，雕刻對此進行藝術處理，使之符合人的觀賞需要，這是自我對自然的變形；二是借題發揮，鳳鳥是楚人崇拜的神鳥，當然是自然界中最有力的競爭者，這是自我對自然的控制，兩個「自我」不在一個層面無關緊要，楚人只是以此來表達自己與外界相處的一種藝術的態度。

天星觀二號楚墓還出土一件虎座飛鳥。據考證，虎座飛鳥是楚墓中特有的一種器物，與虎座鳥架鼓大體相似。由虎座、飛鳥和鹿角三部分組成。器形高大，底座為一隻伏臥的斑斕猛虎，虎背上立一隻昂首引吭、展翅欲翔的長頸鳳鳥，鳥背上插一對碩大的鹿角。研究者認為，鳳鳥立於虎背之上，這是楚人崇鳳的表現，鳳頭上昂，則象徵楚人奮發向上的精神。[26]

鳳是楚人崇拜的神鳥，虎是古代巴人的圖騰，本來圖騰作為族群標記或象徵，其形象往往都被賦予一定的意義，二者結合在一件雕刻作品中，虎雌伏而鳳雄立的勢位關係，形象化地說明楚巴文化的關係。楚人對心目中族群關係的這種表現，展現出一個作為族群的自我與外部世界之間的控制與被控制、利用與被利用的關係。那麼鳥背上插鹿角，其潛在的意圖是否為希望在鳥背上能生出鹿角呢？

李濟在《安陽遺址出土之狩獵卜辭、動物遺骸與裝飾紋樣》一文中說：「鑲嵌藝術……他們的方法是將立體的動物分割為相等的兩

---

25 湖北省荊州博物館：《荊州天星觀二號楚墓》，北京，文物出版社，2003，第220頁。

26 湖北省荊州博物館：《荊州天星觀二號楚墓》，北京，文物出版社，2003，第219-220頁。

半，拼入一個兩度空間的平面之中。這種新的配列法為這些藝術家帶來了彼岸感，使他們能任其想像力沿著這個方向發展；他們開始按這個方式來處理動物身體的各個部分，並把甲動物的一部分配合於乙動物的另一部分，反之亦然；或誇張身體之一部而忽略他部；這種想像力的發揮僅受到裝飾面範圍的限制。裝飾藝術家們一定為獲得這種新的創作自由而興奮不已；很快地，雕刻工、陶工、玉工和銅工亦相繼仿效。因是之故，乃有虎頭加於猿身、人頭長出兩角之現象出現……不過，最重要的是應該看到，他們的題材都來自於他們與現實世界的直接交往。」[27]楚人之在鳥背上安鹿角，其含義也十分豐富，如此浪漫奇異的想像力，今人是很難揣測其思維路徑的，或者說這是不能用合乎今人邏輯的思維來求證的。只能說，楚人的現實認知體系已經被灌注了大量的主觀情緒，令自然界中司空見慣的事物都染上了人的色彩，幻化出奇異嶄新的形象，與人的思維契合，是一種典型的藝術對自然的改造。

　　也有學者從另外的角度來闡釋虎座飛鳥，如郭德維認為，虎座飛鳥與隨縣曾侯乙墓裡東室主棺旁出土的青銅立鶴性質相同，都是古代的風神，名叫飛廉。那麼把飛廉埋在墓葬裡又起什麼作用呢？「大概是伴隨墓主的靈魂上天的。正如屈原遨遊太空，由飛廉來啟路作先驅一樣。」[28]靈魂飛升而以風神為導引，表明在楚人的心靈世界中，神靈可以供人驅遣，這正表現了楚人強烈的主體意識。

27　轉引自張光直：《美術、神話與祭祀》，郭淨、陳星譯，瀋陽，遼寧教育出版社，1988，第56-57頁。

28　郭德維：《楚墓出土虎座飛鳥初釋》，《江漢論壇》1980年第5期。

二 「鎮墓獸」木雕

目前為止，鎮墓獸木雕「只出現在從春秋末到戰國末的具有相當級別的楚墓裡，而不見於其它地區的東周墓葬。『鎮墓獸』又是楚文化中最富神秘意味的雕刻品。」[29]其形制一般是下有方座，中有軀幹，上有獸形頭部，頂插真鹿角。它究竟為何物？「鎮墓獸」只是暫擬名，關於其角色功能，張正明《楚文化史》認為鎮墓獸即土伯：

> 土伯的形象特徵，如彎多、角利、虎首等，都與《招魂》創作年代的鎮墓獸相合……戰國中期，楚人對天界、人世、冥府已有明確的劃分。冥府即《招魂》所謂「幽都」，其君主即性喜「逐人」「甘人」的士伯。很多鎮墓獸伸出血腥的長舌，正作見人欲食之狀。至於早期的鎮墓獸面目不清，應是關於土伯的神話產生不久，楚人對土伯的形象還不大清楚的緣故。[30]

皮道堅《楚藝術史》著重談了三種說法，即古代山神的造像、地神土伯的造像、引魂昇天的龍，並對此三種說法進行分析，認為三種解釋都有合理之處，但相比而言，前兩種較為接近，「都認為楚人將這類神秘譎詭、形象奇特的木雕放置在墓室的頭箱裡，是為了辟邪趕鬼，保護死者靈魂的安寧，使其免遭魑魅魍魎的傷害」，第三種則認為所謂「鎮墓獸」「不是為了消極地避免傷害，而是積極地爭取冥福。這似乎與古代楚人的一般精神狀態更為吻合，在楚的神話傳說及以《楚辭》為代表的文學作品中，楚人強烈嚮往自由的精神都有相當

---

29 皮道堅：《楚藝術史》，武漢，湖北教育出版社，1995，第104頁。
30 張正明：《楚文化史》，上海，上海人民出版社，1987，第198頁。

充分的表現。楚人確信神靈和先祖的存在，常常祈禱他們的庇護和保祐，自然也希望擺脫肉體後的靈魂能到神靈和祖先的世界中去，自由自在地生活」。[31]這樣揣摩楚人的內心世界，不就事論事，而是將這樣一個對象放到楚人精神世界的文化氛圍中來解讀，充分關心楚人的情感生活，不失為一種合理解釋。

通過考察「鎮墓獸」在墓室中的位置及對同類「鎮墓獸」進行比較，我們或許可能更為接近真相。關於「鎮墓獸」在墓室中的位置，有學者考證：「鎮墓獸一般都隨葬在頭箱正中，只有極個別的隨葬在後中室。因為頭箱象徵著前朝（堂），棺室象徵後寢，左右邊箱象徵左右房，後室象徵下室等。前堂本是宮室中祭祀、宴請的重要地方，由此可以肯定鎮墓獸在墓中非一般實用器，是據楚人敬奉鬼神的迷信所製作的一種偶像。」[32]事死如事生，楚地墓葬的形制是仿照生人的，為死者準備的各類隨葬物品象生人需要一樣種類齊全，儘管有明器、祭器之分，但可以看到楚人是按人間狀況來構想冥界生活的，隨葬物品的擺放當然也不會例外，也有主次之分。

楚墓中還出土有一種作操蛇、噬蛇狀的「鎮墓獸」造型。主要有湖南湘鄉楚墓出土的「鎮墓獸」作噬蛇狀，M115出土的漆樽為大鳥覓蛇之形，長沙出土的雙蛇座對鳳鼓架。蛇為楚地墓中常見的形象，《山海經・海外經》中所提到的許多神靈，有不少都是口中銜蛇，或雙手操蛇，或踐蛇。江南楚地，蛇類傷害人畜的現象時有發生，所以人們厭惡蛇類。湘鄉楚墓出土的雙首鎮墓獸形象地雕刻出了鎮墓獸噬蛇的情狀，蛇似乎已被鎮住不能動彈。在這裡，蛇已作為一種被制服和克制的對象。[33]這正如荊門車橋出土的「大武銅戚」上的浮雕，和

---

31 皮道堅：《楚藝術史》，武漢，湖北教育出版社，1995，第104-107頁。
32 湖南省博物館等：《長沙楚墓》，北京，文物出版社，2000，第540頁。
33 湖南省博物館等：《長沙楚墓》，北京，文物出版社，2000，第541頁。

擂鼓墩二號墓四件大甬鐘隧部的《攖蛇神怪象》，這兩者上雕刻有腰間纏雙蛇為飾和雙手操蛇的神人，蛇成為被克制或用以裝飾的對象對象，顯然處於附屬地位。[34]楚人將他們想像中的鎮墓辟邪之神用木雕刻成形，希望它對墳墓或死者起到某種保護作用，楚人通常正是通過這種巫術來表達自己的願望與愛惡。由此可見「鎮墓獸」是受到楚人特別崇拜的神靈偶像。[35]

除了以上提及的一些具體雕刻對象外，楚地還有很多精美的木俑雕塑、青銅雕塑和竹雕作品。青銅雕塑之多與技藝之精湛，已成為一個專門類別——青銅藝術；代替活人殉葬的木俑在楚地墓葬中也屢見出土；楚地盛行漆器，漆器的內胎，多用木材，也有的是用竹子製作而成，這些竹器雕刻與漆器藝術又結合在一起，展現出獨特的動人魅力。

第三節　工藝

源於楚地的老莊哲學對工藝、技藝與美物並不重視，甚至在論著中反對機巧、工藝，如《老子・四十五章》說：「大巧若拙，大辯若訥。」《莊子・肤篋》說：「滅文章，散五采，膠離朱之目，而天下始人含其明矣；毀絕鉤繩而棄規矩，擺工倕之指，而天下始人含其巧矣。」但老莊的思想未必都能在楚地貫行，老莊以解構為核心的哲學在楚地是被有選擇地接受著，在器物工藝上，楚人更是徹底地與老莊哲學背道而馳。

所以楚地工藝的產生，既受到北方中原重道不重器的儒家文化氛

---

34 皮道堅：《楚藝術史》，武漢，湖北教育出版社，1995，第293-294頁。
35 湖南省博物館等：《長沙楚墓》，北京，文物出版社，2000，第541頁。

圍的壓抑，也有老莊的「掣肘」，但楚地的器物製作及審美工藝，反而表現出更大的自由度與發揮空間，從而也形成了楚地工藝自身的特點。

英國哲學家科林伍德的《藝術原理》一書第二章以「藝術與技藝」為題，談到「技藝」的六大特徵，其中有「技藝涉及計劃與執行之間的區別。待取得的結果早在獲得之前就已經預先被設想和考慮好了，工匠在製作之前就知道自己要製作些什麼，這種預知對於技藝是絕對不可缺少的……再者，這種預知不是模糊的而是精確的。」[36]可見技藝與通常意義上的藝術相比，在於其對創造物的樣態有一個符合其造物原則與審美理念的預設。當然，在此書中作者提到的「技藝」在外延上要大於「工藝」的含義，不過要完成一件成功的工藝品，工匠事前的設計無疑是非常有必要的，與原初意義上可稱為單一或純粹的藝術品相比，工藝是有計劃的藝術，對於工藝製作者來說，這是他從認識外部世界到改造外部世界的重要一步。

一　青銅器

青銅器工藝是先秦時期重要的工藝現象，在楚國也是如此。物質條件從來都制約著工藝的發展，青銅工藝所需的物質條件明顯高於其它器物的生產。

一九七八年曾侯乙墓出土一四〇件青銅容器，六十五件銅編鐘，四五〇〇多件青銅兵器。發掘報告中並未說明每件器物的重量，但很多禮器和編鐘的體積都異常龐大。有兩件容器各重三二〇千克和三六

36　〔英〕喬治·科林伍德：《藝術原理》，王至元、陳華中譯，北京，中國社會科學出版社，1985，第15-17頁。

二千克；最大的編鐘竟有二○四千克。粗略計算，僅這一個貴族墓裡
的青銅器便至少有一萬千克，需一百噸銅礦石。[37]論者以為，「曾侯乙
墓青銅器群代表了鐵器普遍應用之前先秦金屬工藝的高峰」。[38]

在論及青銅器製造過程時，張光直說：「製造過程的漫長和最終
產品的繁縟多樣，都需要一個手工業網的保障；而這只有組織強大政
治力量的民族才能辦到。」[39]春秋戰國時期強盛的楚國就具備這樣的
條件。論及青銅器鑄造方法，張光直同意大多數學者的意見，認為：
「合範法是典型的中國鑄造工藝，完全可能起源於本地。當用這種方
法製造花紋繁縟的大型器物時，作坊內部的大規模分工合作，精確的
時間計算，和專門的操作都是必不可少的。所以，占有這樣的青銅器
是握有大勢大力的象徵；青銅及其複雜的工藝，可能曾是具有鮮明特
徵的古代中國的權力政治所追逐的主要對象。」[40]政治權力在現實中
是確定人際關係的重要手段之一，對於政治環境中的個體來說，即表
現為其與對象世界的關係。青銅工藝與政治有著極為密切的關係，離
開政治系統，青銅器的工藝的完成是難以想像的。任何青銅器都會有
其實際功用，在功用發揮的過程中，青銅器成為人們藉以觀察國家政
治變遷、貴族勢力浮沉、政治關係與經濟狀況的重要物品，也是人們
觀察自我與世界關係的「反光鏡」，於楚也不能例外。

楚地青銅工藝的品種和風格都在隨著社會發展而變化，有若干具

---

37 張光直：《美術、神話與祭祀》，郭淨、陳星譯，瀋陽，遼寧教育出版社，1988，第
   89頁。

38 華覺明、郭德維：《曾侯乙墓青銅器群的鑄焊技術和失蠟法》，《文物》1979年第7
   期。

39 張光直：《美術、神話與祭祀》，郭淨、陳星譯，瀋陽，遼寧教育出版社，1988，第
   87頁。

40 張光直：《美術、神話與祭祀》，郭淨、陳星譯，瀋陽，遼寧教育出版社，1988，第
   90頁。

體的細節可供參照：「以鼎為首的青銅禮器，足部變高和底部變平的趨向雖則緩慢，然而持續良久。如於鼎和子母口蓋鼎，一進戰國早期，圓底就開始變成坦底了；子母口蓋鼎和小口鼎，一進戰國中期，矮足就開始變為高足了。越式鼎也出現在郢都附近戰國中期後葉的楚墓中，應是由於它的高足、坦底恰好與楚式鼎演變的趨向一致，容易被楚人接受。長臺關一號墓屬戰國中期，所出的壺是高足的，打破了陳規。」[41]如前所述，青銅器的生產具有原料需求量大、工藝流程複雜、人員分工規模大和過程組織化程度高等特點，其工藝變化並非輕而易舉就能完成，而一旦工藝變化，即意味著若干外在條件的變化。工藝作為一種塑造美器的過程，也是人的本質力量對象化的過程，一再變化的青銅工藝反映了楚人物質條件的變化，折射出楚人怎樣在不斷的發展過程中，將對世界的理解投射在青銅器的形態上。這些由考古發現得出的結論是可靠的。

二　服飾

在談到先秦工藝的設計思想時，有論者指出「三種類型的設計在先秦都已出現，即通用式設計、系列化設計以及專用式設計」[42]，並認為在我國古代日用品的設計中，漢族服飾最能夠體現通用式設計思想，「它似乎並不多麼講究合身，而多屬寬衣博帶類型，無論身量高矮胖瘦都能適用。古文獻中經常出現『深衣』一詞，指的就是這樣寬鬆類型的服飾」，與胡服相比，「儘管漢服制式不利於行動方便，卻屬於漢文化自己的產物，也是最能體現漢文化自己特點的東西之一——

---

41 張正明：《楚文化史》，上海，上海人民出版社，1987，第153-154頁。

42 徐飆：《成器之道：先秦工藝造物思想研究》，南京，江蘇美術出版社，2008，第80頁。

其中帶有某種雍容、飄逸的韻味」。[43]隨後該論者舉《人物龍鳳》帛畫和《人物御龍》帛畫中人物所著深衣為例加以說明。[44]

關於楚人是否可直接稱為漢族人，以及楚文化是否可以逕直稱為漢文化的問題，暫且存而不論，不過這裡對楚人服飾工藝思想的闡釋卻值得重視，然而還應深入一步。「雍容、飄逸的韻味」來源於觀感，因為寬大的衣袖無疑比窄小的更有包容性與靈活度。在人體與衣服這一對自我與世界的關係中，人體為主為君，而衣服為客為臣，後者毫無疑問應該服從於前者，楚人深諳其中道理。當然這樣的服飾並非楚地獨有，北方中原也有，《禮記・深衣》所討論的即是這樣的服飾，兩者究竟誰影響了誰，還有待研究。總之，寬袍大袖的著裝使人的軀體少有衣服束縛，心態更加放鬆，似乎更利於自由地思想，相比之下，著胡服更像「裝在套子裡的人」。對於性情外向張揚、易於激動的楚人來說，寬袍大袖展現的是一種對自我個性的「合目的性」的妥協，或者說楚地服飾與楚人個性正是在互相影響中，成就了彼此。

三　紋飾及其它

如果不斤斤於所稱之名，器物紋飾和裝飾紋樣實與繪畫同源同質而異制異用；尤其是紋樣，在本質上它有繪畫的特徵，但在形式上則更多地具有工藝的特徵。

禮器上的紋飾是一項重要的文化因素。張正明在談到戰國早期和

---

43 徐飆：《成器之道：先秦工藝造物思想研究》，南京，江蘇美術出版社，2008，第81頁。

44 楚人的服裝，按形制區分，主要有四類，即：短衣、袍、裳、袴。其中「袍」即深衣，袍分兩種，交領、右衽、曲裾者是平民奴隸常服，交領、右衽、直裾者是貴族常服。參見張正明：《楚文化史》，上海，上海人民出版社，1987，第285-288頁。

中期器物紋飾變化時談道:「就紋飾來說,多數禮器,無論是否明器,紋飾都由繁變簡,以至於成為素面了。同時有一個相反的趨向,即出現了一些前所未有的精美的單件日用銅器。這個趨向表明,楚人對神界的虔敬之心減弱了,對人世的深緬之情增強了。」[45]這倒也符合楚人不執著而又愛美的個性。

楚鏡中的羽狀紋地山字紋鏡與一般的楚地紋飾相比,更多地表現出神聖的含義:

> 長沙所出山字紋鏡,山字左旋、右旋或左右旋都有,正是這種傾斜狀態的山字紋打破了以鈕座為中心的方整布局和以水準排列的地紋的靜謐,產生了一種極強烈的運動感……的確,山字圖案既是寫實的,又是寓意的,其具體含義已不可知,但其構圖的形態與風格明晰地表達出一種神秘、莊嚴和旋轉不息的氣勢。[46]

楚地裝飾紋樣中,鳳紋是表現最多、最生動豐富的紋飾之一。「鳳紋的流行是楚文化鼎盛期裝飾藝術的一個顯著特點,鳥紋和鳳紋同類,這與楚人的信仰有關。」[47]鳳鳥紋普遍地見於各式各樣大小器物,各類論著對此論述甚多。

從工藝角度來看,前文已經討論過的「鎮墓獸」形態紛雜,但綜觀已出土的各種「鎮墓獸」,大體上都有較大的底座、收縮的獸頭主體和極力向上伸展的鹿角。郭淨在《中國面具文化》一書中論及:「戰國楚墓還出土過一件石雕的鎮墓獸,它只有一顆兇惡的腦袋,頭

---

45 張正明:《楚文化史》,上海,上海人民出版社,1987,第154頁。

46 湖南省博物館等:《長沙楚墓》,北京,文物出版社,2000,第503頁。

47 張正明:《楚文化史》,上海,上海人民出版社,1987,第155頁。

上也沒有安鹿角，鼓突的大眼和長長的舌頭更加引人注目。」[48]鎮墓獸大多造型誇張，上中下三部分往往不成比例，其設計大膽，卻有著迥乎尋常的藝術表現力，生動恰切地反映了楚人的心理特徵和精神世界。

四　面具

面具作為一種特殊的工藝品系列，是一種綜合藝術的載體，它集繪畫美、雕刻美、工藝美、裝飾圖案美等造型藝術美於一身，自古以來就是一種世界文化現象。

郭淨在《中國面具文化》一書中從文化類型的空間分布和傳承出發，將中國面具分為五大類型，即藏面具、儺面具、百戲面具、彝族面具和薩滿面具[49]，這也可以看做是五大文化類型。根據區域分布，在這五大文化類型中，楚地面具主要屬於儺面具。儺面具發源於中原古代祭祀，商周時始由原始宗教變為宮廷巫術。

考古發現證明，楚地面具的源頭、楚人運用的面具與古楚之地巫儺文化的傳統有著莫大的關係，楚地面具不可能全部都是隨楚人南遷的，而有的是在商周時代由中原的原始宗教演化而來。楚人南遷之前數千年，古楚之地的土著已經在使用面具，這方面的情況最早可以追溯至距今七千四百年前。一九八六年在湖南西部的懷化市沅河畔的洪江（原黔陽縣）發掘的被稱為「中國農耕祭祀的發源地」的高廟文化遺址，出土了距今七千四百年的最早的祭祀圖儺畫。[50]該遺址出土有

---

48 郭淨：《中國面具文化》，上海，上海人民出版社，1992，第389-390頁。

49 郭淨：《中國面具文化》，上海，上海人民出版社，1992，第246-247頁。

50 劉芝鳳：《戴著面具跳舞：中國儺文化》，哈爾濱，黑龍江人民出版社，2005，第6頁；賀剛、陳利文：《高廟文化及其對外傳播與影響》，《南方文物》2007年第2期。

「獠牙獸面和鳥圖案等，都是新石器時代的祭祀物。而高廟文物中的獠牙獸面與現在傳承下來的當地的獠牙儺面有太多相似」[51]，可見面具文化與楚文化的關係遠在西周之前就已產生。

屈原和他的傑出詩作《九歌》也正是誕生在沅湘流域。關於《九歌》主題、性質主要有寄興說、人神戀愛說、民間祭歌說和國家祭典說四種（詳見下文《楚地儀式詩歌的形態和功能》），從文化功能來區分則可分為祭祀說和非祭祀說兩大類，關於諸說孰是孰非還未有定論，然而不管主張哪一種說法，學者們都認可《九歌》與祭祀相關，而祭祀活動在古代一般都會由巫師戴著面具進行。這正與考古所發現的楚地面具使用歷史相當古老的情況相吻合。

在我們所熟悉的楚人詩歌中有大量的歌舞描寫，「其中雖然並未提及面具化裝，但我們從楚地出土的漆器和織物上，的確看到不少頭戴假面的巫祝和神靈奔騰跳躍、載歌載舞的形象。由此可以想見，《九歌》裡登場扮演雲神、水神、河神、山神和命運之神的巫覡，或許都戴著瑰麗的假面具」[52]，隨縣曾侯乙墓出土的木雕漆繪鴛鴦盒上，畫有兩人扮作神怪擊建鼓作舞，他們的裝束形似動物，除了身形上可能的裝飾外，臉上也明顯戴著面具。[53]

巫術活動在楚地的重要性不言而喻，而巫師在實施溝通活動，即「通靈」時往往要依靠神山、神樹、麻醉劑和各種各樣的法器，當然還有面具。「當巫覡跳神的時候，假面會產生雙重的效應：一方面，它可以隔斷面具佩戴者與現實世界的感官交流，使他很快沉入迷醉狀態；另一方面，它又會讓旁觀者產生巫師已同假面所代表之精靈合體

---

51 劉芝鳳：《戴著面具跳舞：中國儺文化》，哈爾濱，黑龍江人民出版社，2005，第23頁。

52 郭淨：《中國面具文化》，上海，上海人民出版社，1992，第106-107頁。

53 郭淨：《中國面具文化》，上海，上海人民出版社，1992，第108-109頁。

的幻覺。於是，面具變成了一隻渡船，把巫師和旁觀者的靈魂送達鬼
神的世界。」[54]

　　郭淨在《中國面具文化》一書中論及鎮宅面具的五大要素，一是
形似虎頭，二是口含利劍，三是口吐長舌，四是鐫刻咒文，五是畫太
極八卦。[55]在談到「口吐長舌」作為一種面具要素時，他認為，這是
與楚文化有關的一種特徵：

> 這種古怪的辟邪方式在楚文化中有很深的淵源。在湖南、湖北
> 幾座戰國時期的楚墓中，曾發現幾件單身和雙身的鎮墓獸。它
> 們的共同特徵是口吐長舌，頭飾鹿角，帶有恐嚇和攻擊的意
> 向。其中最有代表性的一件發現於河南信陽楚墓，高一點四公
> 尺，作踞坐狀，尾巴捲曲，兩隻前爪抬起，像要往前猛撲的樣
> 子。它全身塗著棕色的彩漆，飾有鱗紋，兩隻鼓突的環眼和長
> 舌都漆成紅色，顯得極其猙獰。這種怪獸的名稱尚無從考證，
> 估計是用來守護墓壙、驅趕厲鬼的，故被命名為「鎮墓獸」。
> 戰國楚墓還出土過一件石雕的鎮墓獸，它只有一顆兇惡的腦
> 袋，頭上也沒有安鹿角，鼓突的大眼和長長的舌頭更加引人注
> 目，整個形態與今天的吞口並無太大差異。[56]

　　在儺演變的過程中，面具始終是其中的一個重要因素，儺發展到
儺戲階段，包括儺堂戲、端公戲、師公戲等在內的源於中原儺文化的
儺戲流派，無一例外地以面具為重要道具。從儺戲可以認識一些先秦
楚地面具的基本情況。其它的出土文獻也能提供證明。

54　郭淨：《中國面具文化》，上海，上海人民出版社，1992，第250-251頁。

55　郭淨：《中國面具文化》，上海，上海人民出版社，1992，第386-393頁。

56　郭淨：《中國面具文化》，上海，上海人民出版社，1992，第389-390頁。

淮陰高莊楚墓的發現給我們提供了另外一條重要線索。這座大墓出土的許多銅器上都刻有極其精美的圖案，主題大多是表現一些不可名狀的神靈在樹林裡追逐禽獸。可以大致無誤地說，這些圖像正是楚人「國儺」場面的摹寫。其中除了交戰的鬼神，還有類似「倀子」的大型儀仗隊，持戟開道的武士，以及乘輿行進的君王。[57]

姜亮夫說：「漢的建制雖是抄秦，但漢家的文化制度和趨向卻又是楚國的。如《郊祀歌》便是照抄《九歌》。此外，高祖的《大風歌》，武帝的《秋風辭》《瓠子歌》也皆楚調。所以說除建制外，漢家的真正的文化思想體系，大都是楚國的東西。」[58]由此出發，不難推斷漢人極有可能也借鑑了楚文化中的一些歌舞娛神活動。據考證，「江蘇徐州出土有漢代石刻畫像，有戴著面具的儺的表演」。[59]更多關於先秦楚地儺戲的文獻早已不可得知，退而求其次，可以通過漢代的儺文化大致探知。

郭淨《中國面具文化》中對漢代儺儀有較詳細的敘述，可以使我們推知楚的情況：

（在儺儀式中）伴隨著咬牙切齒的詛咒，頭戴假面的方相氏與十二獸跳起瘋狂的舞蹈。這種熱烈的場面在漢代畫像石中得到了生動的再現。沂南漢墓的梁額上有一幅盛大的「行儺驅鬼圖」，畫面正中是高冠長鬚、手持利斧的方相氏，兩旁為張牙

57　郭淨：《中國面具文化》，上海，上海人民出版社，1992，第125-126頁。

58　姜亮夫：《楚辭今繹講錄》，北京，北京出版社，1981，第75頁。

59　劉芝鳳：《戴著面具跳舞：中國儺文化》，哈爾濱，黑龍江人民出版社，2005，第95頁。

舞爪的十二神。他們形似猛獸，身貫鎧甲，或揮動雙劍，或持戈擊刺，或張桃弓射葦矢，或播赤丸灑五穀，把化作奇禽異獸的厲鬼攆得四下逃散。在這裡，幻面巫術顯示出了震撼人心的力量。此時此刻，儀式的參加者所看到的不再是戴著假面的演員，而是狂呼追逐的鬼神。儺儀正是要造成一個令人頭暈目眩的氛圍，使人在迷魂失魄的幻想中實現與神靈的交感，獲得征服鬼蜮魍魎的短暫勝利。[60]

「人類最偉大最古老的夢想不是征服自然，而是超越自我。在肉體上的超越，表現為工具的製造和技術的進步；在精神上的超越，表現為宗教的想像和藝術的追求。而假面具的奇妙之處就在於它能將這兩種超越的方式合而為一，使化裝者的靈與肉在瞬間同時變成一種新的形態，躍入一個新的境界……所以，人們塑造面具，就是在塑造另一個自我，一個超脫於你我他之上的具有象徵意義的自我。」[61]面具在儀式中向面具所標示的對象的虛虛實實的轉化，使得面具表演者、觀看者及其它所有參與儀式的人，借助他們意識中已經轉化成為的那個形象，認可、信從某種威權、意志、觀念與安排，從而達到儀式活動的目的，這是對自我與世界的確認或者重建的需要。楚人墓葬中豐富齊整的隨葬物品顯示，楚人在幻想中為自己營造了一個地下的世界，在現實中楚人也總是在構建屬於自己的世界，面具也是他們借助的工具之一。楚既是巫風大盛之地，又是儺風大盛之地，從巫、儺各自獨立發展，到巫、儺相通、相關，面具都起著重要的作用。

---

60 郭淨：《中國面具文化》，上海，上海人民出版社，1992，第133頁。
61 郭淨：《中國面具文化》，上海，上海人民出版社，1992，第1頁。

第三十章
楚辭的產生及其文學功用

　　儀式作為一種具有象徵性、表演性，由文化傳統所規定的一整套行為方式，主要是通過溝通人神、協調人際關係，培養並形成共同的價值觀念和文化心理來規範社會秩序的。儀式既可以是神聖的，也可以是凡俗的，它是人類社會最基本的活動，是早期文化藝術得以產生和發展的土壤。先秦時期的儀式主要有巫術儀式、祭祀儀式、占卜儀式、出生儀式、婚禮儀式、喪葬儀式等，我們可以把用於儀式展演活動或表現儀式內容的詩歌稱為儀式詩歌。作為社會生活的反映，儀式詩歌是先秦文學的主體部分，如《詩經》中的《三頌》以及《大雅》中的相當一部分詩篇，就是周代祭祀儀式中用來頌神祈福或讚頌祖先功烈的；《楚辭》中的《離騷》借用巫祭占卜儀式結構全篇、呈現心靈，《九歌》以儀式祭歌的形式來抒發情感，《招魂》是楚地招魂歌辭的詩化。所以與《詩經》祭祀儀式詩歌的莊嚴肅穆不同，楚地儀式詩歌如《離騷》《九歌》《招魂》等都不是對儀式的簡單重複或再現，而是經過屈原的藝術加工，超越了儀式層面，成為舒泄情緒表達心曲的載體，其婉曲深摯的情感、華美動人的辭采及其營造出的神秘感傷的氣氛，是對傳統儀式詩歌在思想與藝術方面的昇華。

第一節　《離騷》：借儀式書寫「心靈史詩」

　　《離騷》是屈原的代表作，這首長詩以強烈的情感抒發了詩人崇高的政治理想、至死不渝的愛國赤誠和遭讒被疏的悲憤。作品意涵豐

富，既有自身遭際的現實寫照，又表達了對於理想的執著追求，融歷史與現實、巫祭占卜與神話傳說於一體，筆法變幻多端，情感跌宕起伏，魯迅盛讚《離騷》是「逸響偉辭，卓絕一世……較之於《詩》，則其言甚長，其思甚幻，其文甚麗，其旨甚明，憑心而言，不遵矩度」。[1]可以說，《離騷》是屈原人格理想、悲劇命運、傑出才能與楚地民間文化相結合的產物。聶石樵認為：「屈原採取楚地之聲調，將民間祭歌加工、修潤成《九歌》，又由《九歌》演變成《離騷》《天問》等鴻篇巨製。」[2]考慮到楚地文化中濃厚巫風對屈原的影響，我們認為，《離騷》是運用豐富的巫祭占卜儀式內容來結構全篇，並將主人公的情感在迴環往復中層層推進的。

一　自述家世

《離騷》從結構上可以分為四部分：第一部分是敘述現實，從開頭到「豈餘心之可懲」，敘述詩人以忠君愛國之行反而遭讒被疏的黑暗現實及九死不悔的執著精神；第二部分則進入神遊想像之境，從「女嬃之嬋媛兮」到「余焉能忍與此終古」，以女嬃責備匯出向重華陳辭訴己之衷情，並在想像中得到重華的肯定，但上下求索的理想追求仍然無路到達；第三部分從「索藑茅以筳篿兮」到「蜷局顧而不行」，以靈氛占卜、巫咸降神展現出自己去國與戀都的矛盾心理，進而表達不忍離開祖國的赤誠；最後以「亂辭」作結。其中情感的推進和宣洩都是借助祭祀和占卜等儀式來實現的。

1　魯迅：《漢文學史綱要》，見《魯迅全集》第9卷，北京，人民文學出版社，2005，第382頁。

2　聶石樵：《先秦兩漢文學史稿・先秦卷》，北京，北京師範大學出版社，1994，第451頁。

在《離騷》開頭詩人自敘身世說：「帝高陽之苗裔兮，朕皇考曰伯庸。攝提貞於孟陬兮，惟庚寅吾以降。皇覽揆余初度兮，肇錫余以嘉名。名余曰正則兮，字余曰靈均。」這幾句傳達了以下信息：①將家世上溯到楚之先祖高陽帝顓頊，顯示出自己與楚王室同宗共祖的密切關係；②自己出生於寅年寅月寅日，是得天地之正。王逸注曰：「言己以太歲在寅，正月始春，庚寅之日，下母之體而生，得陰陽之正中也。」[3] ③通過卜筮而獲得嘉名。這就涉及古代命名儀式。古人認為一個人的名字與其德行、才能和命運密切相關，故對取名極為重視。《白虎通義》引《禮服傳》說：「子生三月，則父名之於祖廟。」[4] 名之於祖廟，是指在祖廟中通過卦兆求得皇考的意旨，讓先祖的神靈根據孩子的外表、氣度以及出生前後某種特異徵兆來為他命名，如《左傳·昭公三十二年》載史墨言魯國季友出生命名的情況：「昔成季友，桓之季也，文姜之愛子也，始震而卜，卜人謁之，曰：『生有嘉問，其名曰友，為公室輔。』及生，如卜人言，有文在其手曰『友』，遂以名之，既而有大功於魯，受費以為上卿。」所以劉向《九歎·離世》說：「兆出名曰正則兮，卦發字曰靈均。」[5]

對於皇考所賜嘉名「正則」「靈均」所隱含的文化內涵，王逸注：「正，平也。則，法也。靈，神也。均，調也。言正平可法則者，莫過於天；養物均調者，莫神於地。高平曰原，故父伯庸名我為平以法天，字我為原以法地。」[6] 既有神巫色彩，又有公正法則，這就是所稟賦的「內美」。屈原在此特意點出皇考賜名儀式，表明自己對「內美」的重視與自豪，並努力追求與之相配的「修能」。

3　〔宋〕洪興祖：《楚辭補注》，北京，中華書局，1983，第3頁。
4　〔清〕陳立：《白虎通疏證》，北京，中華書局，1994，第406頁。
5　〔宋〕洪興祖：《楚辭補注》，北京，中華書局，1983，第286頁。
6　〔宋〕洪興祖：《楚辭補注》，北京，中華書局，1983，第4頁。

詩人自述有著「內美修能」，並且汲汲自修，不斷追求自我完善。他立志輔佐君王，為實現政治理想奔走先後，但楚國的現實卻是讒佞當道，君王昏聵，導致他「信而見疑，忠而被謗」[7]，故而詩人痛斥黨人苟合取安陷害忠良的醜惡本質，發洩對懷王聽信讒言的怨恨，反覆申說自己堅持美好品德和為實現美政理想而九死不悔的決心，抒發了進則遭尤、退又不甘的矛盾和痛苦。行文至此，詩人的心意雖已表達清楚，但「內美修能」的品格、忠君愛國的理想與楚國君昏臣佞的黑暗現實形成強烈的對比，熾烈的情感仍在噴薄，無法遏止，於是便開啟了第二部分進入神境的不懈求索。正如王邦采所說：「文勢至此，為第一段結束，而全文已包舉。後兩大段雖另闢神境，實即第一段大意，而反覆申言之，所謂言之不足，又嗟歎之也。」[8]

二　陳詞神靈

詩人博謇好修、正道直行的品格不為朋黨比奸的污濁現實所容，又不被人們所理解，詩歌通過虛構女嬃責備他志行高潔、不隨眾俗而招致禍害，來展現這種內心的痛苦，使詩人激憤的情感再次爆發。於是詩人馳騁想像，「濟沅湘以南征兮，就重華而陳詞」。陳詞神靈本為祈福消災，詩人在此超越其世俗色彩，借這一形式向重華陳述自己的委屈，以夏桀、後辛不遵正道荒淫亡國，湯、禹、周的儼而祇敬論道莫差為例，歷述夏商周三代興亡的史事，重申自己舉賢授能、循繩墨不頗的美政理想，來尋求精神上的支持。

重華即帝舜，王逸注曰：「重華，舜名也。《帝系》曰：瞽叟生重

7　《史記・屈原賈生列傳》。

8　〔清〕王邦采：《離騷彙訂》。

華，是為帝舜，葬於九疑山，在於沅、湘之南。言己依聖王法，而行不容於俗，故欲度沅、湘之水南行，就舜陳詞。自說稽疑聖帝，冀聞秘要，以自開悟。」[9]屈原作品中多次提到作為聖人的重華（舜），如：「彼堯舜之耿介兮，既遵道而得路」（《離騷》）；「堯舜之抗行兮，了杳杳而薄天」（《哀郢》）；「重仁襲義兮，謹厚以為豐。重華不可遌兮，孰知余之從容」（《懷沙》）等，都與詩人的行為品格相同，自然容易引起詩人的共鳴。同時，有關舜的神話及舜的歷史形象同時發生演變，舜死後被葬於蒼梧九嶷山，據《水經注·湘水》云：「營水出營陽泠道縣南山，西流經九疑山下……山南有舜廟，前有石碑，文字缺落，不可復識。」[10]可見舜死後成為南方大神，一直受到人們的祭祀。這樣，既是聖人，又是神靈的舜為詩人的正道直行「節中」，才得以撫慰詩人內心的憂愁煩悶。

　　「跪敷衽以陳辭兮，耿吾既得此中正」，朱熹注：「此言跪而敷衽，以陳如上之詞於舜，而耿然自覺，吾心已得此中正之道，上與天通，無所間隔，所以埃風忽起，而余遂乘龍跨鳳以上徵也。」[11]詩人一直恪守其精神品格和理想追求，在想像中得到了重華的肯定，使悲憤的情感得到了宣洩，於是滿懷信心開始上下求索神遊求女的征程。詩人是以神來之筆敘寫幻境，但此種靈思妙想源自何處呢？其原型實際是一種「索祭」儀式。[12]陳詞神靈本為祭祀活動，一次正式祭祀又包括直祭和索祭，《禮記·郊特牲》說：「直祭祝於主，索祭祝。不知神之所在於彼乎？於此乎？或諸遠人乎？尚曰求諸遠者與。」可見

9　〔宋〕洪興祖：《楚辭補注》，北京，中華書局，1983，第20頁。

10　（北魏）酈道元撰，吳則虞點校：《水經注》，上海，上海古籍出版社，1990，第714頁。

11　〔宋〕朱熹：《楚辭集注》，上海，上海古籍出版社，1979，第15頁。

12　過常寶：《楚辭與原始宗教》，北京，東方出版社，1997，第74頁。

「直祭」用於主神,而「索祭」則是一種配祀形式,由於它所祀的鬼神身分低於主神,故不能與主神同壇受祭,須在壇下或廟外祭祀;又因為它們所居或遠或近,所以祭祀者須到處尋找和迎接,即所謂「路漫漫其修遠兮,吾將上下而求索」。這種索祭方式啟發了詩人的思路,於是在精神上受到帝舜肯定的他便向天地神靈尋求知音,從而極大地豐富了詩歌的思想內容。

三 卜筮儀式

詩中虛構了詩人以百折不撓的精神夜以繼日上下求索的情境,其中精心結撰的「上叩帝閽」遭拒和「三求佚女」無成,都暗示了詩人希冀獲得君王理解信任的艱難求索再次失敗。無論是現實還是幻境都找不到出路,滿腔忠貞之情無處傾訴,痛苦的心靈已不堪重負,「余焉能忍與此終古」,詩人的出路在哪裡呢?戰國之時,「邦無定交,士無定主」[13],為實現自己的政治抱負,士人去國求主、擇賢而仕已成為時代風氣。面臨去留問題的思想矛盾便借助「靈氛占卜」和「巫咸降神」的方式委婉地表達出來,這就是第三部分的內容。

湯炳正通過對包山楚簡的研究,發現楚國貴族大臣有占卜「事君」吉凶的風尚,其卜筮祭禱之制與《離騷》中有關卜筮的藝術構思等多相契合,進而揭示出二者的內在關係:

> 屈原作為有遠大政治抱負的貴族重臣和富有浪漫色彩的偉大詩
> 人,當他在政治上遭到挫折、「事君」罹咎、「志事」不隨之

---

13 〔清〕顧炎武著,黃汝成集釋:《日知錄集釋》,上海,上海古籍出版社,2006,第749-750頁。

際，故欲通過詩篇以抒發憤懣，憧憬未來；並用以排遣其在去留問題上陷入彷徨的苦悶。因而借卜筮形式作為抒情的藝術手段，把平凡、簡單而原始的貞問「事君」吉凶之風尚，賦予豐富而深刻的政治內容，使詩篇達到了高度的藝術境界。《離騷》後半部有關卜筮的藝術構思，無疑是由此而來的。[14]

具體而言，湯炳正概括出楚簡卜筮程序為：記卜筮的年月日，記卜筮人及為誰卜筮，記所占何事，記占卜的答案，記為趨吉避凶進行祈禱，卜筮人再占吉凶；並且通過對照指出楚簡與《離騷》的卜筮環節是基本一致的。

詩人以大量的筆墨來敘寫「靈氛占卜」和「巫咸降神」兩個細節，其目的在於強化去國與戀都、理智與情感之間的矛盾衝突，矛盾衝突愈烈，愈顯愛國之深。靈氛占卜的結果是勸詩人「勉遠逝而無狐疑」，離開楚國尋求出路。儘管楚國是如此污濁黑暗，但是對祖國的眷戀仍然使他「心猶豫而狐疑」，於是不得不求助於巫咸。巫咸的神示仍與靈氛相同：「勉陞降以上下兮，求矩之所同。」詩人再次想到楚國的現實是黨人不諒，蘭芷不芳，昔日芳草、今為蕭艾，自己的政治理想已不可能實現，才勉強接受勸告，「聊浮游而求女」，充滿著多少無奈！然而存君興國的理想早已注入詩人生命之中，是不可須臾更改的，所以當他暫時拋開現實的苦悶，「駕八龍之婉婉兮，載雲旗之委蛇。抑志而弭節兮，神高馳之邈邈」之時，馬上又以「忽臨睨夫舊鄉」一語回到現實，忠君愛國之情將去國遠逝之思、利害得失之念都擊得粉碎。

《離騷》作為一首傑出的政治抒情長詩，以豐富的想像、奇幻的

---

14 湯炳正：《從包山楚簡看離騷的藝術構思與意象表現》，《文學遺產》1994年第2期。

手法，通過象徵性地敘寫詩人現實遭際與理想追求之間的矛盾所激發的強烈情感震撼著人們的心靈。其中一個突出特點就是援引大量儀式入詩，巧妙地運用儀式安排層次，開拓詩境，「以高度的詩性智慧，尋找儀式與自己心靈旋律之間的結合點」[15]，在迴環往復中將詩人悲憤深廣的情感層層推向極致，成為一首獨特的心靈史詩。

第二節　《九歌》
——作祭歌以寄心曲

《九歌》以其情致深婉、神秘奇幻的藝術魅力給人以強烈的審美享受，是屈賦中的奇葩，同時也是《楚辭》中爭議最多的作品，諸如對《九歌》的來源、篇目、性質、目的、神靈原型等，一直聚訟紛紜。正如姜亮夫所說：「《九歌》的難點在解題。」[16]歷代學者關於《九歌》主題、性質的研究可以概括為寄興說、民間祭歌說、國家祭典說和人神戀愛說四種。[17]從《九歌》文本來看，人神戀愛只是楚地祭祀的一種表現形態，因此對其性質與主題爭論的焦點主要集中於《九歌》到底是用於民間祭祀還是國家祭典？是否寄託了詩人主體的情感以及寄託了怎樣的情感？只有理清這些問題，我們才能對《九歌》的表現形態和性質功能有一個較好的把握。

---

15 楊義：《楚辭詩學》，北京，人民出版社，1998，第112頁。

16 姜亮夫：《屈原與楚辭》，合肥，安徽教育出版社，1991，第47頁。

17 張強、楊穎：《九歌主題研究述評》，《徐州師範大學學報（哲學社會科學版）》2006年第5、第6期。

一 融合國家祭典與民間祭祀的祭歌形態

東漢王逸最早對《九歌》創作的時間、背景及其主題性質作出了解釋：

> 《九歌》者，屈原之所作也。昔楚國南郢之邑，沅湘之間，其俗信鬼而好祠。其祠必作歌樂鼓舞以樂諸神。屈原放逐，竄伏其域，懷憂苦毒，愁思沸鬱。出見俗人祭祀之禮，歌舞之樂，其詞鄙陋。因為作《九歌》之曲，上陳事神之敬，下見己之冤結，托之以風諫。故其文意不同，章句雜錯，而廣異義焉。[18]

王逸認為《九歌》是屈原在被放逐沅湘之時，有感於民間祭祀之詞的鄙陋而重新創作的祭歌，同時借敬事神靈以訴己冤屈，並寄託諷諫之意，奠定了關於《九歌》的民間祭歌說和寄興說的基礎。宋代朱熹繼承王說又加以修正：

> 《九歌》者，屈原之所作也。昔楚南郢之邑，沅湘之間，其俗信鬼而好祀。其祀必使巫覡作樂，歌舞以娛神。蠻荊陋俗，詞既鄙俚，而其陰陽人鬼之間，又或不能無褻慢淫荒之雜。原既放逐，見而感之，故頗為更定其詞，去其泰甚，而又因彼事神之心，以寄吾忠君愛國眷戀不忘之意。是以其言雖若不能無嫌於燕昵，而君子反有取焉。[19]

---

18 〔宋〕洪興祖：《楚辭補注》，北京，中華書局，1983，第55頁。

19 〔宋〕朱熹：《楚辭集注》，上海，上海古籍出版社，1979，第29頁。

　　朱熹認為《九歌》是屈原在民間原有歌詞的基礎上加工、改寫，藉以寄託忠君愛國之情的。

　　此後民間祭歌說影響甚大，如胡適曾斷言：「《九歌》與屈原的傳說絕無關係。細看內容，這九篇大概是最古之作，是當時湘江民族的宗教舞歌。」[20]陸侃如認為《九歌》「是楚國各地的民間祭歌」[21]；劉大杰也說：「《九歌》的原始材料，大部分是楚國民間的祭神歌曲，是南方各地流行的巫歌，屈原採用這些材料，再加以修改和補充，才完成這整體的《九歌》。」[22]

　　清人林雲銘看到民間祭歌說的不足，認為《九歌》應是用於國家祭祀的，他說：「余考《九歌》諸神，悉天地雲日山川正神，國家之所常祀。且河非屬江南境，必無越千里外往祭河伯之人，則非沅湘間所信之鬼可知。」[23]吳景旭也指出：「詳其旨趣，直是楚國祀典，如漢人樂府之類，而原更訂之也。」[24]清人提出這一觀點被稱為國家祭典說，引起了學界從諸神神格的角度對《九歌》性質展開研究，如聞一多在《什麼是九歌》中說：「東皇太一是上帝，祭東皇太一即郊祀上帝。只有上帝才夠得上受主祭者楚王的專誠迎送。其它九神論地位都在王之下，所以典禮中只為他們設享，而無迎送之禮。」「根據純宗教的立場，十一章應改稱『楚郊祀歌』，或更詳明點，『楚郊祀東皇太一歌』，而《九歌》這稱號是只應限於中間的九章插曲。」[25]孫作雲更

20 胡適：《讀楚辭》，見胡明主編：《胡適精品集》第3冊，北京，光明日報出版社，1998，第93頁。

21 陸侃如、馮沅君：《中國詩史》，濟南，山東大學出版社，1996，第91頁。

22 劉大杰：《中國文學發展史》上冊，上海，上海古籍出版社，1982，第109-110頁。

23 〔清〕林雲銘：《楚辭燈》，濟南，齊魯書社，1997，第177頁。

24 〔清〕吳景旭：《歷代詩話》卷八乙集，北京，中華書局，1958，第91頁。

25 聞一多：《聞一多全集》第1冊，北京，生活・讀書・新知三聯書店，1982，第269頁。

是強調說：「我以為《九歌》是楚國國家的祭祀樂章，非平民的祭祀。」[26]

　　王逸生活於荊楚舊地的南郡宜城，去屈原時代未遠，對沅湘一帶「信鬼而好祠，其祠必作歌樂鼓舞以樂諸神」的巫風舊俗有著深刻的了解，其「民間祭歌說」當然值得研究者重視；而「國家祭典說」也有難以否定的依據，不過兩種說法都不能獨立涵蓋和說明《九歌》的內容，故而這種爭論仍將會繼續下去。這就提醒我們思考《九歌》創作的目的究竟是什麼，是否為某種具體的祭祀而作？

　　研究者區分「民間祭祀」與「國家祭典」的主要依據是《九歌》中神靈的身分、來源及其所應該享祭的待遇和祭祀場面。對《九歌》諸神的普遍理解為：東皇太一為楚地最尊貴的天神；雲中君即云神或雷神；湘君、湘夫人是楚地湘水之神；東君是日神；大司命為掌壽命之神；少司命為掌子嗣之神；河伯為黃河之神；山鬼是山中之神，因非正神，故名山鬼；國殤祭為國捐軀的將士。據《禮記‧王制》載：「天子祭天地，諸侯祭社稷，大夫祭五祀。天子祭天下名山大川，五嶽視三公，四瀆視諸侯。諸侯祭名山大川之在其地者。天子諸侯祭因國之在其地而無主後者。」《漢書‧郊祀志》亦云：「天子祭天下名山大川……諸侯祭其疆內名山大川，大夫祭門、戶、井、灶、中五祀，士、庶人祖考而已。」則早期的祭祀有著嚴格的等級限制。從這個角度來看，《九歌》中的神靈可能來自兩套祭祀系統，《史記‧封禪書》說：「（高祖）後四歲，天下已定……晉巫，祠五帝、東君、雲中君、司命、巫社、巫祠、族人、先炊之屬。」即東皇太一、雲中君、東君、大司命、少司命、河伯、國殤屬於國家祭典；《左傳‧哀公六

26　孫作雲：《九歌非民歌說》，見《孫作雲文集‧楚辭研究（上）》，開封，河南大學出版社，2003，第287頁。

年》載楚昭王說：「三代命祀，祭不越望。江、漢、雎、漳，楚之望
也。」「望」是指古代的天子諸侯對其境內的名山大川，不親臨其境
而遙祭的一種祭祀方式，則在楚國應該祭祀的河流中並沒有湘水，那
麼湘君、湘夫人、山鬼當屬於民間祭祀。雖然造成這種情況並不排除
「越祭」的可能，但也體現出經過屈原主觀選擇的結果。

　　湖北隨縣曾侯乙墓出土的楚文物中有大量樂器，包括鐘、磬、
鼓、瑟、琴、均鐘（五弦器）、笙、簫、篪，共九種，一二五件，這
些樂器大都見於《九歌》中。如「揚枹兮拊鼓，疏緩節兮安歌，陳竽
瑟兮浩倡。」（《東皇太一》）「縆瑟兮交鼓，簫鐘兮瑤簴。鳴篪兮吹竽，
思靈保兮賢姱。翾飛兮翠曾，展詩兮會舞。應律兮合節，靈之來兮蔽
日。」（《東君》）這些鐘鼓齊鳴、歌舞喧天的繁華場面，確實具有國家
祭祀的特色，雖然並不能由此證明《九歌》就是一場國家祭典，但至
少可以見出國家祭祀對屈原創作《九歌》的影響。另一方面，「昔楚
南郢之邑，沅湘之間，其俗信鬼而好祀。其祀必使巫覡作樂，歌舞以
娛神。蠻荊陋俗，詞既鄙俚，而其陰陽人鬼之間，又或不能無褻慢淫
荒之雜。」如《湘夫人》中「捐余袂兮江中，遺餘褋兮澧浦」，雖經
屈原改作，其「褻慢淫荒」仍然保留著南楚民間祭歌的特色。為什麼
會如此呢？據考證，屈原所任左徒一職具有管理有關宗族、宗教事物
的職能，[27]當然有著豐富的宗教經驗，屈原有著傑出的藝術才能和豐
富的情感，他在創作《九歌》時不可能生搬硬套某一種祭祀模式，故
而使《九歌》呈現出融合國家祀典和民間祭祀的祭歌形態。

　　《九歌》祭祀的對象包括天神、地□和人鬼，雖與出土楚墓竹簡
所載具體名稱不同，但其神靈體系則是相同的，[28]這也是促使人們執

---

27 過常寶：《楚辭與原始宗教》，北京，東方出版社，1997，第27頁。

28 一九六五年江陵望山一號楚墓、一九七七年江陵天星觀一號楚墓及一九八七年荊門
　包山二號楚墓出土了豐富的反映楚國貴族祭祀情況的卜筮、祭祀類竹簡，將這些祭

著追尋《九歌》祭祀本事的重要原因；同時《九歌》又有一套完整的迎神、娛神和送神的祭祀模式，如聞一多認為《東皇太一》是迎神曲，《禮魂》是送神曲，其餘九篇為娛神曲，並且指出：「因東皇太一與九神在祭禮中地位不同，所以二章與九章在十一章中的地位也不同，在說明這兩套歌辭不同的地位時，可以有宗教的和藝術的兩種相反的看法。就宗教觀點說，二章是作為祭歌主體的迎送神曲，九章即真正的《九歌》，只是祭歌中的插曲……就藝術觀點說，九章是十一章中真正的精華，二章則是傳統形式上一頭一尾的具文。」[29]《九歌》的宗教與藝術二重性再次體現了屈原主體的創造。所以「《九歌》體現出正統祭祀與地方淫祀、文人創作與民間祭歌的整合。」[30]

二　悲怨深婉的情感寄託

祭祀活動本是以祭品和歌舞等致享鬼神以祈福祐的，有著明確的現實功利性，如《詩・周頌・豐年》是秋收後祭祖的樂歌：「豐年多黍多稌，亦有高廩，萬億及秭。為酒為醴，烝畀祖妣。以洽百禮，降福孔皆。」人們於豐收之年，釀成美酒進獻祖先，祈求降福。江陵天星觀和荊門包山楚墓竹簡的內容主要包括「墓主人貞問吉凶禍福，禳奪鬼神和請求先人賜福的卜筮和祭禱」[31]，但《九歌》諸篇，並沒有

祀竹簡與《九歌》從所祭祀的神靈方面進行細緻對比，發現兩者所祭祀的神靈雖然名稱有同有異，但具有某種對應關係，且都包括天神、地祇和人鬼三類。見湯漳平：《出土文獻與楚辭・九歌》，北京，中國社會科學出版社，2004，第13頁。

29 聞一多：《聞一多全集》第1冊，北京，生活・讀書・新知三聯書店，1982，第269頁。

30 卜鍵：《巫風楚舞的文學呈現》，《文學評論》2000年第5期。

31 于成龍：《包山二號楚墓卜筮簡中若干問題的探討》，見中國文物研究所編：《出土文獻研究》第5集，北京，科學出版社，1999，第163頁。

訴說對神靈的祈求，可見並不是用於具體的祭祀活動，那麼屈原寫作
《九歌》的目的是什麼呢？

　　如前所述，王逸認為《九歌》的主旨是「上陳事神之敬，下見己
之冤結，托之以風諫」，這種「寄興說」的核心就是忠君愛國，所以
王逸在注釋《九歌》時極力尋繹其忠君愛國的思想，如他注《雲中
君》：「以雲神喻君，言君德與日月同明，故能周覽天下，橫被六合，
而懷王不能如此，故心憂也。」[32]其後洪興祖、朱熹、蔣驥、戴震、
瞿蛻園等直承其說，影響極大。但是「寄興說」因為體現儒家教化色
彩和有時牽強附會的解釋，經常受到人們的批評，如汪瑗說：「昔人
謂解杜詩者，句句字字為念君憂國之心，則杜詩掃地矣。瑗亦謂解
《楚辭》者，句句字字為念君憂國之心，則《楚辭》亦掃地矣。」不
過汪瑗還是承認《九歌》有所寄託：「《九歌》之作，如今之樂府然
也。屈子不過藉此題目，寓人事於天道，以寫己意耳。讀者不可以詞
害意可也。」[33]

　　屈原也曾明確地說他作詩的目的是抒情言志，如《惜誦》說：
「惜誦以致愍兮，發憤以抒情。」《悲回風》也說：「介眇志之所惑
兮，竊賦詩之所明。」不僅《離騷》《九章》如此，《九歌》也不例
外，除《東皇太一》和《禮魂》體現莊嚴肅穆的宗教氣氛，其餘九篇
中大都流露出某種悲怨愁苦的情緒，如《雲中君》：「思夫君兮太息，
極勞心兮忡忡。」《大司命》：「結桂枝兮延佇，羌愈思兮愁人。愁人
兮奈何，願若今兮無虧。」《少司命》：「望美人兮未來，臨風怳兮浩
歌。」《東君》：「長太息兮將上，心低佪兮顧懷。」《河伯》：「日將暮
兮悵忘歸，惟極浦兮寤懷。」等等。

32　〔宋〕洪興祖：《楚辭補注》，北京，中華書局，1983，第59頁。

33　〔明〕汪瑗：《楚辭集解》，北京，北京古籍出版社，1979，第108、126頁。

　　《湘君》《湘夫人》寫這對配偶神相約期會而未能如願的悲劇，
情感意蘊極為豐富複雜，兩篇雖然寫的是同一件事情，但都是從對方
落筆，故而顯得別有情致。有熱切的期盼等待，有橫絕江湘的執著追
求，有纏綿悱惻的思念，有求之不得的悲傷、猜疑和責怪，有失望的
決絕，還有看似無望仍心存希冀。

　　湘君與湘夫人既然彼此相愛，又先有約定，為什麼不能相見呢？
曹大中分析這一愛情悲劇的原因：「成約之後，將相見之時，雙方是
有使者來往的。湘君得到的信息都是真實的，如『帝子降兮北渚』，
『聞佳人兮召予』。而湘夫人得到的信息卻都是虛偽的，如『君不行
兮夷猶』，『期不信兮告余以不閒』。實際上湘君沒有夷猶，也沒有以
不閒相告，而是作了準備，正在盼望。在那天上午，她們都曾馳騖江
皋，但當夫人『夕弭節兮北渚』之時，湘君正逆路相迎，『夕濟兮西
澨』，結果錯過了遇合的機會。這說明了什麼呢？這暗示了傳遞信息
的人是中間的破壞者。」[34]那麼二《湘》的愛情悲劇心理與屈原信而
見疑、忠而被謗，身遭放逐依然「睠顧楚國，繫心懷王，不忘欲反，
冀幸君之一悟，俗之一改也」[35]的理想追求，確實是深為契合的。二
《湘》還大量描寫反常現象，如「採薜荔兮水中，搴芙蓉兮木末」
「鳥萃兮蘋中，罾何為兮木上」、「麋何食兮庭中，蛟何為兮水裔」，
當是別有所指，這與楚國「鸞鳥鳳皇，日以遠兮。燕雀烏鵲，巢堂壇
兮」的黑暗現實如出一轍。

　　《山鬼》也是一個愛情悲劇，細膩表現了山鬼盛裝打扮，歷難涉
險前來赴約而不見所思之人的孤獨彷徨、哀怨悲傷的心理。山鬼的原
型是木石之怪的山精，形象陰森可怕。經過屈原的加工創造，成了一

---

34 曹大中：《九歌沒有托之以諷諫的用意嗎？》，《中國文學研究》1986年第2期。
35 《史記‧屈原賈生列傳》。

名美麗深情的女子。詩歌特別注重刻畫山鬼的形象：其服飾是「被薜荔兮帶女羅」「被石蘭兮帶杜衡」，其品格是「山中人兮芳杜若，飲石泉兮蔭松柏」，與《離騷》中屈原的自我形象何其相似！所以有論者認為，山鬼那如泣如訴的內心獨白，就是詩人的愁思情懷的表露。[36]

《國殤》是祭祀為國捐軀的將士的悲壯祭歌，前十句描寫戰爭的殘酷與慘敗的結局，是楚國末年在秦楚戰爭中的真實寫照，後八句熱烈歌頌將士們勇武不屈的精神，深切地抒發了詩人的愛國激情。

林維民將《九歌》與《離騷》《九章》對比，概括出四個抒情基點：思念仰慕之情、美人遲暮之歎、失約違信之牢騷和分離之悲，而這些又是屈原忠君愛國思想的具體表現，他說：「像屈子這樣一位文學風格成熟的詩人，當他被一種強烈的感情和願望所驅使時，當他時時刻刻繫心懷王，忠於楚祀，一舉一動，一息一念，皆不離拳拳之忠、殷殷之誠，就必然要把這種感情和願望反覆地、頑強地表現在各種不同類型的詩作中。」[37]《九歌》借用宗教祭歌的形式和內容，而忽略其現實背景和具體本事，這就為我們把握《九歌》豐富的情感內涵留下了大量空白，表現為許多我們能夠感覺到卻又無法指實的部分，「作品雖然在文字上看不到放逐之痕跡，但從其輕歌微吟中卻散發出一種不可抑制之憂愁幽思，他那種潔身自好、哀怨感傷之情緒，正是長期放逐生活之心情的自然流露」。[38]

我們可以說，屈原放逐沅湘之時，悲憤激越的情感需要宣洩，是眼前所見的民間祭祀激發了屈原的創作衝動，他同時調動往昔有關國

---

36 孫元璋：《關於九歌的思想意義》，《山東師範大學學報（人文社會科學版）》1982年第4期。

37 林維民：《九歌愛情主題說獻疑》，《溫州師範學院學報（哲學社會科學版）》1992年第4期。

38 聶石樵：《先秦兩漢文學史稿・先秦卷》，北京，北京師範大學出版社，1994，第502頁。

家祭祀的知識經驗予以整合，從而創作了《九歌》，借用祭歌形式巧妙地融入自己豐富複雜的思想感情，成就了《九歌》獨特的藝術魅力。

第三節　《招魂》
──儀式歌辭的詩意昇華

　　《招魂》是《楚辭》中的又一篇奇文，既因為其「文極刻畫，然鬼斧神工，人莫窺其下手處」[39]的藝術魅力，又由於招魂禮俗背景的複雜性和有關《招魂》創作的背景不明，使得人們對《招魂》的作者、魂主、主題等問題一直爭訟不息。對《招魂》主旨的爭論，其中以王逸的宋玉招屈原說（《楚辭章句》）、林雲銘的屈原自招說（《楚辭燈》）、吳汝綸的屈原招楚懷王生魂說（《古文辭類纂‧校勘記》）、郭沫若的屈原招楚懷王亡魂說（《屈原研究》）等最具代表性。上述諸種說法雖各有其道理，但我們以為「屈原自招說」更為可信，並且認為《招魂》並非是用於現實的招魂儀式之中，而是屈原放逐江南之時，「忠而斥棄，愁懣山澤，魂魄放佚，厥命將落」[40]，借招魂以抒發自己深沉真摯的愛國情懷。

一　序言、亂辭的背景解讀

　　《招魂》包括序言、招魂詞和亂辭三部分，序言和亂辭極其隱晦地交代了《招魂》創作的相關背景，這一點對我們理解詩歌的主旨至關重要。序音曰：

39　明人陸時雍評《招魂》語，見〔明〕蔣之翹：《七十二家評楚辭》，轉引自潘嘯龍：《九歌研究商榷》，《文學評論》1994年第4期。

40　〔宋〕洪興祖：《楚辭補注》，北京，中華書局，1983，第197頁。

> 朕幼清以廉潔兮，身服義而未沬。主此盛德兮，牽於俗而蕪
> 穢。上無所考此盛德兮，長離殃而愁苦。

　　序言交代了「招魂」的緣由，對這幾句的理解有不同的說法，持
「招懷王魂說」者或認為此六句是屈原自述，以下轉入招懷王魂。既
然如此，則有自誇「盛德」而責備懷王之嫌，又如何能招來懷王之
魂？或以為前兩句是屈原自述，而以下則是為懷王招魂的原因，如郭
沫若說：「開首有一個『朕』字，文的煞尾有一個『吾』字。那些第
一人稱代名詞誠然是作者的自稱，但被招的卻不是這『朕』和
『吾』……這兒所說的『主此盛德』以下便是指懷王，是說以此有盛
德者為君，而此有盛德者不幸為俗所牽累，遭了蕪穢。」[41]「上」指
上天，既然天帝不能考察了解懷王的盛德，又怎麼會「欲輔之」呢？
這樣的理解顯然是以招懷王魂為預設前提的，未免有些牽強。其實這
是詩人的自敘之詞，說自己從小就正直廉潔，信奉仁義之道而毫不含
糊，並且一直保持著這些美德，由於受世俗的牽累而遭受讒言。君王
不考察我的美德，使我長期遭受禍殃而憂愁痛苦。這裡以「盛德」自
誇卻又不為世俗所容，顯然是由《涉江》：「余幼好此奇服兮，年既老
而不衰。」《離騷》：「余雖好修姱以鞿羈兮，謇朝誶而夕替」「荃不察
余之中情兮，反信讒而怒」等內容凝聚而成，是詩人一生品格與遭際
的總結。詩人的衷情上達於天，於是順理成章地引出上帝安排巫陽來
為詩人招魂：

> 帝告巫陽曰：「有人在下，我欲輔之。魂魄離散，汝筮予
> 之！」

---

41 郭沫若：《郭沫若全集・歷史編》第4卷，北京，人民出版社，1982，第37頁。

　　巫陽對曰：「掌夢。上帝其難從。若必筮予之，恐後之謝，不
　　能復用巫陽焉。」

　　人們對這段的理解存在著招生魂與招亡魂的分歧。招魂起源於早
期人類的靈魂信仰，他們認為人的生命是由身體與靈魂組成的，如果
人的靈魂離開了身體，短期的就會致病，長久的會導致死亡，這樣就
產生了招魂復魄的儀式。「招魂」在古文獻中稱為「復」，據《儀禮·
士喪禮》云：「復者一人，以爵弁服，簪裳於衣，左何之，扱領於
帶。升自前東榮中屋，北面招以衣，曰：『皋，某復！』三。降衣於
前。」清人胡培翬注曰：「鄭注三禮，多解復為招魂復魄……人始
死，魂氣猶存，故孝子欲招之使復附於魄以生，是以有復之事。故解
復為招魂復魄也。」[42]可見招魂的早期目的是為了招回離開身體的靈
魂使死者復生，而可以使死者復生的靈魂當然應該是「生魂」；只有
當「復而不生」時，才「行死事」。朱熹《楚辭集注·招魂》解題說
得更為明白：「古者人死，則使人以其上服升屋，履危北面而號曰：
『皋！某復。』遂以其衣三招之，乃下以覆屍，此《禮》所謂復。而
說者以為招魂復魄，又以為盡愛之道而有禱祠之心者，蓋猶冀其復生
也。如是而不生，則不生矣，於是乃行死事。此制禮者之意也。」[43]
這樣就演變成一種招亡魂的禮俗固定下來，成為喪禮的第一部分。所
以招魂實際上就存在著招生魂與招亡魂兩種形式，我們無法從這種禮
俗背景中判斷魂主之生死。

　　從文本來看，上帝告訴巫陽的「欲輔」之人，也就是詩人自己，
由於「長離殃而愁苦」，導致「魂魄離散」，所以需要「招魂」輔之。
巫陽認為上帝的指示難以服從，「若必筮予之，恐後之謝，不能復用

42　〔清〕胡培翬：《儀禮正義》下冊，北京，商務印書館，1934，第4頁。
43　〔宋〕朱熹：《楚辭集注》，上海，上海古籍出版社，1979，第133頁。

巫陽焉」，包含著三層意思：一是此人還活著；二是此人「離殃愁苦」之深重，已等不及「筮予之」；三則暗示詩人渴望回到郢都的願望難以實現，與後面的亂辭相呼應，沉重的悲哀竟是如此綿綿不盡。

> 獻歲發春兮，汩吾南征。菉蘋齊葉兮，白芷生。路貫廬江兮，左長薄。倚沼畦瀛兮，遙望博。青驪結駟兮齊千乘，懸火延起兮玄顏烝。步及驟處兮誘騁先，抑騖若通兮引車右還。與王趨夢兮課後先，君王親發兮憚青兕。朱明承夜兮時不可淹，皋蘭被徑兮斯路漸。湛湛江水兮上有楓，目極千里兮傷心悲。魂兮歸來哀江南！

　　亂辭交代《招魂》的寫作背景是屈原放逐江南之時，王逸注：「言歲始來進，春氣奮揚，萬物皆感氣而生，自傷放逐，獨南行也。」[44]饒宗頤《楚辭地理考》云：「楚江南，自悼王時吳起平蠻越，遂有洞庭、蒼梧。然仍屬南蠻，號稱難治。惟其在楚為遐壤，於是以為黜臣竄逐之所。」[45]則江南乃楚國貶罪之地。春天萬物復蘇，處處充滿生機，與詩人放逐的心境形成了鮮明的對比，放眼空曠的原野，不由得想起當年與君王射獵雲夢的場景。昔日股肱之臣，今日遠放之客，其悲哀的心境自可以想見，故而司馬遷說：「余讀《離騷》《天問》《招魂》《哀郢》，悲其志。」[46]所悲當是詩人「睠顧楚國，繫心懷王」的忠君愛國之志。朱明承夜，時光流逝，詩人離開郢都越來越遠，內心承受著「惟郢路之遼遠兮，魂一夕而九逝」的悲苦煎熬，迸發出悲愴的呼喊：「魂兮歸來哀江南！」

---

44 〔宋〕洪興祖：《楚辭補注》，北京，中華書局，1983，第213頁。
45 饒宗頤：《楚辭地理考》，上海，商務印書館，1946，第82頁。
46 《史記‧屈原賈生列傳》。

二　招魂歌辭的藝術昇華

　　否定「屈原自招說」的一條重要理由是，招魂詞中「內崇楚國之美」的描寫屬於「王者之制」，不是屈原所能夠享受的。如郭沫若說：「巫陽下招的一段，所敘述的也完全是王者生活，宮室苑囿、車馬僕御、女樂玩好、美衣玉食，那些近於窮奢極侈的情況，決不是自甘『賤貧』的屈原的身分所宜有。」[47]進而斷定「文辭中所敘的宮廷居處之美，飲食服飾之奢，樂舞遊藝之盛，不是一個君主是不能夠相稱的」[48]。究其原因，是人們拘泥於《招魂》具有真正為某人招魂的現實目的，而忽略其借用招魂詞的形式來抒情的藝術創造。蔣驥對此深有體會，他說屈原「放逐之餘，幽邑瞀亂，覺此身無頓放處，故設為謾詞自解，聊以舒憂娛哀。所謂臺池酒色，俱是幻景，固非實有其事，亦豈真以為樂哉」[49]。

　　《大招》在本質上屬於為儀式而作的實用招魂歌辭[50]，而《招魂》則是在此基礎上加以序言和亂辭，創造出首尾俱足的完整形式以更好地表達情感。序言部分先自敘志行高潔卻遭讒被害以致「魂魄離散」的現實處境，然後假託上帝令巫陽為他招魂引領全篇。正文部分為巫陽的招魂詞，極力鋪陳天地四方的險惡恐怖，反覆渲染楚都故居高貴舒適的生活，誘導靈魂歸來。亂辭部分又回到現實，敘述自己被放逐南行途中的所見所思所感，點明「哀江南」的題旨，抒發深深眷

47　郭沫若：《郭沫若全集・文學編》第5卷，北京，人民文學出版社，1984，第381頁。

48　郭沫若：《郭沫若全集・歷史編》第4卷，北京，人民文學出版社，1982，第36-37頁。

49　〔清〕蔣驥：《山帶閣注楚辭》，上海，上海古籍出版社，1984，第236-237頁。

50　張興武《楚辭・大招與楚巫文化》，《西北師大學報（社會科學版）》2001年第1期。該文通過系統比較《招魂》與《大招》，認為《大招》本質上仍屬於實用的招魂歌辭。

戀故國的情懷。這種結構正是詩人將主體的情感融入實用招魂詞的藝術創新，使詩歌擺脫《大招》的典重呆板而顯得情采飛揚。正如蔣驥所說：「《招魂》序宮室女色飲食音樂之樂，與《大招》不同。《大招》是實情，《招魂》是幻語。《大招》每項俱各開寫，《招魂》則首尾總是一串。其間有明落、有暗度，章法珠貫繩聯，相繹而出。其次第一層進一層，入後異彩驚華，繽紛繁會，使人一往忘返矣。亂辭一段，忽又重現離殃愁苦本色來。通首數千言，渾如天際浮雲，自起自滅。作文之變，於斯極矣！」[51]

　　《招魂》最突出的特點是以豐富奇特的想像，鋪陳誇張的手法，通過「外陳四方之惡，內崇楚國之美」的強烈對比來抒發詩人的愛國之情，賦予原始巫術儀式以審美內涵。明代孫鑛讚歎《招魂》「構法奇，撰語麗，備談怪說，瑣陳縷述，務窮其變態，自是天地間瑰瑋文字」[52]，極為精闢地道出了《招魂》的藝術特色。

　　《招魂》借鑑了民間招魂習俗於東南西北四個方位依次招魂的模式[53]，並加以藝術生發，具體表現為在「外陳四方之惡」時，大量吸收神話傳說予以改造，如東方「長人千仞，惟魂是索些。十日代出，流金鑠石些。彼皆習之，魂往必釋些」；南方「雕題黑齒，得人肉以祀，以其骨為醢些。蝮蛇蓁蓁，封狐千里些。雄虺九首，往來儵忽，吞人以益其心些」。這些形象大多與《山海經》中的神怪相類，如《西山經》：「有獸焉，其狀如羊而四角，名曰土螻，是食人。有鳥焉，其狀如蜂，大如鴛鴦，名曰欽原，蠚鳥獸則死，蠚木則枯。」[54]

51 〔清〕蔣驥：《山帶閣注楚辭》，上海，上海古籍出版社，1984，第236頁。

52 見〔明〕蔣之翹：《七十二家評楚辭》，轉引自張慶利：《楚族巫風與楚辭・招魂》，《蒲峪學刊》1994年第3期。

53 莫道才：《大招為戰國時期楚地民間招魂詞之原始記錄說》，《雲夢學刊》2001年第9期。

54 袁珂：《山海經校譯》，上海，上海古籍出版社，1985，第30頁。

而其陰森可怕，又無以復加。顧炎武在《日知錄》中就曾指出：「或曰：地獄之說，本於宋玉《招魂》之篇。『長人』『土伯』，則夜叉、羅剎之倫也。『爛土』『雷淵』，則刀山劍樹之地也。雖文人之寓言，而意已近之矣。於是魏、晉以下之人，遂演其說，而附之釋氏之書。」[55]而在「內崇楚國之美」時則對現實圖景極盡變化之能，如所居「高堂邃宇，檻層軒些。層臺累榭，臨高山些。網戶朱綴，刻方連些。冬有突廈，夏室寒些」，所樂「陳鍾按鼓，造新歌些。《涉江》《采菱》，發揚《荷些》。美人既醉，朱顏酡些」，這些實際上是極力描摹楚國貴族生活，以招引靈魂歸來。《招魂》極力鋪陳上下四方之惡，又全面敘寫楚國之美，客觀上對後世賦體文學「鋪采摛文」的寫作手法有著直接影響，因此魯迅說：「《招魂》一篇……其文華靡，長於鋪陳，言險難則天地間皆不可居，述逸樂則飲食聲色必極其致。後人作賦，頗學其誇。」[56]

　　值得注意的是儀式中的招魂詞並未涉及天界和幽都，而《招魂》卻引入天地兩境並加以改造。《山海經》所載的天界「面有九門，門有開明獸守之，百神之所在」[57]，應當是公正道義的象徵。由於詩人的理想追求難以實現，在《離騷》中對天界就已經有了懷疑：「吾令帝閽開關兮，倚閶闔而望予。」而當他流放江南悲憤難訴之時，天界更是同四方和幽都一樣，充滿險惡恐怖：「虎豹九關，啄害下人些。一夫九首，拔木九千些。豺狼從目，往來侁侁些。懸人以娭，投之深淵些。致命於帝，然後得瞑些。歸來歸來！往恐危身些。」這種對天

55　〔清〕顧炎武著，黃汝成集釋：《日知錄集釋》，上海，上海古籍出版社，2006，第1719-1720頁。

56　魯迅：《漢文學史綱要》，見《魯迅全集》第9卷，北京，人民文學出版社，2005，第387頁。

57　袁珂：《山海經校譯》，上海，上海古籍出版社，1985，第225頁。

地四方的否定，實際上反映了詩人離開郢都後魂魄四處飄蕩，無所歸宿的精神困境，更突出了對祖國的熱愛。

　　《招魂》的藝術形式來源於楚地招魂巫術儀式，並不具有為某人招魂的現實目的。「羌靈魂之欲歸兮，何須臾而忘反」（《哀郢》），詩人流放江南渴望魂歸楚國的夢想與漂泊的靈魂需要尋找家園的精神內核竟是如此的契合，於是詩人借用招魂歌詞的形式，化腐朽為神奇，在四方之惡與楚國之美的強烈對比中，寄託自己對故國的無限眷戀。

第三十一章
楚辭文化及其藝術精神

　　一直以來，在歷史與現實的關係上，我們強調得更多的是以古鑑今，殊不知，以今觀古同樣可以拓展我們的視閾，有利於我們對文化現象進行多向度的考察，用文化認同觀念考察楚辭或許可以獲得較為豐富的視野。比勘認同和衝突的運行軌跡，我們看到，認同與衝突存在於同一文化進程中背道而馳的兩個方向，基本上是一對相對的概念。在邏輯順序上，認同概念應優先於衝突概念，釐清了認同的概念，衝突的概念也就昭然於前。同理，在具體對待文化事象時，闡明了認同的現象及其理路，衝突的現象及其理路往往就昭然於前，或者說，對某一對象文化衝突的研究，一定程度上往往內在地包含於對其認同的研究中。由此入手，能在更大程度上認識楚辭文化及其藝術精神的獨特性。

第一節　楚辭中的文化認同和衝突

　　正如有學者指出，文化認同其實就是「相信自己是什麼樣的人或信任什麼樣的人，以及希望自己成為什麼樣的人」，進而達到「尋求生存方式的持續性」的目的，這種認同的「過程卻往往緣起於歷史的斷裂或社會的斷層」。[1] 在楚辭的主要作者屈原所處的年代，楚國優秀的傳統文化在楚地發展狀況是否面臨「斷裂」或「斷層」，楚辭的作

1　韓震：《論全球化進程中的多重文化認同》，《求是學刊》2005年第9期。

者對此有怎樣的看法，在楚文化與中原華夏文化的交融中，楚人的夏化究竟在怎樣的文化環境中進行，此其一；其二，對文學家來說，文化認同和衝突，具體地表現為其作品的文化選擇，即作品中著筆較多、加以展現、褒揚或者採納為敘事結構構成要件的文化因素，以及由此反映出來作品和作者所根源的文化場、所隸屬的文化圈和所持有的文化傾向，這是楚辭文化認同和衝突的基本問題。這些問題的解決，有賴於對楚文化一些具體事象和性狀的分析。

一　楚辭與楚地宗教文化

　　文學史上不乏這樣的現象，每當作者感到與世相違時，往往會進入歷史的記憶空間或前眺遠瞻來淡化現實的苦痛。屈原創作楚辭的過程也包含這樣的情況。因此，楚辭中的文化現象，與其說是出於某種實用目的，或是體現某種典制內容，還不如說是一種記憶形態的呈現。當然，這樣說並非否認楚辭中的文化現象可能存在的「寫實」功能，而是當我們揣摩其搦管為文之跡與表情達意之象，體會屈原這一個體的衷腸心曲時，發現其創作更多的是「以我為主」之良善遭厄後的抒情泄怨。儘管其中的典制內涵作為一種客觀的記載也有其不可忽略的價值，然而過分深究則似有違作者初衷。

　　雖然在很大程度上，屈原的價值並沒有在他那個時代得以實現，但反觀歷史，我們完全可以作出這樣的判斷，即因為獨特的出身、學養、閱歷和稟性，屈原成為楚人知識、思想階層的重要代表。他的作品，兼具後世分別指稱的文學、史學和哲學等方面的特點。可以說，楚辭既是窺見時代心靈的窗戶，洞見歷史發展的明鏡，又是時代精神的精華。楚辭可用以概括戰國時代楚文化的總體特徵，又可展現楚文化的集體記憶。

　　集體記憶是一個社會學的概念，法國學者莫里斯・哈布瓦赫著有《論集體記憶》一書，路易斯・科瑟在為該書所作的《導論》中對其學說進行了歸納：「集體記憶不是一個既定的概念，而是一個社會建構的概念。它也不是某種神秘的群體思想……這些不同的記憶都是由其各自的成員通常經歷很長時間才建構起來的。當然，進行記憶的是個體，而不是群體或機構，但是，這些植根在特定群體情境中的個體，也是利用這個情境去記憶或再現過去的。」[2]集體記憶是認同的基本內容，認同對於文化的意義，即在於它為文化成員提供了自身的身分證明，為整合文化成員的向心力和凝聚力奠定了基礎。

　　當然本文所用的集體記憶只取其作為靜態概念的一部分，而不涉及其動態建構過程。基於此，可以說，楚辭的作者屈原正是楚文化集體記憶的守護者，是楚文化長河中的「縴夫」，楚文化的記憶之舟在他的拉動下前行。楚辭當中可以納入到集體記憶中的內容不在少數，本文將關注其中的宗教文化。

　　一直以來，明確提出楚辭與宗教內在聯繫的學者並不多，往往只談楚辭中的巫風或巫文化特點，似乎楚辭的宗教色彩不濃，而只能退而求其次地、曲折地談巫風方才名正言順。誠然，巫風是楚辭宗教文化的第一要義，但未嘗不可明確提出楚辭的宗教文化作明確標示，以使討論的範疇更明確，觀點更鮮明，從而更接近楚辭的文化本質。所以要論楚辭的宗教文化內涵，必須首先對宗教概念作一個說明。

　　李零在《中國方術續考》中提到：「以西方的眼光看問題（他們是上下一個教，國王和百姓都是教民），他們寧願相信，中國的宗教，特別是早期宗教，是一種上下共用的通用宗教（common religion）。」[3]

2　〔法〕莫里斯・哈布瓦赫：《論集體記憶》，畢然、郭金華譯，上海，上海人民出版社，2002，第39-40頁。

3　李零：《中國方術續考・新版前言》，北京，中華書局，2006。

這種所謂「上下通用的宗教」即指宗教與非宗教，在實踐上界限不嚴格。而實際上，中國早期對宗教的概念界定也很不嚴格。正如李零所說：「研究中國古代宗教，祝宗卜史，各有分工，祝宗跟禮儀關係大，卜史跟方術關係大，兩者都和宗教有關，但前者更接近於教，後者更接近於術。」[4]作為中國巫術執行者的祝宗卜史既然都可被認定為中國早期宗教的有機組成部分，則巫術具有宗教特性不容置疑。這一點對楚人而言也不例外，對楚辭影響最大的巫風其屬性是宗教的，而非世俗的，只不過這種宗教性是中國古代乃至楚地所特有的。

關於楚辭的創制，姜書閣說：「屈原《九歌》本是屈子依沅湘之間的祭祀巫歌舊曲形式改作的。」[5]蔡靖泉《楚文學史》指出：「楚辭是楚人在全面融會南北詩歌藝術的基礎上熔冶而成的偉大創造，但它又正是為巫歌創作所催生並且在很大程度上是脫胎於民間巫歌的新詩體。」[6]此中不獨讚美屈原等人的歷史功績，而又拈出「催生」、「脫胎」二語，道出其作品之所以為偉大的「源頭活水」正在於巫風。林河於此論曰：「屈原是受過中原文化薰陶的，他當然不會在寫《九歌》時將沅湘間過分的野性吸收進作品中去。但他畢竟又是楚國巫文化的傳人，因此，他的《九歌》，既保留了南楚民間的野性美，但又捨棄了民間巫文化的過分野性，成為中原士大夫也能接受的文學。」[7]自然地，「野性」成分不獨沅湘中原文化有，其它地方文化的初始階段及其底層俗文化中也不乏「野性」的成分。不過，屈原等人的偉大正在於對巫文化的吸收與改造。宗教文化是楚辭誕生的「母體」之一，其功不可沒，其所發揮的功用是有效而且適度的。

---

4 李零：《中國方術續考》，北京，中華書局，2006，第8頁。
5 姜書閣：《先秦辭賦原論》，濟南，齊魯書社，1983，第13頁。
6 蔡靖泉：《楚文學史》，武漢，湖北教育出版社，1996，第120頁。
7 林河：《九歌與沅湘民俗》，上海，上海三聯書店，1990，第98頁。

　　就楚辭文本形態而論，楚辭也從宗教文化中獲益匪淺，甚至可被視為宗教文化的「文學底本」或可資引證與比照的文字形態的珍貴「副本」。蔡靖泉在《楚文學史》中指出：「《招魂》和《大招》都沿用了民間『招魂詞』的形式，而且其創作的目的也是『室家遂宗』的追悼儀式和巫覡做法的歌舞演唱，其性質同於《九歌》。」「《天問》的一問到底、只問不答的形式，乍看起來與巫歌形式迥然有別，但它與巫風卻並非無緣。出土的殷商甲骨卜辭中，就有連發數問、一問到底的貞問之辭。出土的楚人卜筮記錄的簡文中，也有一連貞問數事的命辭。這樣傳統的和普遍的貞問方式，勢必影響到楚文學的創作。《莊子・天運》開篇連發數問的問難方式，與《天問》如出一轍。楚文學中的這種問難方式，顯然為卜筮的貞問方式的大膽借鑑和創造性運用。」[8]所論甚是。如此連續發問，不僅令人陷入無暇索解的無奈境地，而且其本人也無意於求解，正如「商代卜辭有驗辭，而西周和戰國沒有……後者對占卜的靈驗與否好像已不太關心，更關心的倒是願望的表達」[9]一樣，發問既是詩篇的形式，也是詩篇的內容；既是詩人的手段，也是詩人的目的。這樣就由一味地發問造成「窒息式」的壓迫感，這可能是受貞問模式的影響，而形成的一種類似「集體無意識」的宗教迷狂狀態。《九辯》《九章》《離騷》在文本形態上與巫歌的聯繫也往往如此。

　　就楚辭的表現形式而論，浸淫於巫風之中的楚辭作者順理成章地對巫歌採取「拿來主義」「為我所用」：

　　　　楚辭在句式和體制上的鮮明特徵，都在很大程度上是直接受到
　　　　巫歌影響所致。楚辭與巫歌在句式上沒有很大的差別，《九

8　蔡靖泉：《楚文學史》，武漢，湖北教育出版社，1996，第120-121頁。
9　李零：《中國方術續考》，北京，中華書局，2006，第20頁。

歌》句式即反映了民間巫歌的原貌，只不過因為屈原的修改加工而使之典型化了；《離騷》《九章》《九辯》的句式，也是在巫歌的典型句式基礎上的變化和發展。楚辭的篇幅宏大，則與巫事活動的規模巨大有直接聯繫。楚人的祭祖活動「隆」而至於「淫」，酣歌恆舞，夜以繼日……因此，巫歌的內容就要求豐富，唱詞就要求繁多，以致巫歌或為《九歌》這樣的成組之體，或成《招魂》這樣的長篇之製。模仿巫歌或受其影響而成的楚辭作品，當然就不會是像《詩經》和一般的楚地民歌那樣的寥寥短章，而是多為前所未有的鴻篇巨製。[10]

　　文藝心理學認為，形式也有情感。童慶炳說：「藝術創作中形式情感征服內容情感的心理學意義在於形成審美情感。」[11]楚辭的巫歌形態的句式和體制特徵即是一種形式情感的表現，「實際上一切藝術方式、藝術形式都對藝術內容具有征服、克服的作用。」[12]儘管屈原的慘澹人生和悲憤情感無人願意經歷，但巫歌這一宗教形式使得讀者既能入於詩境深味作者的悲情，而又能出於詩境深味詩篇之美，形式情感征服、克服了內容情感，這正是楚辭的成功之處，也是楚辭得宗教之助的表現。

　　對楚辭表現巫風的情況，研究不在少數。如日本學者藤野岩友便旁徵博引以證明《楚辭》與巫、卜的關係很深，並指出《離騷》中出現的巫咸和靈氛，正是通過結草折竹的方式占卜並下卜辭的。[13]張光

---

10 蔡靖泉：《楚文學史》，武漢，湖北教育出版社，1996，第121頁。

11 童慶炳：《藝術創作與審美心理》，天津，百花文藝出版社，1992，第227頁。

12 童慶炳：《藝術創作與審美心理》，天津，百花文藝出版社，1992，第225頁。

13 〔日〕藤野岩友：《巫係文學論：以楚辭為中心》，韓基國編譯，重慶，重慶出版社，2005，第34頁。

直在《連續與破裂：一個文明起源新說的草稿》一文中提出中國古代文明是薩滿式（即巫覡式）的文明，並引用一些「中國古代象徵和信仰體系的殘碎可是顯炫的遺存」證明此觀點，談到楚辭時，他說：「《楚辭》薩滿詩歌及其對薩滿和他們升降的描述，和其中對走失的靈魂的召喚。」對於楚辭具有宗教特質表示認同。[14]

　　屈原在《離騷》開頭歷敘出身和出生，的確是大有深意。因為「據姜亮夫先生考證，從殷代以來，『庚寅』就被認為是第二大吉日。楚人也認為，生於寅年、寅月、寅日乃是再好不過的八字。屈原和他的父親都認為屈原的美好品質和才能都是這生辰八字帶來的，並引以為無上榮耀，可知屈原並未超然宗教之外」。[15]劉信芳也指出屈原的生日具有宗教意義，遵循的正是楚地宗教文化，值得重視。其分析以雲夢《日書》為邏輯起點：

> 雲夢秦簡《日書》869-878簡，1134-1141簡分別以六十甲子各係以其生吉凶，如869簡：「甲戌生子欠（飲）食急。甲申生子巧有身事。甲午生子貧有力。」等等，當是以其生日以占吉凶。此法在當時頗為流行，如《史記‧孟嘗君列傳》記田嬰之妾以五月五日生田文，田嬰令其妾棄而不養，其理由是：「五月子者，長與戶齊，將不利其父母。」《索隱》引《風俗通》云：「俗說五月五日生子，男害父，女害母。」……春秋戰國之時，人們非常重視生日所昭示的吉凶。
>
> 屈原生於庚寅日，《日書》875簡：「庚寅生子女為賈（按：賈，當從1137簡作巫），男好衣佩而貴。」可知屈原之父給屈

14 張光直：《中國青銅時代》，北京，生活‧讀書‧新知三聯書店，1999，第491頁。

15 趙輝：《楚辭文化背景研究》，武漢，湖北教育出版社，1995，第65頁。

原取名,字曰靈均,當以楚國《日書》為根據。《九歌・雲中君》:「靈連蜷兮既留」,王逸注:「靈,巫也。楚人名巫為靈子。」恰與《日書》之說相合。《離騷》又云:「帝高陽之苗裔兮。」是雲出身高貴。屈原好衣佩,亦見之於《離騷》:「紛吾既有此內美兮,又重之以修能,扈江離與辟芷兮,紉秋蘭以為佩。」《涉江》亦云:「余幼好此奇服兮,年既老而不衰,帶長鋏之陸離兮,冠切雲之崔嵬,被明月兮佩寶璐。」此類詩句與《日書》「好衣佩而貴」如此吻合,恐並非出於偶然。後世詮釋屈原名字者,多從倫理方面的意義求解,今賴《日書》得知,屈原之名與字,主要決定於宗教方面的因素,並因對生辰吉日之崇拜,影響到屈原一生性格的形成。[16]

　　依據屈原的自敘,出生對屈原及其家族而言,不止於生理學、遺傳學意義上的個體。由於楚地宗教文化對「庚寅生子女」的「天然」的崇拜和偏好,屈原一出生就被定位為貴不可及和前途不可限量。儘管沒有人生成長期的資料可資佐證,我們還是可以推知屈原從小到大,必定都背負著長輩和家族高層次、高標準的期許,這正是由其出生的宗教文化背景所決定的。

　　這裡可以借用麥克斯・韋伯關於「傳統社會」和「理性社會」的區分理論:「傳統社會是感情社會,而理性社會是感情中立社會。在傳統社會中,角色是多重性的、擴散的。但在理性社會中,角色卻是專門的、特定的。天賦身分在傳統社會中是重要的,而成就在理性社會中是重要的。在傳統社會中,一個人的位置在他出生的時候就確定

---

16 劉信芳:《秦簡日書與楚辭類徵》,《江漢考古》1990年第1期。

了，但在理性社會中，每個人都從零起步。」[17]當然這樣的社會區分只在實驗室裡才有，變動不居的社會舞臺，不會這樣被整齊切割成塊。所以羅伯特·莫菲指出：「韋伯的類型是理想化的。沒有任何一個社會屬於極端的兩極。」[18]然而任何一個歷史規律總會有某一個完全適用的對象，屈原就是傳統社會裡的「這一個」適用對象，不僅僅因為屈原所在的是一個傳統社會，還因為天意的機緣巧合。

　　馮友蘭在《中國哲學史》中說：「《離騷》中，屈原遠遊，驅使鬼神，其對於鬼神之態度，為詩的而非宗教的。至於《天問》一篇，則更對於一切人神之傳說，皆加質問；對於宇宙之所以發生，日月之所以運行，亦提出問題。或者一般人過於『信巫鬼，重淫祀』，故激起有思想之人之反動也。」[19]可能是時代的原因，馮友蘭試圖將屈原刻畫成為一個唯物主義者，但這並不是屈原的原貌。鬼神、宗教之弄人，今之人尚未擺脫，何況兩千多年前楚地的屈原。楚辭對楚地宗教文化的選擇實則是一種固有的文化認同，宗教文化在楚辭的文化選擇中具有原發性意義，在楚文化體系中也有重要地位。

二　楚辭的地理人文背景

　　丹納認為，如同一切物質文明和精神文明一樣，藝術的產生，它的面貌和特徵及其歷史發展，都取決於三種因素或「三種原始力量」，即：種族、環境、時代。他指出，「要了解一件藝術品，一個藝

17　〔美〕羅伯特·F.莫菲：《文化和社會人類學》，吳玫譯，北京，中國文聯出版公司，1988，第121頁。

18　〔美〕羅伯特·F.莫菲：《文化和社會人類學》，吳玫譯，北京，中國文聯出版公司，1988，第121頁。

19　馮友蘭：《中國哲學史》，上海，商務印書館，1947，第217頁。

術家，一群藝術家，必須正確地設想他們所屬時代的精神和風俗概況。這是藝術品最後的解釋，也是決定一切的基本原因。」[20]儘管從本質上來說，藝術精神更多地具有藝術哲學的屬性，但由於藝術品的情感表現形式與社會實踐形態，尤其是對具體藝術作品而言，藝術社會學的闡釋顯然是必須的，故也適用於楚辭的藝術精神。作為以屈原為主的天才詩人的藝術創作，楚辭的藝術精神的來源顯然不是單一的，除了詩人天才的創造外，各種自然的、社會的和人文的因素都是催生楚辭華章的合力。

《史記・貨殖列傳》有言：「楚越之地，地廣人稀，飯稻羹魚，或火耕而水耨，果隋蠃蛤，不待賈而足，地埶饒食，無飢饉之患，以故呰窳偷生，無積聚而多貧。是故江、淮以南，無凍餓之人，亦無千金之家。」這個說法很有代表性。英國歷史學家湯因比的名著《歷史研究》中有這樣的話：「在黃河岸上居住的古代中國文明的先祖們，沒有像那些居住在南方的人們那樣享有一種安逸而易於為生的環境。」[21]湯氏所論大體不錯。儘管司馬遷這段話所表達的應是秦漢時期楚人的生活狀況，但用來描述相距不遠的春秋戰國時期的楚人也是適用的。況且在農業社會的古代中國，由自然條件決定的某地域的生活狀況的變化很少。有不少學者持大致相同的看法，張崇琛說：「大抵北土環境艱苦，碌碌一生，逃生且不易，又安得閒暇以樂其風土？南方氣候溫暖，地沃物豐，求生至易，故居人常有閒情逸致；兼以其地之山清水秀，湖光瀲灩，更易啟幻想之思。」[22]確實，比較而言，不僅楚人謀生較北方人為易，較楚國兼併的其它一些民族與國家也是

---

20 〔法〕丹納：《藝術哲學》，傅雷譯，北京，人民文學出版社，1963，第7頁。

21 〔英〕阿諾德・湯因比：《歷史研究》，曹未風譯，上海，上海人民出版社，1997，第92頁。

22 張崇琛；《楚辭文化探微》，北京，新華出版社，1993，第8頁。

如此。所謂「一方水土養一方人」，在湖光山色的映像下，在連綿山林的庇護下，在種類繁多的動植物的激發下，楚人的生機、活力潛移默化地養成，自然環境通過影響作家的個性氣質、精神狀態、認知方式與意志品格等，給予作家創作以多方面的影響。這方面前人已有許多經典的論述。劉勰《文心雕龍·物色》篇直接點明屈原楚辭成功的原因說：「山林皋壤，實文思之奧府，略語則闕，詳說則繁。然屈平所以能洞監《風》《騷》之情者，抑亦江山之助乎？」不同的自然給予作家不同的感受，楚地自有獨特性。山的崇高與壯美，谷的幽深與雅靜，岸的管束與放任，水的靈動與流利，動物的活潑與安靜，植物的層次與色彩，真可謂是，高下相形，動靜相宜，音聲相和，繪聲繪色，奏響楚地自然萬物同樂共生的樂章。作家的感受之心，探入自然之核，兩者在楚辭作品中得到交流與交融，得到最集中的體現。王夫之《楚辭通釋》中說：「楚，澤國也。其南沅湘之交，抑山國也。疊波曠宇，以蕩遙情，而迫之以崟嵌戌削之幽菀，故推宕無涯，而天采蕡發，江山光怪之氣，莫能掩抑。」[23] 楚辭濃烈的地域色彩，詭異、浪漫、宏豔的意境，實有得於楚地「江山光怪之氣」。

　　當然，讀楚辭，我們會發現其中對水的關注遠多於對山的關注，楚辭於水感發尤多。究其原因，一方面，在南方的自然世界中，更能激起楚人情感波動的因素，莫過於水。劉師培在《南北學派不同論》中有這樣的話：「大抵北方之地土厚水深，民生其間，多尚實際。南方之地水勢浩洋，民生其際，多尚虛無。民崇實際，故所著之文不外記事、析理二端。民尚虛無，故所作之文或為言志、抒情之體。」[24] 南北文風的差異固然可從水土差異窺其一二，而細加分析，其中似乎

23 〔清〕王夫之：《楚辭通釋·序例》，上海，上海人民出版社，1975。

24 劉師培：《南北學派不同論》，見吳方編校：《中國現代學術經典·黃侃劉師培卷》，石家莊，河北教育出版社，1996，第757頁。

也暗示了南方之文從水中獲得的感發更多，所謂「北方之地土厚水深」、「南方之地水勢浩洋」即透露出此類信息，這一點往往不為人所體察，而對照屈原楚辭的文本，我們就豁然開朗了。此外，《論語・雍也》所載孔子語「仁者樂山」「智者樂水」或可以為參照；另一方面，還可從楚人的歷史上找到一些蛛絲馬跡以為佐證。楚人受商文化影響很大已成共識，而據研究，「河」是卜辭中常見的祭祀對象。劉源在《商周祭祖禮研究》一書中，通過對商代後期卜問祭祀的卜辭的分析，指出「（商代人）對河的祭祀也較頻繁。河是先公中權能最廣的一個，商人經常向它祈雨、祈年，所以商王多次卜問到祭河所用犧牲的徵取和貢納」。[25]儘管河之性質學界還有不同意見，「或認為是祖先神，是商族先公之一；或認為是自然神，是黃河神或河伯；也有認為既是祖先神，又是自然神。被稱為『高祖河』而作為商人祭祀的對象，其神格性質比較複雜，一身兼具了自然神和祖先神的雙重神格神性。」[26]但祭河對商人的重要性已不言而喻，可能在這一類祭祀的影響下，我們看到楚人也很重視祭水。據蔣瑞介紹，天星觀楚簡、包山楚簡、望山楚簡、葛陵楚簡等都有祭祀神祇「大水」的記載，但「大水」究竟是何神，學界還有不同的說法，然而「多處楚簡都有，說明是楚人普遍的信仰」，「大水的命名既是『大水』，那一定與『水』並且是『大水』有關」。[27]所以作為一種兼具厚重歷史感、滄桑感與現實意義的文學作品，楚辭由楚人重視祭河及祭水而得到的潛移默化的影響，生成了楚人的文學感受，使水幾乎成了楚辭的精魂。

　　對於與文學藝術相通的書法藝術，有論者作這樣的分析：「楚系

---

25 劉源：《商周祭祖禮研究》，北京，商務印書館，2004，第340頁。

26 朱彥民：《殷卜辭所見先公配偶考》，《歷史研究》2003年第6期。

27 蔣瑞：《楚簡「大水」即水帝顓頊即離騷「高陽」考》，《湖北大學學報（哲學社會科學版）》2008年第3期。

文字的風格特徵是由江、湘、漢、淮流域這個特定的地理環境所孕育、滋潤而逐漸形成的。楚人自來就與這幾大水系生死相依，他們由賴之以生存進而對其頂禮膜拜，以至將其作為與祖宗同等重要的神靈加以祭祀。」[28]確實如此。《左傳・哀公六年》楚昭王說：「三代命祀，祭不過望，江、漢、睢、漳，楚之望也。禍福之至，不是過也。」「楚人以江、漢、睢、漳為望祭對象，在其意識觀念中自然對這幾大水系有著神秘的敬畏，因而對水亦有著非同一般的情感。」[29]與屈原同為楚文化傑出代表的老子、莊子，對水也表現出相當的偏愛，尤其是隨著荊門郭店楚簡的發現，其中「《太一生水》的宇宙生成模式是『雙軌』『雙迴向』的，它與《老子》的『道生一，一生二，二生三，三生萬物』、《易》的『太極生兩儀，兩儀生四象，四象生八卦』均有不同；同時『水』在這個宇宙生成模式中占有突出位置。」[30]當「水」在楚人宇宙生成觀中的重要性被闡發出來之後，我們發現「水」對文人的啟發是巨大的，而「水」與楚辭文學之間的關係還有待進一步揭示。大體來說，在自然界的觸發之機當中，與山相比，河流、水是楚辭作者的易感對象。這就不難理解楚辭的周流靈動、光怪陸離、詭譎異變等特點了。

如果說楚辭是南楚大地上一株豔麗奪目的花朵，自然慷慨賜予的靈感是她蕃盛的溫床，而南楚大地的歷史傳統與人文環境就是給她以呼吸與滋潤的空氣、陽光和雨露。張崇琛在《楚辭文化探微》一書中，談到楚國的地方文化作為楚辭形成和發展的重要基礎時，首先指出，「楚人勤勞勇敢、克服困難的精神和力爭上游、反抗外侮的傳

28　陳松長：《楚系文字與楚國風俗》，《東南文化》1990年第4期。

29　陳松長：《楚系文字與楚國風俗》，《東南文化》1990年第4期。

30　胡平生、李天虹：《長江流域出土簡牘與研究》，武漢，湖北教育出版社，2004，第131-132頁。

統，是楚辭產生的思想基礎」，「正是由於楚人的這種發奮精神和辛勤勞動，長期以來，楚地遠較中原各國為富足」，「即使極端動亂的戰國年代，楚的長江兩岸仍有『平樂』的『州土』。」[31]確實如此，楚人祖先創業之時，「篳路藍縷，以處草莽，跋涉山林」[32]，這樣一個由世世代代楚人建設出來的美麗而相對富足的國度，身為楚人的屈原在「作品中所表現出來的那種對故土、對故國的強烈的愛，實在是有其根源的」。此外，楚地的民歌、地方音樂、巫風、楚方言、地理環境都跟楚辭的形成有密切關係。[33]

除此之外，楚地的人才之盛也是有目共睹的。清人洪亮吉在《春秋時楚國人文最盛論》一文中對此進行了詳細論述：

> 春秋時，人材惟楚最盛。其見用於本國者不具論，其波及他國者，蔡聲子言之已詳，亦不復述。外此則百里奚霸秦，伍子胥霸吳，大夫種、范蠡霸越，皆楚人也。劉向《新序》：「百里奚，楚宛人」；《吳越春秋》：「范蠡，楚宛縣三戶人。大夫種，亦楚人。」他若文采風流，楚亦較勝他國。不獨左史倚相能讀三墳、五典、八索、九丘也。《史記・楚世家》析父善言故事，《楚語》共王傅士亹能通訓典、六藝，觀射父能辯山川百神。蓋楚之先鬻熊為周文王師，著《鬻子》二十二篇，其後即諸子百家，亦大半出於楚。《史記》：「老子，楚苦縣屬鄉曲仁裡人。」老萊子亦楚人，《漢書・藝文志》：道家《老萊子》十六篇，楚人。又《文子》九篇，班固注：「老子弟子，並與孔子同時。」今讀其書，有《與平王問答篇》，蓋楚平王，班固

---

31 張崇琛：《楚辭文化探微》，北京，新華出版社，1993，第2-3頁。

32 《左傳・昭公十二年》。

33 張崇琛：《楚辭文化探微》，北京，新華出版社，1993，第3-11頁。

以為周平王，誤也。又有《蜎子》十三篇，班固注：「名淵，
楚人，老子弟子。」《鶡冠子》一篇，（班固）注：「楚人，居
深山，以鶡為冠。」《楚子》三篇，不注姓名。又孔子、墨子
皆嘗入楚矣。《史記・孔子弟子列傳》：公孫龍，任不齊，秦
商，鄭康成注：皆楚人。《藝文志》：《公孫龍》十六篇，即為
堅白之論者。《儒林傳》：澹檯子羽居楚。至莊子，雖宋蒙縣
人，而蹤跡多在楚。觀本傳及《越世家》等可見。《孟子列
傳》載：環淵，楚人，著書《上下篇》，即蜎子也。又云：楚
有尸子、長盧，劉向《別錄》：楚有尸子。張守節《正義》：長
盧，楚人，有《長盧》九篇。孟子《內篇》言：陳良，楚產
也，悅周公、仲尼之道。又為神農之言者許行，亦楚人。《鬼
穀子》，皇甫謐注：楚人。荀況則嘗為楚蘭陵令，《藝文志》儒
家有楚蘭陵令《荀卿》三十三篇，是也。其它在七十子以後傳
經者，《易》則楚人馯臂子弓，《禮》則東海人孟卿，《春秋》
則楚太傅鐸椒。《藝文志》有《鐸氏微》二篇，《詩》則毛魯二
家，《春秋》則左氏，皆出於楚蘭陵令荀卿，是矣。[34]

　　見用於楚國的人才似不必再行討論，楚國的強盛已經說明楚國必
定有大量人才可供驅遣。洪氏所論只是春秋時期楚國的人才概況，而
且主要在人文領域，但已可以清楚地看到楚辭賴以生存的獨特人文背
景。在一項對春秋戰國時期人才地理的研究中，研究者以上海辭書出
版社一九七八年版《辭海》為依據，發現在當時所有侯國中，按軍
事、文化、科技、經濟及其它類，分別統計得出的人才總數的排列
中，楚國名列前茅。除了晉、魯、齊等西周時期傳統強勢侯國及文化

34 〔清〕洪亮吉：《更生齋文甲集・春秋時楚國人文最盛論》，見《洪亮吉集》第3冊，
　　北京，中華書局，2001，第993-994頁。

原發地區外，就是楚國。列前十位的侯國及人才總數分別是，齊四十一人，魯三十一人，晉二十八人，楚二十六人，趙十七人，魏、秦十五人，鄭十三人，宋十人，衛九人，韓、燕八人。[35]儘管這當中有些並未為楚國效勞，但這樣的氛圍已足以令人感歎楚國國勢之盛乃是有其必然的原因。

這樣的人文傳統很能說明楚辭之產生的歷史文化的必然性。有論者以為，「楚騷在中國文化史上的異軍突起是一種令人驚訝的特異現象。《詩經》很偉大，但大都短小、簡約，格式也比較機械、單調，絕大多數為四言，又主要是集體性的口頭傳承之作，沒有多少有名有姓的作者。但是，如同晴天霹靂，在號稱蠻荒的南國，在萬里無雲的楚天之下，突然『爆發』出一個世界性的大詩人和千載不朽的大詩篇。這確實令人目瞪口呆，惶恐莫名。」[36]又有論者說：「到戰國時代，中原的詩壇卻突然冷寂下來……而這時南方的楚國，詩圃卻奇跡般地繁榮起來了。」[37]眾所週知，無論是作為群體的文壇也好，還是作為個體的詩人也好，文學作品誕生都需要較長時間的醞釀過程。其實即使從所謂「文學自身」來說，楚騷的出現也不太「唐突」。對先秦的文化環境而言，若將文學的天空推向廣闊的人文傳統，則我們所看到的將不僅是文學的「侷促」天地，感受到的也不只是文學情懷，對文學的理解也才能拓展至其應有的闡釋空間。

涂又光《楚國哲學史》中一系列關於楚國哲學發展的觀點，能幫助我們廓清一些成見，為我們認識南楚人文傳統的盛況提供極具價值的視角與理路。在第三章《鬻熊》（按：「鬻」通「鬻」）中，作者

---

35 王會昌、王雲海、余意峰：《長江流域人才地理》，武漢，湖北教育出版社，2005，第81頁。

36 蕭兵：《楚辭文化》，北京，中國社會科學出版社，1990，第487頁。

37 趙輝：《楚辭文化背景研究》，武漢，湖北教育出版社，1995，第65頁。

「斷定」「《鬻子》是中國第一部子書，是中國哲學第一部著作，更是楚國哲學第一部著作」，又是道家第一部著作」。考證鬻熊其人，設想鬻熊生卒年約為西元前一一八〇至前一〇六〇年；再行闡發其哲學思想，發現其以道為中心的論道、道治哲學、論民、論士、論聖賢氣象等宏論都達到很高的實踐水準與理論境界，因而認為「鬻熊是道家先驅。他開創了楚人的哲學世界觀和道治文化」，作者對南北、中西進行比較，說「與北方相比，鬻熊是楚之文王，文王是周之鬻熊；與西方相比，鬻熊是柏拉圖『聖王』理想的超前實現」。[38]再者，在第六章《申叔時（附：士亹）》第一節《楚儒家與魯儒家》中，涂氏比較楚國與魯國儒家出現的時代與體系風格，認為，「楚儒家比魯儒家至少早出現一百年」，儘管孔子所開創的儒家思想體系新局面，「奠定爾後全中國儒家的基本規模，這種理論影響是申叔時所沒有的」，但「從全中國的儒家歷史看，楚儒家為第一階段，魯儒家為第二階段」。從現實來看，楚儒家對全中國歷史的影響其實也並不小，「楚莊王時出現第一代楚儒家申叔時；楚靈王時出現能讀三墳、五典、八索、九丘的楚儒家左史倚相；楚昭王時出現精通巫史和祭禮的楚儒家觀射父」。[39]楚國在儒學、哲學等方面都走在當時各諸侯前列，我們沒有理由輕視乃至忽視楚國的人文傳統及其對文人的影響。

　　以上人文領域內的眾多人物及現象的出現都早於屈原，以屈原對楚國歷史的了解程度與理解深度，浸潤於這樣的歷史傳統與人文環境中，加上卓越的天賦，屈原激發出的哲思、情感與才華當然會與眾不同。可以想見的是，屈原在汲取如此豐富、多元、濃厚、深長的文化養料時，必定會有自己獨到的選擇，這是其作品鑄有鮮明個性化印記

---

38 詳見涂又光：《楚國哲學史》，武漢，湖北教育出版社，1995，第50-70頁。

39 涂又光：《楚國哲學史》，武漢，湖北教育出版社，1995，第120-122頁。

的必經之路。當然，如前文所述，屈原作品中往往多是中原文化現象與人物，這種看似矛盾的情況，實則與屈原對楚國的獨特理解有關。在屈原心目中，中原的歷史與文化著實令人景仰，故而不厭其煩予以引述，而楚國的偉大與輝煌似乎是不必證明的也不必多加引用的，因而也就沒有必要在作品中喋喋不休地敘述與稱引了，儘管這些偉大和輝煌的推動力都極大地影響了他。

此外，楚辭藝術精神的產生當然還有其它可以稱為動力的因素值得提出來討論，如原始文化的滋養、民俗文化的饋贈、南北文化的交流、神話傳說等先發文學的標引等。不過本書以為，上述若干因素或者屬於文學的「技術」方法與路徑層面，或者從屬於前述兩大類別之中，尤其是與藝術精神的核心層面有一定的距離，故存而不論。

三　楚辭與楚國政治文化

馬克思指出：「觀念的東西不外是移入人的頭腦並在人的頭腦中改造過的物質的東西而已。」[40]「觀念的東西」是人對「物質的東西」進行改造後達到的「意識形態」而非物質形態的掌握。從楚文化角度理解的觀念結構，是楚民族賴以指導群體行為的、約定俗成的方式，有助其達到對外界事物的「意識形態」的掌握。所有有意識的行動都受到觀念的制約，楚地的觀念結構理應包括政治觀念、道德觀念、審美觀念、價值觀念以及宗教觀念和哲學觀念等。考慮到楚辭的特點及楚人觀念結構的複雜性，本文僅選取其中兩個方面——國家觀念和歷史觀念略作闡述，這兩個方面也是關涉到文化認同和衝突的根本問題。

---

40 馬克思：《資本論》第1卷，北京，人民出版社，1975，第24頁。

（一）楚辭的故國意識

　　有學者指出：「在先秦時代，雖然尚不具備產生『國家』概念和『愛國主義』精神的歷史條件，但在人們的頭腦中，確實往往存在著一種相當濃厚的故國意識，亦即對自己長久生活於其中的諸侯國，所產生的異乎他邦的眷戀之情。」[41]楚人的故國意識作為一種地方觀念的產生，與楚地獨特的地域文化有關，「楚國在政治、經濟、文化各方面既與中原地區發生聯繫，多有交流以至融合；同時又存在著差異與距離，保持了相對獨立的發展。這種因遭受排斥而保持相對獨立的情況，當然也會使楚國人產生較強的地方觀念」。[42]由於楚人有異於中原諸國的立國經歷，在地域上「偏於」南方，與中原主流文化懸隔，這些都為楚人的國家觀念奠定了基礎。

　　對楚人的故國意識，張正明《楚文化史》分析認為，楚人的「念祖之情，愛國之心，忠君之忱」是其它民族無法比擬的，原因在於「楚人的先民在強鄰的夾縫中頑強地圖生存，時間之長以數千年計。楚人在窮鄉僻壤中頑強地求發展，時間之長以數百年計。由此，養成了楚人以民族利益為至重至上的心理」。[43]《左傳‧襄公十八年》記楚康王對令尹子庚說：「國人謂不穀主社稷而不出師，死不從禮。不穀即位，於今五年，師徒不出，人其以不穀為自逸而忘先君之業矣！大夫圖之，其若之何？」對令尹子庚未能及時出戰，康王表現得很是不滿，以至於擔心自己「死不從禮」。所謂「死不從禮」，亦即死後可能見不到祖先，換言之，就是無法進入正常享受祭祀的序列，這對楚君來說是莫大的恥辱。張正明認為，「康王要子庚出兵是否正確不妨置

41　郭傑：《先秦國家觀念與屈原的宗國意識》，《東北師大學報》1989年第4期。

42　金開誠：《屈原辭研究》，南京，江蘇古籍出版社，1992，第246-247頁。

43　張正明：《楚文化史》，上海，上海人民出版社，1987，第108頁。

之勿論，可注意的是『主社稷而不出師，死不從禮』，這樣的禮法是諸夏聞所未聞的，它表明楚人確實有尚武的傳統……尚武的傳統，正表現了楚人奮發的民族精神」。[44]軍事鬥爭是楚人地域擴張、奄有南方的重要手段，尚武傳統則是軍事手段的原動力、「後方基地」或「加油站」。如前所述，有著八百年歷史的楚國曾經成功滅掉逾百國、族，當然有一整套軍事組織與制度為支撐，而組織與制度只是表象，深層原因則是楚人有一種對楚國持續而強烈、不因任何外界力量而改變的國家和民族認同，否則無法維繫如此漫長時期的強盛國力，更無法想像其雄霸南方。

這樣的國家觀念在《楚辭》也有表現，只不過多是以文學的形式，而非直接的語言表白。《九章・橘頌》開篇就深情吟唱：「后皇嘉樹，橘徠服兮。受命不遷，生南國兮。深固難徙，更壹志兮。」再復陳堅志：「嗟爾幼志，有以異兮。獨立不遷，豈不可喜兮。深固難徙，廓其無求兮。」還以不食周粟的伯夷的人生高標自況：「行比伯夷，置以為像兮。」「不遷」「難徙」都說明了作者對南國即楚國的認同。

楚史上還有一個非常有趣的現象，體現出楚獨特的國家和民族觀念。「楚人緬念先祖的偉烈豐功，出於愛屋及烏的心理，他們把先祖始興之地奉為聖地。因此，他們習慣於用舊居的地名來稱呼新居的地方。」[45]這種情懷可以稱得上是一種獨特的「戀都情結」。《九章・哀郢》全詩充滿的是對故都的眷戀，堪稱楚「戀都情結」的宣言書：「鳥飛反故鄉兮，狐死必首丘，信非吾罪而棄逐兮，何日夜而忘之！」故都情懷宣洩無遺，而對楚國的認同就在其中。

---

44 張正明：《楚文化史》，上海，上海人民出版社，1987，第108頁。

45 張正明：《楚文化史》，上海，上海人民出版社，1987，第108頁。

（二）楚辭的歷史觀念

春秋時期，楚莊王問其大夫申叔時，應當用哪些書來教導太子？申叔時回答說：「教之《春秋》，而為之聳善而抑惡焉，以戒勸其心；教之《世》，而為之昭明德而廢幽昏焉，以休懼其動；教之《詩》，而為之導廣顯德，以耀明其志；教之《禮》，使知上下之則；教之《樂》，以疏其穢而鎮其浮；教之《令》，使訪物官；教之《語》，使明其德，而知先王之務用明德於民也；教之《故志》，使知廢興者而戒懼焉；教之《訓典》，使知族類，行比義焉。」[46]這些書，根據三國時期吳國人韋昭所作的注，大半為史書，從中可以看出楚人相當重視歷史教育。

到戰國時期，楚辭產生，其歷史觀念深受中原周文化的影響。這一點，也有學者注意並指出，「一方面，如果沒有楚國，也就沒有屈原」，而另一方面，「如果沒有華夏文化的南下，屈原的出現無疑也是不可能的」。從屈原創作看，「在他嘔心瀝血創作的代表作《離騷》中，凡中原地區歷史上比較著名的帝王將相都已提及。相反，楚國歷史上的人物事功在本詩中卻是一個空白，例如楚國所鄭重祭祀的祝融、粥熊以及為楚國拓境開邦的熊渠、熊通等都沒有被提及。當然，屈原在本詩中還莊嚴地提到了被視為楚民族始祖的高陽氏，但他卻屬於中原地區的黃帝堯舜世系」。[47]從屈原作品中能很清楚地看到中原文化的這種影響。屈原詩歌中涉及的堯、舜、鯀、禹、啟、摯、咎、繇、少康、羿、澆、桀、湯、武丁、傅說、紂、周文王、呂望、齊桓公、寧戚等歷史人物，大多是屬於中原周文化。再看《天問》所涉及的歷史故事及傳說：堯、舜、鯀、禹的故事；啟、益的鬥爭，羿、浞

---

46 《國語·楚語上》。
47 吳龍輝：《屈原誕生的文化母體》，《江漢論壇》1988年第8期。

的故事，夏桀的故事；簡狄、玄鳥的神話；殷先王王亥、王恆、上甲微，以及湯、紂、比干、梅伯、箕子的故事；周始祖棄的神話傳說，周文王、周武王、周公、伯夷、叔齊、周昭王、周穆王、周召共和、周幽王的故事。整體來看，《天問》所講的是夏、商、周三代的歷史故事與傳說，很少牽涉到楚國。不過這也並不意外，因為在楚族形成眾說中，有一種較受認可的說法是，楚人的成分來源，除了土著外，就是南下的北方人。

這些屬於中原周文化系統的歷史事實由一個楚人如數家珍般地列出，這表明楚人歷史觀念走向的巨大變化。屈原對歷史知識的記憶與視野已不限於楚，走到這一步，衝突在所難免。

（三）楚辭與周政權的關係

楚辭作者所處的時代正是民族融合的時代，用民族學觀點來衡量，那是一個表面上同化多於融合，骨子裡融合多於同化的過程，由此關注楚文化與周文化的關係成為必須。

楚與周文化之間的關係自始至終一直不曾中斷，這種長期的文化接觸對楚而言，早期是學習和接受，以及隨之而來的文化認同。「按照歷史學家湯因比的挑戰概念，一種文化如果不能對外來文化的挑戰作出有效的回應，那麼，這種文化便只有被外來文化摧毀的命運。因此，楚文化對於來自中原地區之先進文化的挑戰的回應，它首先便不可能是保持原始的落後文化，而是認同和輸入中原華夏文化」。[48]

楚人對於中原文化的認同和輸入，歷史上時有記載。楚昭王即位兩月，周朝的王子朝「奉周之典籍以奔楚」[49]，這是周文化向楚的一

---

48 吳龍輝：《屈原誕生的文化母體》，《江漢論壇》1988年第8期。

49 《左傳・昭公二十六年》。

次大擴散，楚儒學當亦因此大為豐富。楚昭王晚期，孔子率主要弟子入楚活動；楚考烈王時，荀子為楚蘭陵令，晚年定居，著作終老。還有「齊桓公七子皆奔楚，楚盡以為上大夫」[50]，這些爭立失敗者，楚國概收容、優待。春秋時代可考的奔楚事件有二十一起，類皆如此。[51]

《國語・魯語下》載，「季武子為三軍」，叔孫穆子力諫其事不可行，但季武子未加聽從，「遂作中軍。自是齊、楚代討於魯，襄、昭皆如楚」。韋昭注曰：「武子欲尊公室，故益中軍以為三。」「如楚，朝事楚也。」襄公入楚後在楚曾逗留過一段時間，《國語・魯語下》又載，「襄公在楚」時，季武子曾派季冶向襄公稟報討卞之事。可見魯與楚之間的交往也不在少數，則「如楚」之魯君臣、使者也必定會帶去北方中原周文化的各種要素。這些都影響著楚地的文化水準和構成。

《左傳・宣公十二年》載，楚莊王大談「武有七德」，其中徵引《詩經》。楚莊王大臣申叔時論教育太子，對《春秋》《詩》《禮》《樂》等對人的教化作用的論述，[52]可以說都很到位。《國語・楚語下》：「昭王問於觀射父曰：『《周書》所謂重、黎寔使天地不通者，何也？』」可見楚昭王對《周書》的深入鑽研。

重耳出亡到楚國曾得到楚成王的禮遇，《國語・晉語四》載：「（公子）遂如楚，楚成王以周禮享之，九獻，庭實旅百。」韋昭注曰：「成王，楚武王之孫、文王之子熊頵也。九獻，上公之享禮也。庭實，庭中之陳也。百，舉成數也。《周禮》：『上公出入五積，饔餼九牢，米百有二十筥，醯醢百有二十甕，禾十車，芻薪倍禾。』」則在春秋中期前後楚王室已能熟練地運用周禮接待諸侯。

---

50 《史記・楚世家》。事亦見《左傳・僖公二十六年》。

51 涂又光：《楚國哲學史》，武漢：湖北教育出版社，1995，第25頁。

52 《國語・楚語上》。

　　儘管對中原文化採取認同和相容的態度，但在楚辭中，仍表現為對楚國傳統文化的一種執著的堅守，雖然秦文化挾持下的中原文化主導了中國歷史上第一次民族大融合，但這種統一是形式上的，不牢固的，也是難以持久的。楚文化的潛流像地火一樣一直運行著，它在春秋戰國秦漢間大放異彩，短暫的沉寂之後，楚人主導的漢取代了秦，從而完成了楚文化的蛻變。楚文化之所以能夠獨立存在，並保留其基本形態與功能，與以楚辭為核心的文化旗幟對楚文化的堅守有直接的關係，衝突則為楚文化帶來蛻變的外來動力。

第二節　楚辭中的個體精神

　　總體說來，對楚辭進行個體認同和衝突研究，主要是基於以下幾點：

　　第一，屈原的生存環境。屈原賴以生存的是一個重視個體的文化環境。論者以為：「楚文化中，最多的正是對個體的重視」；「老子追求的『小國寡民』『老死不相往來』的烏托邦式的政治理想，只有在那種對個體價值的承認與重視的基礎上才能提出」；「按照楚國的法律，一個人因罪受誅，通常不株連其妻孥；即使一個家族謀反不遂，只要其中還有忠於公室的，也不至於玉石俱焚」；[53]等等，無一不說明楚人對個體的重視。

　　第二，屈原的自我意識。馬克思在《〈政治經濟學批判〉導言》中說：「我們越往前追溯歷史，個人，從而也是進行生產的個人，就越表現為不獨立，從屬於一個較大的整體。」[54]在先秦時代，個體獨

---

53 何生榮：《「吾將從彭咸之所居」：屈原悲劇的文化背景思考》，《貴州大學學報》1992年第1期。

54 《馬克思恩格斯選集》第2卷，北京，人民出版社，1995，第2版，第2頁。

立非常有限。中原文化強調個體與群體的一致性，個體獨立性較弱；即便南方文化中的代表人物及思想也沒有對個體價值表現出過多熱情。《莊子》關注個體，但那是以對個體價值的消解為代價的。而屈原則是先秦南北文化中的例外，屈原具有強烈的自我意識。這主要表現在，當他與自身所屬的統治集團發生衝突，甚至於因為自身原因而導致不良後果時，他敢于堅持自己的立場，絕不因個人的孤立而妥協，也不因責由己身而掩飾，他始終堅信自己站在正義與公理一邊。

第三，一味地說屈原的理想與現實的矛盾是不明智的，因為屈原的個體理想與楚國的國家理想之間並沒有根本矛盾，只是一種「結構性矛盾」。經濟國力的強盛與政治水準的發達，已經表明了楚人的勤奮、智慧與勇氣，也表明了楚人當中除了屈原之外還有很多的愛國者，把當時的楚國說得烏煙瘴氣，群小橫行，肯定只能是「深刻的片面」，而不能是全部的事實，否則無法為楚國的快速發展和強大實力給出合理的解釋。屈原思想具有相當超越性，他希望鑴刻、昇華自己的思想高度，在先哲啟發下他展開關於自我的探索與思考，並希望為楚國贏得尊嚴與未來。這些都直接影響著屈原的個體認同和衝突。

一　抒情主人公的形象及其內涵

一翻開楚辭，首先給我們強烈震撼的無疑是屈原的「自我」形象，儘管我們不斷理性地提醒自己，文學常識也告訴我們，詩中的「朕」「余」只是作者塑造的抒情主人公，與屈原這一個體自我的區別是顯然的，但是無論是一般讀者，還是研究者都無法把這兩者割裂開來、分而論之。一旦把這兩者截然分開，就無法真正走進楚辭和屈原的精神世界。

（一）形象及其變化

楚辭中的抒情主人公形象，在《離騷》中出現得最為集中，為我們認識楚辭內外的屈原提供了許多至關重要的、直接的信息。

詩篇開頭八句展現的是一個楚國貴公子的形象，是屈原個體認同的邏輯起點。「帝高陽之苗裔兮，朕皇考曰伯庸」等語句，自敘遠祖近宗、出生異稟，展示個體內美之豐，自信優越的宗族「天賦身分」。正如美國人類學家羅伯特 · F.莫菲指出的那樣：「有些社會身分是先天賦予的，或至少是出生時就可以預測的。另外的身分是後天獲得的……天賦身分幾乎是不可逃避的，包括人的性別、家庭、親屬。」對人而言，「天賦身分是有限的，而且因社會而異。但獲得身分卻是無限的」。[55]一方面「天賦身分是有限的」，所以對「天賦身分」的過度展示並不是一種理智和有意義的行為。在文明社會中，只有「獲得身分」才是一個人的立足點與價值體現；另一方面，「天賦身分對身分系統的影響是相當大的。它們不僅影響到一個人對自身身分的認識，也深深影響他的價值觀念」。[56]誠如蔣天樞指出：「攝提貞於孟陬兮，惟庚寅吾以降」，「二句所言，在歲序、季節、日辰三方面，皆具有履端正始之開創意義，殆非僅侈陳奇跡，而為有所寓託之詞。」[57]

知人論世，就《離騷》而言，屈原對自己「天賦身分」的告白並更多的是以此來宣示自己理應對楚國承擔起更多的責任，也即希望獲得更為重要、更能體現自身價值的「獲得身分」，以從事於自己追求

55 〔美〕羅伯特 · F.莫菲：《文化和社會人類學》，吳玫譯，北京，中國文聯出版公司，1988，第44頁。

56 〔美〕羅伯特 · F.莫菲：《文化和社會人類學》，吳玫譯，北京，中國文聯出版公司，1988，第47頁。

57 蔣天樞：《楚辭校釋》，上海，上海古籍出版社，1989，第5頁。

的事業，實現人生的價值。屈原的「天賦身分」成為他追求個人理想的重要動力。

這是歷史上優秀士人所具有的可貴的進步精神之一。「社會進化的一個衡量標準是獲得身分的增加。在最簡單的社會中，只有少數獲得身分，許多組織是建立在最基本的性別、年齡、親屬的身分之上的。政治領導的角色行為也是有限的、無力的和直接繼承的。」[58]當然，屈原所處的並非所謂「最簡單的社會」，但顯然是「只有少數獲得身分」的社會。屈原所處的正是楚國內憂外患的時代，內政外交令每一個有識之士意識到政治變革對楚國圖強崛起的重要意義。屈原是這場政治變革的積極宣導者，也是主要的參與者，擔負了起草憲令的重任。作為變革的代表人物，屈原陷入遭逐的冤案中，「獲得身分」被取消，為了重新確立具有影響力、可以自我實現的「獲得身分」，他在《離騷》中大張「天賦身分」的不同凡響。正如有學者所論述的：

> 首八句追述世系、皇考，除了表示詩人與楚同宗共國的宗國之情外，還表現了屈子德配天地、合乎中正的自我意識，詩曰「高陽之苗裔」、曰「庚寅」、曰「降」、曰「正則」、曰「靈均」皆明顯地說明了這一點。詩人以為這是「內美」，是與生俱來的品性，這就不僅為屈原今後對自我人格、價值觀念的堅守尋找到了感情上的支持，同時還尋找到了哲理上與人的本質上的依據，把作為人的大寫的「我」放在天地之中，顯示了天生我材、天予我德的自豪、自信與自強。[59]

---

58 〔美〕羅伯特・F.莫菲：《文化和社會人類學》，吳玫譯，北京，中國文聯出版公司，1988，第45頁。

59 王德華：《屈騷精神及其文化背景研究》，北京，中華書局，2004，第25頁。

這種富有理性的自我意識，從文化角度來看，即是個體認同的基礎。對此，出土文獻也能提供證明。郭店楚簡的出土已經和正在改變學界以前對先秦儒家思想的一般看法。杜維明說：「許多學者，特別是國內的學者曾經提出儒家傳統沒有辦法發展出具有獨立人格的主體性問題。然而，郭店的這批資料主體性很強。這也就是孔子說所的『匹夫不可奪志』，不僅如此，這種主體性還可以與一個人的政治地位和社會地位沒有關係。毫無社會地位、政治地位的人，也可以有主體性，可以『以德抗位』。」[60]儘管主體性並非主體意識或自我意識，但儒家對主體性的重視必定會促成主體意識或自我意識的萌發與成長。郭店楚簡出自郭店一號墓，而「郭店一號墓是西元前四世紀末的墓葬」，「墓中竹簡典籍的書寫時間，可能更早一些」。[61]則郭店楚簡所體現出的主體性，當然地在屈原的知識視野之內，理應成為我們考慮其思想淵源與精神狀態中具有較強主體意識的重要證據。

《離騷》的抒情主人公是一個多變的形象，在性別上，時而是傲岸不群的大丈夫，時而是遭逢不幸的小女子。其中「眾女嫉余之蛾眉兮，謠諑謂余以善淫」「吾令豐隆乘雲兮，求宓妃之所在」等多處存在的「性別」迷藏一直以來困擾著研究者。鄭毓瑜綜括各家之說，認為「自屈原、宋玉以來，一系列以神女追尋為題的辭賦，連同賦寫情、色的相關作品，形成中國辭賦史上極為重要的『神女論述』傳統」。[62]鄭氏結合性別與政治關係，從《離騷》篇首章入手，引唐劉知

---

60 杜維明：《郭店楚簡與先秦儒家思想的重新定位》，見《中國哲學》編輯部、國際儒聯學術委員會主編：《郭店楚簡研究》（《中國哲學》第20輯），瀋陽，遼寧教育出版社，1999，第5頁。

61 李學勤：《先秦儒家著作的重大發現》，收入《中國哲學》編輯部、國際儒聯學術委員會主編：《郭店楚簡研究》（《中國哲學》第20輯），瀋陽，遼寧教育出版社，1999，第13頁。

62 鄭毓瑜：《性別與家國：漢晉辭賦的楚騷論述》，上海，上海三聯書店，2006，第2頁。

幾《史通序傳》內篇第三十二語曰：「上陳氏族，下列祖考。先述厥生，次顯名字。自敘發跡，實基於此」，認為：

> 如果自敘真是始於《離騷》，那麼以屈原為首的中國士人所要標揭的「自我」，也顯然是希望透過宗國、世系來經緯；「高陽」即顓頊，為楚之先祖，屈原「自道本與楚君共祖」（王逸《楚辭章句》語），企圖建構一種從屬於族群歷史，依存於政治體制的身分標記。而整篇《離騷》可以說就是如何表現與安頓這份「自我認同」的曲折心路。[63]

儘管屈原也屬於全部歷史和中華民族，乃至整個世界，但屈原和楚辭最直接地屬於其所在歷史階段和楚民族，屈原對詩中個體形象的刻畫，以及對其「性別迷藏」的展開，都服從於其現實政治的需要，如以男女喻君臣，這更多表現的是屈原對其個體價值的認同及求證的努力。

（二）人格的文化依據

詩人或作家塑造自我形象的目的千差萬別，但多為「自正形象」，少有「自毀形象」的表達，並希望以自己的「正面形象」抒發情懷、闡明思想、感動讀者、啟迪智慧。當然選擇前者並不意味著排斥自我批評，更不會拒絕對自我的反思。之所以如此，是因為文學家除了受自然的觸發和感性心理的驅動外，還接受理智的統領和哲學的指令。文學畢竟是智慧的產物，偉大的作家作品尤其如此。作為屈原個體「寫實性」表現的抒情主人公形象，與楚文化的大趨勢相適應，

---

63 鄭毓瑜：《性別與家國：漢晉辭賦的楚騷論述》，上海，上海三聯書店，2006，第6-7頁。

除了有其內在個性根源外，最根本的是來源於楚國的哲學。如前所述，楚辭中的抒情主人公具有強烈的自我意識，這與楚國哲學對個體的重視密不可分，或者說楚國哲學所強調的強烈主體性正是屈原自我形象之源。

儘管哲學主要是從更高遠、更抽象的角度對世界與人生進行深層觀察與解析，其所論述看似未必貼近現實，但卻實實在在地發揮著作用。與楚文化關聯最為密切的《老子》哲學表現出對主體的高度重視，並影響著屈原，促使他在作品中表現出強烈的自我意識。

如對《老子》所說的「道，可道也」，「名，可名也」，有學者指出：「道，人可道也；名，人可名也。作為動詞的道和名，其主體是人，不是天，不是神，不是鬼。道又是人可道的對象，名又是人可名的對象。這樣看，所說的就是知識論問題。這裡有兩個問題；（一）主體與對象的關係；（二）道與名的關係。」[64]在《老子》哲學的原點上表現出對主體的關心，這並不顯得特別，因為這幾乎是一切哲學的共有特徵。哲學因人而產生，其產生後也服務於人，無人則無哲學。需要注意的是在表達《老子》對主體的重視時，論者又指出：

> 關於主體與對象的關係。像《一章》這樣的潛在主語「人」字，還可在別章中找到，除開這樣的潛在「人」字不計，已經明顯出現的「人」字、「我」字、「自」字、「己」字，即足以顯示《老子》脫離了原始思維的渾同狀態，不是天人渾同、物我渾同、人我渾同，而是明確地劃清了主體與對象的界線，又明確地肯定了主體與對象的聯繫，更有驚人的自我主體意識。[65]

---

64 涂又光：《楚國哲學史》，武漢，湖北教育出版社，1995，第221頁。

65 涂又光：《楚國哲學史》，武漢，湖北教育出版社，1995，第221頁。

　　「人」字、「我」字、「自」字、「己」字作為明確的自我表達，如同嬰兒的個體自覺，無疑需要一個漫長的過程，而一旦跨越了這一過程，則人的意識必定是一個質的飛躍。涂又光《楚國哲學史》一書詳細統計了上述四個字出現的情況，由此勾畫出了楚國哲學中主體意識演化的路徑。茲列於下，以供參證：

　　　在《老子》中，「人」字出現八十五次，其中作為「聖人」出現三十一次，作為「眾人」出現四次，作為「善人」出現四次，作為「不善人」出現三次，作為「俗人」出現二次，作為「愚人」出現一次，都是主體的意義，其餘乃以「人」出現，亦皆主體的意義，大都在句子中充當主語，個別的充當賓語。「我」字出現十九次，其中十六次作主語，三次作賓語。
　　　「自」字出現三十三次，除第二十一章「自古及今」以外，都是「自己」的意思。
　　　「己」字出現二次，皆「自己」的意思，皆作主語。
　　　第二十三章：「天地尚不能久，而況於人乎」，第五十九章：「治人事天莫若嗇」：劃清了人與天地的界線。第六十章：「非其鬼不神，其神不傷人」：劃清了人與鬼神的界線。第二十章：「我獨異於人」：劃清了人與我的界線。
　　　第二十五章：「人法地，地法天」，第十二章：「五色令人目盲，五音令人耳聾，五味令人心爽」，第八十一章：「既以為人己愈有，既以與人己愈多」：又肯定主體與對象的聯繫。
　　　至於第二十五章：「道法自然」，第三十七章：「萬物將自化」，「天下將自定」，第三十三章：「自知者明」，「自勝者強」，第五十七章強調「民自化」，「民自正」，「民自富」，「民自樸」：

則是從宇宙、社會、自己、他人各層次各方面確立自我主體
性。[66]

　　哲學是時代精神的精華，可以想像，如此豐富的「人、我、自、
己」的表達，在楚國思想界自然會營造出一種強烈的主體意識氛圍，
對與世界相對立的人的關心，對與他人和集體相對立的個體價值的重
視，對自我這樣的表達方式吸引著屈原的眼球，讓他沉浸在「人、
我、自、己」的世界中。儘管我們不能肯定屈原所見到的《老子》文
本與今天的完全一樣，但既然所述哲學思想大體一致，文本的相同或
近似也是可能的，則以上對《老子》文本所做的統計和分析就值得作
為對屈原自我意識的參照。哲學對社會的影響是普遍的，但更多地通
過精英知識階層表現出其精神核心，屈原詩作自我意識的高漲正源於
楚地哲學重視自我的特徵。

　　哲學上，從作為整個人類的自我主體性，到屈原文學的自我抒情
的特徵，這中間只需要一些並不複雜的轉換，這對於出身貴族、天才
卓越而又浸淫於《老子》哲學氛圍中的屈原來說並不是難事。屈原並
非以哲學家名世，但作為一個政治家與文學家，其哲學並不貧弱，這
一點從其作品中不難看出。

二　屈原的死生抉擇

（一）對自沉的多向度闡釋與屈原的主體性

　　對屈原的研究，必定迴避不了他的「自沉」。王夫之《楚辭通
釋》卷一《離騷經》論屈原之自沉的原因，引王逸注曰：「屈原放在

---

66 涂又光：《楚國哲學史》，武漢，湖北教育出版社，1995，第221-222頁。

草野，復作《九章》，援天引聖，以自證明，終不見省，不忍以清白久居濁世，遂赴汨淵而死。」[67]可見，王夫之同意王逸的看法，認為屈原自沉與「濁世」有關。目前學界對屈原自沉，有兩種相對立的觀點：一是認為《九章・哀郢》是寫秦人占郢，屈原自沉是殉國難；一說則相反，認為其自沉與《哀郢》無關，也不是殉國難。在本文看來，對屈原而言，自沉不是某一天的心血來潮，而是積思已久的慎重選擇，某件歷史大事只可能是表象上直接地觸發了這一行為，其根源還在於其思想意識境況——個體的認同和衝突。而屈原在楚辭中表現出的個體認同與衝突都有一個最為基本的來源，這就是他對於自己的高貴血統、天賦美質與後天才能都充滿極度的自信。人世恓惶、苦無知音，極度的孤獨帶來極度的衝突，有衝突就必須有突破口來解決困境，在經歷過種種努力，尤其是內心世界的鬥爭後，主人公選擇了自沉。屈原冀望君王奮進的情懷和救世濟民的志願，自信擁有世罕其匹的先天厚資，外秀與才具兼美，猶然不斷進德修業，終不獲用，俗世的孤獨決定了屈原必然由現實的此岸走向超脫的彼岸。

俗世間最可寶貴的是人的生命，這是誰都明白的道理。當自殺是一種理性而非衝動的選擇時，對於此人來說，必有比這最可寶貴的生命更值得追求的價值，通常那種價值往往是超出俗世的。中國古代有捨生取義的行為，然而並非任何一種理性的自殺都能歸入這一範疇。屈原的自沉引起很多的爭論，最常見的是殉國說與殉道說。

對於「殉國」一說，潘嘯龍曾作過梳理，他說：「自從清人王夫之在《楚辭通釋》中提出，屈原《哀郢》『哀郢都之棄捐，宗社之丘墟，人民之離散，頃襄王之不能效死以拒秦，而亡可待也』以後，現代的屈賦研究者，大多定屈原沉江為頃襄王二十一年，原因是殉國

---

67 〔清〕王夫之：《楚辭通釋》，上海，上海人民出版社，1975，第1頁。

難。例如，郭沫若就持這樣的見解。」[68]通過若干相關歷史事實的考證，潘嘯龍認為，屈原自沉是以死諫楚王，屈原忍受了兩次放逐的痛苦而長久等待，他實際上是用生命殉了自己的理想。[69]此即殉道說。

兩說之外，日本學者藤野岩友對此提出自己的看法，說：「《離騷》文學是在異常懷念祖國的向心心情（儒家思想）和要以遠遊得自由的離心欲望（道家思想即超脫世俗的思想）的矛盾衝突中誕生的，而且是在離心思想方面未能貫徹到底才終於使屈原下決心自殺的。」[70]此論從文學創作主體與社會現實不可開釋的內心矛盾出發，以中國傳統思想的兩大主線為對立的二元因素作關鍵，當然能在一定程度上說明問題，但一則簡單以儒家和道家相區分已被出土文獻證明是不可靠的。當郭店楚簡《老子》出土後，我們看到「戰國中期以前的道家與儒家有許多相通之處……竹簡《窮達以時》屬儒家論著，內中論明君與賢臣相合，充滿積極進取精神。屈原《離騷》主人公渴望遇上明君，內中引君臣遇合史事與《窮達以時》完全相同」。[71]道家與儒家曾經共用過很多的思想精華，則向心心情未必專屬於儒家思想，而離心欲望也未必僅僅屬於道家思想，這樣的解釋就顯得不夠切合實際。二則離心思想「未能貫徹到底」也還是可以有別的選擇，並非只有自沉一條路。

吳龍輝認為，殉國說與殉道說都「不能揭示屈原走向自殺的具體心理軌跡，無法指出屈原自殺的必然性。從屈原的人生背景和他本人的人生追求來看，屈原的人生選擇和生命意識中潛存著一個自殺情

---

68 潘嘯龍：《關於屈原自沉的原因及其年代》，《江漢論壇》1982年第5期。

69 潘嘯龍：《關於屈原自沉的原因及其年代》，《江漢論壇》1982年第5期。

70 〔日〕藤野岩友：《巫係文學論：以楚辭為中心》，韓國基編譯，重慶，重慶出版社，2005，第68頁。

71 江林昌：《中國先秦儒道文獻的重大發現與深遠意義：初讀郭店楚墓竹簡》，《煙臺大學學報（哲學社會科學版）》2000年第4期。

結。構成這一自殺情結的原因主要包括三個相互聯繫的方面：（一）兩美必合的人生定位；（二）時光飛逝的人生恐懼；（三）超越現世的人生歸屬」。[72]吳氏之說關注屈原的個體價值與人生感受，對屈原自殺原因的理解有極大的幫助。

方銘從先秦文人君子人格的豐富性出發，考察屈原行為模式與自殺時認為：

> 某種行為模式的建立，總是伴隨著與其它行為模式的差異，而這種差異，只有在來自於共同的引數即環境刺激之時，才能發現因變數的不一致性。這種不一致，既有社會的、哲學的、地域的差異，更有由這些差異所導致的心理載力的極限值的不同。就屈原的行為模式而言，懷忠貞之質、進忠言，君不聽、遭讒放逐，這種刺激不局限於屈原一人，但能作賦以傷悼、怨諷、自救、自證明，卻只能局限於文學家。作賦以後君王不悟，而採取自殺之形式，在文學家中，少之又少；在戰國楚懷王時代的文學家中，更僅有屈原一人。可見，在因變數之中，唯有自殺這一種結局，才更清楚地表現出了屈原行為模式的終極的個性。[73]

以上可以稱為屈原自殺的行為模式闡釋。屈原在個體意識、心理狀態與社會屬性上的獨特性是其成為獨特的「這一個」的前提條件。而分析其獨特性，正是在與其具有可比性的人群的參照下進行的，所謂「有比較才有鑑別」，這樣得出的結論無疑是可靠的。

---

72 吳龍輝：《屈原自殺的文化心理根源》，《湖南師範大學社會科學學報》1996年第4期。
73 方銘：《先秦文人君子人格的豐富性探討：以屈原為中心的考察》，《中國文化研究》2002年第4期。

前文已從哲學角度論述楚人主體意識強烈的原因，在社會生活方面，由經濟條件所決定楚人的個體意識也有跡可循。如前所述，楚人得地利之便，無衣食之憂，擺脫生存顧慮之餘，秉承楚地山水之靈，自會馳騁逸想，從而形成自由、張揚的個性。《離騷》中表示自主個體的「余」字多次出現，而且多是帶著滿腔激情的呼喊，「屈原始終以個人的尊嚴和對個體價值的尊重為立身之本」，因而「每一次呼喊，每一個表白都以自我為本位，足見其對個體的重視與強調，天真的詩人似乎一直相信著人格修養的高低能決定一切」。[74]長期以來學者們總是熱衷於討論屈原與社會的矛盾，或者說屈原的人生理想與社會現實的矛盾，這樣的討論雖有必要，但不免略嫌空泛。個體從來都是一個複雜的現象，只有說明了究竟是個體的哪些方面與社會的哪些方面之間有矛盾，才能觸及真正的癥結所在。

本文認為，屈原的自沉體現的是一種超越有限生命的「生的自覺」，是對俗世留戀人生、漫度光陰的反動，某種程度上源自一種功業不成的自覺的羞愧感，可以說，屈原的主動選擇是與對個體尊嚴的重視相聯繫，與超強的自我意識相聯繫。從本質上講，屈原的自沉是在追求一種超世的價值，這種價值固然不是由其本人以在世的形態展現，但歷史已經證明，這種自我「毀滅」的追求是可貴的。

（二）楚國法治傳統影響下的自覺選擇

歷史從大處著眼，吸引「無數英雄競折腰」，但其成功無不建立在每一自由個體的努力上。而由於個體的差異，導致歷史的合力的「平行四邊形」往往難以納入歷史大勢的軌道，於是制度、法律成為

---

74 何生榮：《「吾將從彭咸之所居」：屈原悲劇的文化背景思考》，《貴州大學學報》1992年第1期。

制衡個體的強有力的外在力量，八百年楚國輝煌的鑄就源於每一項法律制度及其細節。楚地法制之嚴作為屈原所在的重要政治文化環境，對屈原的影響也不容忽視。

　　李玉潔《楚國史》從西周春秋時期的南北差異入手對此進行比較和闡述，很能見出楚國當時的政治文化環境，茲引述於下：

> 西周至春秋時期，北方中原國家受禮制的約束；奉行著「禮不下庶人，刑不上大夫」的政策，即貴族士大夫有罪，可以不受刑罰。而楚國則有非常嚴明的、森嚴的刑罰。
>
> ……
>
> 春秋初年，楚武王率軍與巴人作戰，大敗於津，其大閽鬻拳關閉城門，不准入城。楚文王因淫於田獵，不理政事，受到葆申的鞭笞。荒淫之君尚且受笞，那麼對待大將官員就更加嚴厲。《左傳・桓公十三年》記載，楚莫敖屈瑕伐羅失敗，「莫敖縊於荒谷，群帥囚於冶父以聽刑」。楚國將帥因戰敗而被迫自殺的有子玉、子反、子上等。楚有《將遁之法》云：楚發兵相戰，而將遁者誅。若不及誅而死，「乃有桐棺三寸，加斧鑕其上，以殉於國」。
>
> 楚國嚴懲貪賄犯法的官員。楚康王的令尹子南多養寵人。其中有觀起未益祿而有馬數十乘，於是楚康王「殺子南於朝，轘觀起於四竟」。（《左傳・襄公二十二年》）楚平王的令尹子旗有輔弼平王即位之功。但子旗與養氏之族結為比黨，貪求無厭。楚平王殺子旗而盡滅養氏之族。楚共王時期，右司馬公子申因多受小國之賄被殺，令尹子辛因侵欲陳國而殺。明人董說在《七國考》中說：楚「令尹執國政者，皆其公族，少有償事，旋即誅死。」春秋時期，見於《左傳》的楚國令尹約有二十六個，

被迫自殺或被處死的竟有九人，司馬、縣公等官員還不在其中。貴族伏法是楚國法律中的特點。

春秋時期，中原諸國除叛君之罪外，其餘罪戾皆可贖刑。《禮記・曲禮》曰：「刑不上大夫。」即大夫必以德，還可入其財而免其罪。中原諸侯國的將領打敗仗也不會被處死。如《左傳・宣公十二年》載：晉楚邲之戰，晉國大敗。軍帥荀林父請死。士貞子諫晉景公曰：「不可……殺林父以重楚勝，其無乃久不競乎？林父之事君也，進思盡忠，退思補過，社稷之衛也，若之何殺之？夫其敗也，如日月之食也，何損於明？」晉侯乃使復其位。而楚則不曾有一個失敗的將領仍居其位的。在楚國雖王子犯罪，刑之無赦。這與中原諸侯國相比，楚國的法律顯示了一定的嚴酷性和進步性。這亦是楚國迅速發展的重要原因。[75]

可見，楚法一是律條嚴，二是執行嚴。從上面的例子已能很清楚地看到，在楚國上至君主，下至一般將領都在適用之列。久而久之，具有楚國特色的政治文化就會形成。正義固然需要每個人的自覺維護，但法律更像是撬動正義走上正軌的槓桿，給它一個支點，可以改變整個社會的風氣和文化。儘管法律具有歷史性，會隨不同的時代而變化，但還是有其不可變更的共性價值，即法律制度往往最深刻的是從人的尊嚴與精神需求出發來實現其目的的。或者說，法律的最高境界應當是維護人的尊嚴與價值。楚國的法律顯示的嚴酷性和進步性無疑會提升社會精英知識人群的正義感、羞愧感與擔當意識，犯法之人既不求苟免，也難以求得苟免。身為貴族並曾被賦予大任的屈原，腦

---

75 李玉潔：《楚國史・緒論》，開封，河南大學出版社，2002，第3-4頁。

海中浸潤的正是這樣的文化理念，對於自己沒能有效地勸諫君王，並阻止楚國政治走向敗亂，他認為是自己的失敗。一旦楚國的內外之亂趨向酷烈，他以楚國為生存本位的根基遭到破壞，一種自沉而非出奔的人生選擇就成為他宿命的召喚，其中顯示出的精神氣度自然不是一般自殺伏法者可比的。

三　屈原的宗法感情

對屈原不願出奔他國，清人王夫之《楚辭通釋》卷一《離騷經》釋「索藑茅以筵篿兮，命靈氛為餘占之」一段曰：「古者三諫不從，則去之他國。戰國之士，旦秦夕楚，立取卿相。以原之才，何患乎無君。故卜有此象，示以決去。」[76]又說：「『世幽昧』以下，極言楚君臣之不足有為，以見不可復留之意……此上託於卜占之辭，言楚國無可與居之人，當去楚以遊他國。天下自有信任己而大用之者，亦士人擇君之一道。賈誼弔原文，意亦如此。原又言我非不知此，而不忍為爾。蓋同姓之卿，恩深義重，天性所存，神鬼不能為之謀。此段但述卜意，不置辨者，素志自定，不待辨析而明也。」[77]王夫之對屈原的理解是，屈原本來就不是一個一般的士人，他一直是以楚之同姓自居，故不能以對待士擇君的理念去衡量他的行為，這確實是見道之言。

與楚人出奔相關，人們一直津津樂道的是「楚材晉用」。「楚材晉用」來源於《左傳・襄公二十六年》所記蔡聲子言論：「雖楚有材，晉實用之……今楚多淫刑，其大夫逃死於四方，而為之謀主，以害楚國，不可救療。」雖然對楚國而言，大量人才出奔他國，有其自身原

---

76 〔清〕王夫之：《楚辭通釋》，上海，上海人民出版社，1975，第18頁。
77 〔清〕王夫之：《楚辭通釋》，上海，上海人民出版社，1975，第18頁。

因，但卻成為春秋時代人才大流動的鮮明寫照，戰國的情況則有過之
而無不及。涂又光《楚國哲學史》藉此立論，認為在楚文化與周文化
的雙向擴散與融合中，楚文化向北方擴散，在晉國最為顯著。[78]實際
上，據史載，他國之人奔亡至楚國的人也不在少數，楚國幾乎成了春
秋時期的政治避難所。而楚人的出奔主要是其內部政治原因。

　　既然人才流通如此普遍，屈原在英雄失路的情形下為何不出奔他
國呢？李玉潔《楚國史》考論說，「戰國時期，楚國王室任用昭、屈、
景三大族執政。昭、屈、景亦是楚國王族之分支……楚國的執政集團
無論怎樣變換，總是由楚國王族或由其分支形成的大世族組成」。又
引清人顧棟高在《春秋大事表》所說：「楚以令尹當國執政，而自子
文以後，若敖氏、成氏、蒍氏、陽氏，皆公族子孫，世相傳授，絕不
聞異姓為之。」楚國王室公子執政，「對大世族的壓制，甚至以夷宗
滅族的方式打擊楚國的非王室成員和異己，使被打擊的賢能之士大批
向外逃亡」。[79]儘管屈原也受到了排擠，我們從其詩中看到了他所喋喋
不休的黨人的惡行，但其實屈原是不曾遭受到「以夷宗滅族的方式」
的打擊。所以他不出奔，也有這樣的客觀原因。兩相結合，屈原不出
奔的重要原因之一，正是緣於他對自己與王同姓的身分的認同。

四　屈原之「忠」與南方文化傳統

　　楚辭所展現的屈原個體認同與衝突有著不同的表現形態，「忠」
是其中最為核心的層次。

　　屈原之「忠」史有定評，清人王夫之《楚辭通釋》卷一《離騷

78　涂又光：《楚國哲學史》，武漢，湖北教育出版社，1995，第29頁。

79　李玉潔：《楚國史·緒論》，開封，河南大學出版社，2002，第6-7頁。

經》述《離騷》之創作緣由時，引王逸舊注曰：「屈原執履忠貞而被讒，憂心煩亂，不知所愬，乃作《離騷經》。」[80]可見，王夫之同意王逸的觀點，認可屈原的「忠」。王夫之又大贊屈原的「忠」曰：「夫以懷王之不聰不信，內為豔妻佞倖之所蠱，外為橫人之所劫，沉溺瞀亂，終拒藥石，猶且低回而不遽舍，斯以為千古獨絕之忠，而往復圖維於去留之際，非不審於全身之善術。」[81]在王夫之看來，屈原之忠乃是在懷王一再拒納其諫的情況下，仍有所堅持的一種曠世難有的高貴品質，所謂「千古獨絕之忠」。在解釋「羌內恕己以量人兮，各興心而嫉妒」時，王夫之《楚辭通釋》有這樣的話：「如心之謂恕。君子之恕，如其心之忠也；小人之恕，如其心之邪也。」[82]以形訓之法解釋「恕」字，而念念不忘從「忠」字落筆，足見王氏對屈原之忠的高度肯定。下文又論曰：「忠佞殊途，忠之不能容佞，猶佞之不能容忠。如鷙鳥不能與燕雀為群，非特臭味之殊，抑國家安危之所自決。」[83]當然，屈原之忠，並非無根之木，無源之水，而是與楚文化有著莫大的關聯。

（一）楚人之「忠」

對楚人與「忠」的關係，比較早的應是《論語・公冶長》中孔子的評價：

> 子張問曰：「令尹子文三仕為令尹，無喜色；三已之，無慍色。舊令尹之政，必以告新令尹。何如？」子曰：「忠矣。」

---

80 〔清〕王夫之：《楚辭通釋》，上海，上海人民出版社，1975，第1-2頁。

81 〔清〕王夫之：《楚辭通釋》，上海，上海人民出版社，1975，第2頁。

82 〔清〕王夫之：《楚辭通釋》，上海，上海人民出版社，1975，第6頁。

83 〔清〕王夫之：《楚辭通釋》，上海，上海人民出版社，1975，第6頁。

曰：「仁矣乎？」曰：「未知，焉得仁？」

對此涂又光《楚國哲學史》認為：

孔子許其「忠」而未許其「仁」。南方的道德以「忠」為首，評論南人則用南方標準，這是孔子實事求是之處。「仁」在北方盛行，而南方屈原、宋玉作品中只出現過一次（《九章・懷沙》：「重仁襲義兮，謹厚以為豐」，言下頗有後人「儒冠誤我」之歎）。孔子許子文為「忠」，這是按南方標準的最高評價。[84]

在郭店楚簡出土之後，我們關於南方楚地的許多舊有認識都被顛覆。關於「忠」，郭店楚簡中有如下記載：

魯穆公問於子思曰：「何如而可謂忠臣？」子思曰：「恆稱其君之惡者，可謂忠臣矣。」公不悅，揖而退之。成孫弋見，公曰：「向者吾問忠臣於子思，子思曰：『恆稱其君之惡者可謂忠臣矣。』寡人惑焉，而未之得也。」成孫弋曰：「噫，善哉，言乎！夫為其君之故殺其身者，嘗有之矣。恆稱其君之惡者未之有也。夫為其君之故殺其身者，效祿爵者也。恆〔稱其君〕之惡者，〔遠〕祿爵者也。〔為〕義而遠祿爵，非子思，吾惡聞之矣。」[85]

在楚地貴族墓葬中出現這樣的簡書，其中大力宣揚「恆稱其君之

---

84 涂又光：《楚國哲學史》，武漢，湖北教育出版社，1995，第115頁。
85 荊門市博物館：《郭店楚墓竹簡》，北京，文物出版社，1998，第141頁。

惡者，可謂忠臣矣」的觀念，不應只是某個人的一己愛好，而應是當時已形成的較為普遍的觀念風氣，久而久之成為楚地政治文化的一大特點，這對屈原的正面影響是很大的。屈原正是奉行這樣的信念，不斷地對君主進諫、批評，甚至不惜以歷史上因言獲罪致死的忠臣自況，表達自己堅定的決心。

（二）伍子胥事件與屈原之忠

伍子胥復仇是楚國歷史上的大事，屈原作品三次提到伍子胥，都在《九章》中。

《涉江》云：「忠不必用兮，賢不必以。伍子逢殃兮，比干菹醢，與前世而皆然，吾又何怨乎今之人！余將董道而不豫兮，固將重昏而終身。」

《惜往日》云：「吳信讒而弗味兮，子胥死而後憂……或忠信而死節兮，或訑謾而不疑。弗省察而按實兮，聽讒人之虛辭。」

《悲回風》云：「浮江淮而入海兮，從子胥而自適。望大河之洲渚兮，悲申徒之抗跡。驟諫君而不聽兮，任重石之何益！」

涂又光認為，由於南北文化系統的差異，屈原在詩中將伍子胥與比干並提，這是一種最高評價：

> 孔子說比干是「殷有三仁」（《論語·微子》）之一。「仁」是孔子對人的最高評價。屈原的心態是：北方有個比干，南方也有個伍子胥，遙相輝映，平起平坐。這是南方文化代表人物的自尊心和自豪感的流露。屈原雖將伍子胥舉得極高，但並不以「仁」稱之，而以「忠」「賢」「忠信」稱之。這是南北文化及其道德系統不同的反映。
> 《莊子·盜跖》云：「世之所謂忠臣者，莫若王子比干、伍子

胥」，而「比干剖心，子胥抉眼，忠之禍也」。李斯云：「昔者
桀殺關龍逢，紂殺王子比干，吳王夫差殺伍子胥。此三臣者，
豈不忠哉？然而不免於死，身死而所忠者非也。」（見《史
記．李斯列傳》）楚人的這些議論，在以伍子胥與比干並提這
一點上，皆與屈原同調。惟宋玉不言伍子胥而美申包胥，其
《九辯》云：「竊美申包胥之氣盛兮，恐時世之不同」，儼然以
申包胥自命，似是反調。[86]

當然，屈原在詩中是只取伍子胥「忠」的一面，並未提及其復仇
之事，此外伍子胥又有復仇於楚、「忠」心向吳的心態。[87]

江林昌曾將郭店楚簡《窮達以時》與《離騷》進行比較：

郭店楚簡《窮達以時》	屈原《楚辭．離騷》
有其人，無其世，雖賢弗行矣。	兩美其必合兮，孰信修而慕之？
苟有其世，何難之有哉？	思九州之博大兮，豈惟是其有女？
舜耕於歷山，陶埏於河濱。	勉遠逝而無狐疑兮，孰求美而釋女？
立而為天子，遇堯也。	湯、禹嚴而求合兮，
咎繇衣枲褐，冒絰蒙巾，	摯、咎繇而能調。
釋板築而佐天子，遇武丁也。	說操築於傅岩也，
呂望⋯⋯行年七十而屠牛於朝歌，	武丁用而不疑。
尊而為天子師，遇周文也。	呂望之鼓刀兮，
管夷吾拘繇束縛，	遭周文而得舉。
釋械而為諸侯相，遇齊桓也。	寧戚之謳歌兮，
	齊桓聞以該輔。

---

86 涂又光：《楚國哲學史》，武漢，湖北教育出版社，1995，第180頁。
87 涂又光：《楚國哲學史》，武漢，湖北教育出版社，1995，第181-184頁。

　　兩相對照，可見「竹簡《窮達以時》屬儒家論著，內中論明君與賢臣相合，充滿積極進取精神。屈原《離騷》主人公渴望遇上明君，內中引君臣遇合史事與《窮達以時》完全相同」。則屈原之忠果然是淵源有自的。[88]

　　詩人在作品中對「忠」的表白用了不同的方法。屈原《離騷》寫道：「鯀婞直以亡身兮，終然殀乎羽之野。」《九章・惜誦》也說：「行婞直而不豫兮，鯀功用而不就。」完全是以鯀自比，這裡顯然是將鯀看做「履行忠直，終不回曲」的先驅，正是二者類似的命運，引發屈原的悲慨。《九章・惜誦》中還頻繁地出現「忠」字，例如：「所作忠而言之兮，指蒼天以為正。」「竭忠誠以事君兮，反離群而贅疣。」「思君其莫我忠兮，忽忘身之賤貧。」「忠何罪以遇罰兮，亦非餘心之所志。」「吾聞作忠以造怨兮，忽謂之過言。九折臂而成醫兮，吾至今而知其信然。」從中可見屈原急於表忠的迫切之情和希冀人君體察的良苦用心。

　　「忠」在屈作中已不僅僅是一個概念，作者以「忠」為核心構建了一個意象群。或者說，屈騷中關於「忠」的表達已經構成了一個可以看得見的網狀結構。這一結構以楚人關於「忠」的觀念為材料來源，以屈原個體的「忠」的觀念為綱要鑄成骨架，網面上則分布著若干從思想形態到實踐形態的要素，構成一個個網眼與網結，達到對人格張力的再現與強化。其中有對聖賢人物忠言忠行的回顧，有對自己忠而遭厄的抒泄和「九死不悔」的告白，有對忠的理性反思和超然自釋，有對不忠的斥責與唾棄，這些要素呈現出歷史與現實、他人與自我、執著與超脫、正與反的有機結合，從而熔理性與感性於一爐，淋漓盡致地表達了屈原的忠臣之思。

---

88 江林昌：《中國先秦儒道文獻的重大發現與深遠意義：初讀郭店楚墓竹簡》，《煙臺大學學報（哲學社會科學版）》2000年第4期。

綜上所述，屈原強烈的主體性表現出的個體意識是其個體認同的基礎，屈原的形象與作品中抒情主人公形象的糾纏，正是因為他重視自我，從而在創作中不自覺地向抒情主人公的滲透，這是屈原受到楚地主體性哲學巨大影響的體現。對屈原自沉原因的解釋必須歸結到其主體性來認識，同時與楚國的政治文化結合，方能有所發現。貴族政治之下的屈原眷戀楚國有其歷史客觀原因，屈原個人的不蛻變，當然是首要考慮。蒼天可鑑的忠心是屈原一生最為執著的追求，其中蘊涵著對楚文化的認同，更重要的是表現屈原主體意識下的個體認同與衝突。

第三節　楚辭藝術精神的內涵

任何藝術都有其不同的存在形式，作品的物質形態與傳布時空，作者的生命活力與創作狀態，讀者的閱讀欣賞與接受傳播，如此等等，不一而足。但所有這些都可能只是表象，對於任何為人們奉獻純粹審美愉悅、在歷史上留下深刻印跡並獲得無上榮耀，從而在歷史上佔據一席之地的文學藝術來說，能夠橫貫、超越於所有表象之上的，是深含於文學藝術核心層的藝術精神。楚辭之所以具有超越時空的藝術魅力，正源於其獨特的藝術精神。

關於藝術精神的內涵，有學者指出：「藝術精神是指一種藝術獨自具有的、內在的品質或氣質……藝術精神中蘊涵一種文化的根本理念。因此，探求這種藝術的精神不是一個藝術上的難題，實質上是一個哲學難題。這個難題是屬於哲學的美學學科研究的真正對象。因為一種藝術所體現出的精神，不可能來自藝術本身，而應該是源於民族

文化中最核心處的東西——哲學或宗教。」[89]此為探本究源之說，啟發我們不必囿於較窄的文學藝術的範疇，而應立足更高處，放眼更遠處，對藝術精神進行全面而深入的考察。徐復觀在《中國藝術精神》一書中指出：「莊子之所謂道，落實於人生之上，乃是崇高的藝術精神；而他由心齋的功夫所把握到的心，實際乃是藝術精神的主體。」[90]在他看來，藝術精神是道的具體存在形態，其主體是藝術家的內心體悟。又有學者認為：「作家主體與其作品所包蘊的美賦予中國文學以內在的規律；文學發展的線索乃是由它所含的美勾畫而成。我們稱這種美為藝術精神。」[91]此說以中國文學為參照，認為藝術精神乃是昭示文學規律、建構文學線索的具有特種質素的美。可見，藝術精神作為文學藝術的一種形而上的內涵形態，可以超越具體與實在，或者說具體與實在的藝術要素都是藝術精神影響之下的產物，這是傑出的文學藝術之所以為傑出的重要保證。當然藝術精神往往表現為一個複雜的體系，對任何一個獨立的文學現象來說都是如此，企圖用單個層面或樣態的描述、界定和分析其藝術精神是不現實的。古往今來，概莫能外，楚辭也是如此。

　　具體到先秦時代，將楚辭僅僅看做文學作品顯然是片面的。馮友蘭曾這樣評價屈原：「繼吳起之後，要楚國主張變法的政治家就是屈原。他是在楚國推行『法治』的政治家，是一個黃老之學的傳播者。他在文學方面成就太大了，所以他的政治主張和哲學思想為他的文學成就所掩。其實他的文學作品也都是以他的政治主張和哲學思想為內

---

89 章啟群：《怎樣探討中國藝術精神？——評徐復觀中國藝術精神的幾個觀點》，《北京大學學報（哲學社會科學版）》2000年第2期。

90 徐復觀：《中國藝術精神・自敘》，瀋陽，春風文藝出版社，1987，第2頁。

91 楊九詮：《中國文學史藝術精神嬗變之設定——之一：由自發到自覺的先秦兩漢魏晉六朝文學》，《福建論壇（人文社會科學版）》1989年第1期。

容的。他的文學作品之所以偉大，正是因為它有這樣的內容。」[92]揭示了屈原的思想對其文學的意義，可謂真知灼見。與其糾結於給楚辭一個怎樣的稱號，不如進入楚辭的精神內核，探尋其藝術精神。

從總體上論楚辭的藝術成就和審美風格時，我們總是願意以「騷」來代指其全部，用「浪漫主義」加以歸納，而且往往是在與以「風」為代稱的《詩經》的對照中來闡釋。儘管稱楚辭為所謂浪漫主義是一個要言不煩的介紹，但若要追問其浪漫主義的內涵，我們不免又要走上文學社會學的老路。顯然，這個號為「浪漫主義」的楚辭藝術，往往是從受到諸多限制的文學領域著手而獲得的。

《楚辭》作為一部詩歌專集、總集，本只是一種普遍文體的文學作品彙編，就這一點而言，它與《詩經》及其它文學作品集並無不同。然而楚辭卻成為中國古代目錄學中唯一獨立分類的圖書文獻。何以楚辭能在中國文學史與文獻史上如此醒目？這足以引起人們探究楚辭藝術精神奧秘的濃厚興趣。而今人欲論楚辭的藝術精神，必須首先明白，所謂楚辭的藝術精神，指的是楚辭作為一種獨特的文體，在與其它文體的比較中表現出來的為楚辭所獨有的、具有鮮明排他性的一種藝術特質，或者說楚辭藝術的精神的「唯我」特色。

這一特色毫無疑問首先與屈原的偉大創造緊密相關，先秦楚辭以屈原為最重要的創作者，後世楚辭體作家又無一不尊崇屈氏，大量擬作的出現，已經成為文學史上的一大現象。要認識楚辭藝術的特色，就必須理解楚辭所在的文化系統。不管關於文化有多少不同的定義，藝術總是文化系統的一個重要組成部分，藝術在本質上就是文化的產物。在關於文化的共時形態中，在文化所構成的場域中，藝術往往處於核心圈層。藝術還從其它相關層面，甚至於看似不相關的層面汲取

---

92 馮友蘭：《中國哲學史新編》第2冊，北京，人民出版社，1964，第235頁。

營養，或者說藝術享受著文化氛圍的浸潤、感染和養育，所以藝術是族群構成、政治方式、儀式文化、自然空間、宗教信仰與哲學思潮等若干因素的合成物。沒有離開具體文化的藝術品，傑出的藝術品往往是眾多文化因素的「聚合效應」。楚辭的偉大與卓著正是各種合力助推的結果。戰國時期的楚文化是楚辭藝術精神的沃土，身處戰國時期楚文化的核心層，楚辭之成形正在於它與其它層面文化因素的「裂變化合」、相互薰染。對楚文化的了解與闡釋是我們發掘楚辭藝術精神的前提。

楚辭的藝術精神是由哲學思維、政治人格和悲劇情感建構的三維結構。由此出發，能夠更為明晰地認識楚辭的精神實質。

一 哲學思維

論者在談及楚辭藝術特質之源時，往往離不開巫文化。巫文化誠然是屈原藝術的重要源頭，但也只不過是淺層的，更深層次的精神之源還是應該到哲學中來探索。哲學是時代思想的精華，如果僅僅是「巫」在屈原的腦海中佔據了突出的位置，則屈原詩歌中強烈的時代特色與思辨色彩就無從索解。之所以如此，是因為一般論者對楚文化的不了解，往往以落後欠發達視之，殊不知楚地的哲學思維發軔與成形遠早於中原。這一點前文已有論述。

在楚這樣的國度中，擁有這樣的哲學氛圍和歷史語境，作為精英知識分子的屈原，理所當然地受到時代精神的巨大影響。要認識和理解文學家屈原，關注屈原在時代哲學影響下，形成了怎樣的哲學思想當然是相當重要的，而屈原在時代哲學影響下所形成的思維方式也值得重視。思維方式對作家的立身行事、社會表現和文學風格的影響至關重要。或者說，由於屈原哲學表現出的思辨力，導致一種哲學型的

思維方式制約和左右著屈原的行為方式與文學表現。

　　馮友蘭在《中國哲學史新編》中論證了屈原《天問》中的唯物主義的宇宙發生論、《遠遊》《離騷》中的精、氣說，多有發明之處[93]；張崇琛在《楚辭文化探微》中探討屈原的哲學思想，分別從屈原的宇宙觀、認識論、人生觀三個方面展開。首先在宇宙觀方面，屈原贊成「元氣說」，而對「蓋天說」表示了大膽的懷疑。在「蓋天說」還廣為流行的年代，表現出一種可貴的探索精神。屈原還對「天命」表現出懷疑和否定，對世人所信仰的「天帝」進行攻擊。其次在認識論方面，屈原主張「參驗以考實」，注意從事物的本體出發，抓住事物的性質，然後去進行推論，從而獲得自己的認識。屈原還有一種特殊的「遞進式」或「並列式」的認識方式，前者表現為文法上三個動詞連用，後者表現為從不同角度描繪事物。最後在人生觀方面，表現為對美的追求，對邪惡的鬥爭，和對死的選擇。[94]

　　顯然，屈原哲學思想中的核心部分「不合時宜」，儘管那些思想代表了社會發展的正確方向。對「天命」的懷疑和否定，對「天帝」的攻擊在當時都是冒天下之大不韙的行為，這表明屈原的思想在當時的社會中屬於另類。另類哲學思想指導下的人物活動也不會與整個社會合拍，而政治家一旦落入這樣的境地，不僅其政治生命難以為繼，即使一般的生活也會受到很大的影響。

　　張崇琛《楚辭文化探微》在討論屈原認識論部分時談到《悲回風》的首四句「悲回風之搖蕙兮，心冤結而內傷。物有微而隕性兮，聲有隱而先倡」時，引用姜亮夫《楚辭今繹講錄》看法說，屈原是「借『悲回風之搖蕙』來作形象，再以『物有微而隕性』來作一個邏

---

93 馮友蘭：《中國哲學史新編》第2冊，北京，人民出版社，1964，第238-247頁。

94 詳見張崇琛：《楚辭文化探微》，北京，新華出版社，1993，第14-28頁。

輯思維」。張崇琛認為這種邏輯思維也就是詩歌的哲理，與文學上的比興是完全不同的。[95]這種由某一自然現象引發哲理思考的認識事物的方法可稱作哲學型思維方式。這種思維方式的特點是能見微知著，能從個別現象總結出一般理論，施之於普遍事物，其利弊是一目了然的。其利在於，對一般人而言，能比較清楚地觀察事物，從而指導自己的行動；其弊則在於，對於政治家來說，洞明世事固然可貴，但若不能斂鋒韜晦，甚至於「我口宣我思」，以求真的方式、思辨的態度，追根究底地對待政治現象，就會適得其反。

屈原一直視自己為王室同姓，希望為楚王出力因而直諫不止。殊不知，這時的楚君早已沒有前代君王的過人謀略、勤奮作風與政治激情，屈原洞鑒楚國現狀的見解，試圖為政治現象推本溯源得其正解，及其後的直諫已是無處可用和徒費口舌，同時也正將自己引入險惡的人際關係中，從而導致個人政治人際關係的惡性循環。楚辭大量地表現這方面的內容正是構成其藝術精神的重要因素。

哲學思想是哲學型思維方式的基礎，沒有哲學思想則不可能有哲學型思維方式，哲學型思維方式以哲學思想為內涵。對屈原而言，有自我特色的哲學思想是他作為楚國精英知識分子的重要標誌，無論是官居左徒還是三閭大夫，都是他從政必不可少的底蘊，哲學思想對文學創作來說也是不可或缺的。但其顯見的弊端是，政治家若過多地糾纏於哲學、沉溺於哲學思維會大大妨礙政治思維方式的運行，因而政治家與哲學家鮮有「相容」。簡單地說，哲學以求真為最高境界，而一味求真，在以爾虞我詐為常態的政治鬥爭中是無法「生存」的。馬克思墓碑上刻有這樣的話：「哲學家們只是用不同的方式解釋世界，而問題在於改變世界。」改變世界最明顯的推動力就來自政治家。哲

---

95 詳見張崇琛：《楚辭文化探微》，北京，新華出版社，1993，第14-28頁。

學家的解釋固然不可少，也是改變世界的基礎，但它勢必要求政治活動表現出純正性與真實性。政治史表明，古代政治家並不需要過多地從哲學角度考慮政治實踐，哲學型思維方式對政治家的政治生命來說是一種戕害。因為一旦政治家有了這樣的思維方式，便會自覺不自覺地關心政治表象背後深層次的問題，甚至於固執地尋求合乎其理想與社會規律的行動方式，從而不知變通與妥協，而典型的政治從來都是在各種各樣的妥協中進行的，不妥協則無政治。成功的政治家需要學會妥協，而不是一味地尋求合乎理想與規律的行動，一旦政治家陷入這樣的境地，鮮有獲得政治成功的可能。這雖然有著與政治服務於人的理念相違背之處，但卻是政治的實際情況。楚國的俗世和貴族政治都是以權力作為政治的最大和首要考量，所以屈原的哲學思維就顯得蒼白無力而多餘。事物的玄機正在於，屈原和楚辭作品對此加以表現，恰恰構成了藝術精神的基礎，楚辭的藝術精神正是以哲學思維為平臺展開其「美的歷程」的。

二　政治人格

　　屈原的高潔人格是楚辭給予我們的第一印象，歷來研究者都對此給予了足夠的重視。《史記・屈原賈生列傳》曰：「《國風》好色而不淫，《小雅》怨誹而不亂，若《離騷》者，可謂兼之矣……蟬蛻於濁穢，以浮游塵埃之外，不獲世之滋垢，皭然泥而不滓者也。推此志也，雖與日月爭光可也。」大力稱頌屈原的人格魅力，肯定《離騷》的「怨刺」精神。班固則認為「斯論似過其真」，批評屈原「露才揚己，競乎危國群小之間，以離讒賊。然責數懷王，怨惡椒、蘭，愁神

苦思，強非其人，忿懟不容，沉江而死。」[96]對屈原的人格採取否定態度，並不足取；宋代朱熹認為屈原自沉，是「不忍見其宗國將遂危亡」[97]，對於研究屈原的人格品性內涵具有重要意義。

　　元人方回曾說：「有仁心者，必為世道計，故不能自默於斯焉。」[98]「不能自默於斯」則應主動進取有所作為。余英時曾經指出中國古代知識階層與西方的差異：「中國古代知識分子是從『封建』秩序中的『士』階層蛻化出來的，他們也不能像西方專司神職的教士那樣不理俗務。」[99]其中所謂「俗務」在中國古代當然是包括傳統的進取的人生理想指導下的政治參與和仕途活動。這基本上是由包括屈原在內的春秋戰國時士人開創的傳統，這種追求典型地表現為一種政治人格。屈原作品之有別於宋玉、景差之徒者，正在於其中表現出的忠君愛國之情和剛腸嫉惡的精神。

　　《離騷》典型地體現出政治抒情詩之政治價值和藝術價值的結合。眾所週知，《離騷》中所說「既莫足與為美政兮，吾將從彭咸之所居」，正是屈原自己所倡言美政的誓言，是屈原對政治理想失敗之後人生去向的最為決絕的表示，從中可見美政理想是屈原社會思想的邏輯原點。「文學是人學」，楚辭對人的關注理應成為我們理解其藝術精神內涵的重要門徑。與作為其政治思想邏輯原點的美政理想相聯繫，楚辭表現出對政治人格模式的極大興趣。

　　金開誠《屈原辭研究》認為，認識屈原作品的美學價值可以作多樣分析，「但若從根本上探索其價值之所在，則主要有兩個重點最應注意：一是屈原辭突出表現了屈原的人格力量；二是屈原辭突出表現

---

96 〔宋〕洪興祖：《楚辭補注》，北京，中華書局，1983，第49頁。
97 〔宋〕朱熹：《楚辭集注》，上海，上海古籍出版社，1979，第2頁。
98 〔元〕方回：《瀛奎律髓》，上海，上海古籍出版社，1986，第78頁。
99 余英時：《士與中國文化》，上海，上海人民出版社，2003，第90頁。

了屈原的創造力量」。[100]同時，論者就屈原作品對詩人的人格力量的表現進行了探討，認為：

> 屈原的人格主要是在楚國的兩種勢力的激烈衝突中得到深刻表現的。所謂兩種勢力就是以屈原為代表的進步勢力和由楚國舊貴族所構成的反動勢力。衝突的焦點，在楚國內政上就是屈原堅持「國富強而法立」的變革理想，堅決主張「明法度之嫌疑」和舉賢授能；而舊貴族則頑固地維護「背法度而心治」和世襲罔替等特權，堅決反對任何政治變革。在外交上，屈原堅持聯齊抗秦的鬥爭主張，並懷有由楚國來統一全中國的遠大理想；舊貴族則始終屈服於強秦的威脅與欺詐，一味妥協媚敵，以求苟安⋯⋯通過歷史發展的實際情況來考察，完全可以看出，屈原辭的確是深刻表現了作者的進步傾向，他充分看到了在楚國實行變革的必要，尖銳地揭露了楚國反動勢力的腐朽性質，並且準確地預示了變革失敗後的楚國的命運和前途。這樣，屈原的抒情詩篇就達到了史詩一般的深度。[101]

兩種勢力鬥爭中的人格力量表現，使得抒情詩具有了史詩一般的深度，只有具備屈原這樣政治人格的詩人，才會使作品表現出這樣的張力，這個評價是恰如其分的。因為在現實人生中，屈原一直以人格完善為最重要的人生目標之一，激烈的政治鬥爭與持續的道德修煉，令屈原人格反映在楚辭中，表現出不同凡響的認識價值與審美價值，帶著屈原特有的鮮明印記與風範。

---

100 金開誠：《屈原辭研究》，南京，江蘇古籍出版社，1992，第254頁。
101 金開誠：《屈原辭研究》，南京，江蘇古籍出版社，1992，第255-256頁。

　　《離騷》曰：「夫孰非義而可用兮，孰非善而可服。」王逸《楚辭章句》注曰：「言世之人臣，誰有不行仁義，而可任用；誰有不行信善，而可服事者乎？言人非義則德不立，非善則行不成也。」[102]司馬遷在《史記・屈原賈生列傳》中說：「余讀《離騷》《天問》《招魂》《哀郢》，悲其志。適長沙，觀屈原所自沉淵，未嘗不垂涕，想見其為人。」對高貴人格的關注使人們跨越時空距離達到心靈相通，相通的關鍵正在於引起人們共鳴的人格模式是政治化的。

　　屈原在政治上的失敗是提及屈原不可避免的話題。他之所以沒能成為一個成功的政治家，原因是多方面的，而其中最值得注意的主觀原因是屈原的個性氣質。「政治家的熱情和理智使他堅持正義追求真理的信念愈來愈執著，而詩人的激情和敏感則使他對外界事物反應敏捷，極易激起感情的波瀾……政治家和詩人這兩種氣質互相作用、互相交融。」[103]一位懷膺報國之志、雄才大略的政治家，獨享政治上的失意，長期的挫折使他內心的憂愁鬱結，最終發而為詩歌，正是這作為「苦悶的象徵」的《楚辭》，使他成為本無意去做的詩人，一如後世陸游在《劍門道中遇微雨》一詩中所問「此身合是詩人未？」機緣不合，天弄人運，不經意成為詩人的屈原，不得不承受著比一般詩人沉重得多的生命荷載。《離騷》是楚辭中最為引人注目的一首詩，其政治性歷來備受重視。詩中屢稱「三後」，儘管「三後」所指還有爭議，但「無論指誰，都是屈原借用先代的歷史經驗，表達他對君聖臣賢的理想的政治圖式的嚮往。而當抒情主人公遭受黨人嫉妒，君王『信讒而齋怒』，『獨窮困乎此時』，雖有猶豫徘徊，支撐抒情主人公堅定的人生信念，仍然是歷史的聖君賢臣以興，暴君殘賊而亡的政治

102　〔宋〕洪興祖：《楚辭補注》，北京，中華書局，1983，第24頁。

103　王昌猷、李生龍：《從屈騷風格看屈原的創作個性》，《湖南師範大學社會科學學報》1985年第4期。

經驗」。[104]屈原的政治人格在詩裡詩外都能展現出一種力量，但其個性卻與之背道而馳，成為他完整人格的「軟肋」。

所以，作為一位屢戰屢敗的政治家，一位無意於經由詩歌獲得成功的政治型詩人，屈原終其一生都在政治家身分與詩人身分的兩端徘徊、煎熬，最終對政治人格的嚮往與理想建構融會、拉攏和平衡這兩端，並將政治人格落實為楚辭藝術精神的核心。

三　悲劇情感

我們對悲劇概念的傳統認識來自人們對古希臘酒神祭典的理解，亞里斯多德的《詩學》透露過相關信息。但亞氏並未說明酒神祭典與悲劇形成的內在聯繫，而且「亞里斯多德寫作《詩學》的時間（前335年），距離『戲劇之父』忒斯匹斯加工『酒神頌』之時（前6世紀初）已經將近三百年。恩格斯認為：『希臘人自己關於他們的歷史所保存下來的記憶僅僅追溯到英雄時代為止。』再加上亞里斯多德的許多戲劇理論著作已經失傳，所以，我們要從亞里斯多德那裡得到明確的答案，已經不存在某種可能。」[105]因此論者主張「從現存的古希臘悲劇劇本出發尋找祭祀儀式的原型；從悲劇所洋溢著的悲劇精神去尋找與之對應的、從祭祀儀程中反映出來的、人的集體無意識精神」。[106]結合中國和西方的古典文獻，孫文輝考定認為：「以人為犧牲的豐產祭儀所反映出來的人類心理意識，與悲劇所洋溢著的悲劇精神完全同

---

104 熊良智：《楚辭文化研究》，成都，巴蜀書社，2002，第19頁。

105 孫文輝：《巫儺之祭：文化人類學的中國文本》，長沙，嶽麓書社，2006，第311-313頁。

106 孫文輝：《巫儺之祭：文化人類學的中國文本》，長沙，嶽麓書社，2006，第313頁。

構對應。從這一角度我們也有理由認定：悲劇誕生於人犧祭儀。」[107]
如此主張確實切中肯綮。

　　屈原的悲劇不僅在於屈原未能實現自己的政治理想，更在於未能急流勇退，而是選擇自沉的方式，以一種潛意識中近乎「人祭」的悲壯方式，完成悲劇人生的最後一幕，由此喚起的恐懼之感和英雄氣概正是作為悲劇精神基本成分之一的崇高之美、壯烈之美。這與屈原其人在詩中一味地抒發悲情，詩歌因而具有悲劇性情感形態正是相表裡的兩個方面。

　　楚辭悲劇情懷的底色是南方楚文化的情感世界，這一點人們已有共識。正如彭吉象《中國藝術學》所論：「如果說『言志說』主要是中原北國周人的理性精神在藝術上的延續，那麼『緣情說』則更多地繼承了南國楚漢文化浪漫多情的傳統。南方楚文化直接從原始巫術文化中走出來，具有巫術神話所特有的浪漫、豔麗、熾熱，是一種原始情感的自由奔瀉。屈原的『楚辭』和楚地的漆畫便是其代表。」[108]

　　如前所述，悲劇首先來自屈原在詩中一再表達而始終無法得以實現的理想。屈原對楚國懷有一種「深固難徙」的故國意識，這是他忠君觀念和從政熱情的精神動力之一，然而始料未及的政治風波在對屈原的政治前途造成致命一擊的同時，也給他的身心帶來巨大的創痛。政治失意和人格中傷帶來的雙重苦悶，令屈原作品表現出一種悲劇力量。誠如金開誠所論：

　　　　屈原的悲劇既植根於楚國當時的客觀現實，也取決於他主觀的
　　　　人格因素（包括人生目標、思想觀點、志趣情操、性格意志

107　孫文輝：《巫儺之祭：文化人類學的中國文本》，長沙，嶽麓書社，2006，第320頁。

108　彭吉象：《中國藝術學》，北京，北京大學出版社，2007，第470頁。

等）……他激昂地聲稱：「亦餘心之所善兮，雖九死其猶未悔！」「寧溘死以流亡兮，余不忍為此態也！」「雖體解吾猶未變兮，豈余心之可懲！」這都說明他是下定決心要與腐朽反動的勢力鬥爭到底，因此他的悲劇經歷也必然要發展到極其悲壯的境界。而在這種悲劇經歷中所充分展示的完整人格，也就飽含著一種令人肅然起敬的崇高之美。[109]

　　悲劇性情感形態在《楚辭》中有至為明顯的表述。在情感抒發上，決裂、毀滅、壓抑的個體，無法容忍的醜惡，不可克服的異己力量，激情而無望的表白，對現實的痛心疾首，執著到近乎偏執的理想表達，一一壅塞其中；遣詞造句上，哀、傷、悲、愁、忍、悔、怨、惡、懷、思等表示感情色彩的詞彙大量地、反覆地、交錯地出現，其中以悲傷類負面情感詞為最多，幾乎觸目皆是，句子也是如此：「惜誦以致愍兮，發憤以抒情」（《惜誦》），「心不怡之長久兮，憂與愁其相接」（《哀郢》），「道思作頌，聊以自救」（《抽思》），「何貞臣之無辜兮，被離謗而見尤」（《惜往日》），「悲回風之搖蕙兮，心冤結而內傷」（《悲回風》）。大量悲情形態的呈現對讀者而言，引起同情甚至傷感都是自然而然的，其中的消極情緒不會長久，共鳴和崇敬會更為久遠地影響著讀者的心靈。

　　在楚辭的藝術精神結構中，哲學為屈原提供了關於自然、人生和社會的深層解讀，哲學型思維方式與政治的矛盾內在地推動了屈原的人生進程，表現在作品中則是強化了思辨色彩與人生體悟。政治化人格是一種由春秋戰國諸子開創的人格模式，抱定「修齊治平」的信念，影響著當時的精英知識階層，屈原正是以此作為人生的核心理

---

109 金開誠：《屈原辭研究》，南京，江蘇古籍出版社，1992，第256-258頁。

念，這也是其藝術精神的核心。在具體形態上，悲劇性情感在楚辭中展現的正是文學表現的極致，崇高壯麗的自然呈現，因而成為楚辭藝術的歸依形態。三者之間的分層展開、相通相生與完美配合，共同鑄就楚辭藝術的輝煌。

　　毫無疑問，楚辭藝術精神的表現是多向度的，尤其是共時比較視野的參照還有很多空間，都需要以一顆藝術的純正博大之心一一解讀。可以說，楚辭藝術精神對後世文學影響之大，至今還沒有任何一位獨立的詩人能夠與之比肩。其影響從文學內到文學外，從表現手法到藝術題旨，形成無所不包的局面。

　　有學者在研究中國現代新詩時，盛讚屈原及其騷賦在現代中國各流派詩人心目中，「是人生、藝術的導師、楷模，是最活躍的生命基因，是浮動在意識最深處的瑰麗的境界」。[110]之所以用如此充滿詩性與激情的語言，正緣於楚辭對古今中國文學既深且遠的影響。可以預見，在此後的中國文學中，楚辭藝術精神的巨大影響仍將繼續存在，並不斷被發揚光大。

110　李怡：《屈騷傳統與中國現代新詩的自由形態：中國新詩的原型分析之一》，《中州學刊》1993年第3期。

第七編

老莊的藝術精神

第三十二章

通於藝術精神的老莊之「道」

　　自二十世紀六〇年代後期徐復觀著《中國藝術精神》一書，創造性地提出「中國藝術精神」的概念以來，「藝術精神」逐漸成為人們關注的熱門話題。徐復觀在書中以孔門藝術精神和道家藝術精神作為「中國藝術精神」的兩大範型，並將老、莊，尤其是莊子的藝術精神視為所謂「純藝術精神」，進而分析認為中國山水畫是莊子「純藝術精神」的「獨生子」。徐氏藝術精神論的研究理路和觀點，一經問世便影響甚廣，當然也頗多爭議。但就其標舉「中國藝術精神」的首創之功，與其所闡釋的中國藝術精神實以道家思想（尤其是莊子思想）為精髓和根本的觀點而言，無疑是值得充分肯定的。

　　老子和莊子對中國美學、藝術的巨大影響，由來已久，是不可否認的歷史事實。然而，現代學術意義上的老、莊美學思想研究，則肇始於二十世紀初西方學術思想大舉進入中國之時。二十世紀上半期，這種研究還基本上處於一種「潛研究」狀態，學術界對於這一問題並未有理論上的徹底自覺。直到二十世紀六〇年代後期，在徐復觀、葉維廉等中國臺港地區及海外華人學者的關注之下，道家美學尤其是莊子美學的研究才逐漸由聚焦到趨於熱潮。二十世紀八〇年代以降，大陸學界也開始加入這一研究領域，其豐碩的學術成果極大地拓展了中國美學和藝術研究的理論視野。目前，在世界文化整體格局中，以中西比較的眼光對傳統美學精神進行闡釋和弘揚已成學界共識。

　　現在，重新審視道家美學的當代境遇和世界意義，實現古今對接，需要對以下幾個問題作系統反思：作為哲學思想的老莊之「道」

為何與中國古典美學、藝術之間有著一種血脈因緣？或者說究竟是什麼在老莊思想與藝術精神之間架起了一道無形的津梁？這種特殊的血脈因緣對於中國特色的「美學」和藝術精神又意味著什麼？在通於藝術精神的道路上，莊子和老子的思想各自折射呈現出怎樣的豐富內涵？本章擬就這些問題作一些分析和探討。

第一節　老莊之「道」與藝術精神

眾所週知，老子和莊子在他們思想起步的地方，根本沒有藝術的意欲，也不曾以某種具體藝術作為他們追求的對象，即便偶有涉及美和文藝，也大多持否定態度。為什麼老、莊那些並非討論美和藝術問題的言論會具有美學意義？為什麼後世美學、藝術理論不斷引用和發揮他們的哲學思想？在中國文學批評史學科草創時期，郭紹虞就曾這樣問道：「視『文學』為贅疣，為陳跡，為糟粕」的莊子思想何以如此巨大地影響到文學批評，並「足以間接幫助文學的發展？」[1]很可能的回答（並且已成為學界慣常的思維定勢）是，美學是哲學在藝術和審美上的延伸，美學思想不可能脫離一定的哲學。的確，古今中外的美學、藝術理論都與哲學有著直接或間接的聯繫，美學作為哲學的一個分支，又被稱為「藝術哲學」。同時，對於美與藝術的本質問題的探討，必然要以人的本質這個根本問題的看法為理論前提。但這只是針對一般情形的論述，而老莊哲學通向藝術精神的根本原因究竟在哪裡？這才是更令人關注的問題。

筆者認為，老莊之「道」通於藝術精神的根本原因不在於一般的哲學與美學的關係，而在於老莊思想本身具備著向美與藝術精神生成

1　郭紹虞：《中國文學批評史》上卷第二篇第三章「道家思想及於文學批評之影響」，上海，商務印書館，1934。

的巨大可能性。哲學通於美學、藝術固然由於它們都有著對於本質問題的類似性追尋探索，但老莊哲學思想與中國美學、藝術精神之間的聯結似乎是與生俱來的，其聯繫的深刻性與不可分離程度，以莊子思想最為明顯。徐復觀的《中國藝術精神》（1966年初版）就發掘和彰顯了老莊思想通於審美的潛在可能。書中指出，在我國傳統思想中，雖然老、莊較之儒家，是富於思辨和形上學的性格，但其出發點與歸宿點依然是落實於現實人生。徐氏認為，老、莊是「上升的虛無主義」，所以他們在否定人生價值另一面的同時又肯定了人生的價值。老莊思想既然肯定了人生的價值，則在人生上必須有所成，只不過他們所成的是「虛靜的人生」。最後，他得出結論，如果用現代的語言觀念更進一步把握老、莊思想，就會發現「老、莊思想當下所成就的人生，實際是藝術的人生，而中國的純藝術精神，實際係由此一思想系統所匯出」。[2]同時，他還指出：「在現時看來，老、莊之所謂『道』，深一層去了解，正適應於近代的所謂藝術精神，這在老子還不十分顯著，到了莊子，便可以說是發展得相當顯著了。」[3]徐復觀的這一創見應當是最早對於老莊通於藝術精神的理論上的自覺，它在思想方法上極大地啟發了當時中國臺港地區、海外華人學界以及二十世紀八〇年代後期以來大陸學界的道家美學研究。無獨有偶，二十世紀八〇年代，隨著「美學熱」的興起，許多大陸學者對老、莊，尤其是莊子思想的研究也有了類似的重要突破。如李澤厚認為，「從所謂宇宙觀、認識論去說明理解莊子，不如從美學上才能真正把握莊子哲學的整體實質」。他甚至直接得出「莊子哲學是美學」的結論。[4]葉朗

2　徐復觀：《中國藝術精神》，桂林，廣西師範大學出版社，2007，第35頁。
3　徐復觀：《中國藝術精神》，桂林，廣西師範大學出版社，2007，第36頁。
4　李澤厚：《漫述莊禪》，《中國社會科學》1985年第1期。

也指出,「莊子的很多哲學命題,同時就是美學命題」。[5]

值得注意的是,徐復觀在《中國藝術精神》中論及老莊思想向美與藝術生成的可能性時,非常審慎地將其表述為「不期然而然地會歸」。他用「不期然而然」一詞來形容老莊,尤其是莊子思想與藝術精神或者西方美學思想不謀而合的狀態。以該書第二章「中國藝術精神主體之呈現——莊子的再發現」為例,「不期然而然」大約出現了九次,最有代表性的兩處為:

> 若不順著他們(按:老莊)思辨的、形上學的路數去看,而只從他們由修養的工夫所到達的人生境界去看,則他們所用的工夫,乃是一個偉大藝術家的修養工夫;他們由工夫所達到的人生境界,本無心於藝術,卻不期然而然地會歸於今日之所謂藝術精神之上。[6]
>
> 莊子所體認出的藝術精神,與西方美學家最大不同之點,不僅在莊子所得的是全,一般美學家所得的是偏,而主要是這種全與偏之所由來,在莊子係由人生的修養工夫而得;在一般美學家,則多係由特定藝術對象、作品的體認,加以推演、擴大而來。因為所得到的都是藝術精神,所以在若干方面,有不期然而然的會歸。[7]

根據徐復觀在這兩處的論述,所謂「不期然而然地(的)會歸」有兩層含義:一方面,從老莊思想與中國古典美學、藝術的關係看,這是指老莊思想與藝術精神之間的不謀而合;另一方面,從老莊思想與現

5　葉朗:《中國美學史大綱》,上海,上海人民出版社,1985,第106頁。

6　徐復觀:《中國藝術精神》,桂林,廣西師範大學出版社,2007,第37頁。

7　徐復觀:《中國藝術精神》,桂林,廣西師範大學出版社,2007,第100-101頁。

代西方哲學——美學理論相互比較闡發的角度來看，則是指老莊思想在某些方面與西方美學、藝術理論的可溝通性和可對接性。而後一個方面則是自二十世紀初以來老莊思想研究的一個十分重要的向度，它不僅促成了第一個方面內涵的獲得，驗證了老莊思想通於藝術精神的巨大可能，也充分展示了老莊思想的現代價值和世界意義。

　　與徐復觀等中國臺港地區和海外學者研究的審慎態度相較，大陸自二十世紀八〇年代以來的老莊美學研究則存在一定觀念上的偏頗。「道即是美」是當時老莊美學討論中經常涉及的話題，而「老子美學」、「莊子美學」之名也層出於眾多美學史專著或美學論著中。然而，如前所述，老莊原本並不著意於美，甚至有反美、反藝術的傾向。研究者力圖在老莊思想中尋繹出西方美學的建構理路，這種對照闡釋的做法作為現代語境中的一種嘗試本無可厚非，但無疑已經步入莊子所謂「以己養養鳥」的誤區。中國固無「美學」之名，「美學」研究的最初動因來源於西方。「中國古代儘管有著豐富的美學思想資源，但本身並無與之對稱的概念系統」。[8]在中國美學草創之初，西方現代美學概念、理論的引入，確實為王國維、朱光潛等美學前輩們開展其現代美學建構提供了豐富的資源。但隨著中國美學研究的深入，人們逐漸發現，中國傳統審美經驗和美學思想自有其強大的生命力和獨特魅力。毫不顧及中國傳統思想的特殊性，從西方照搬概念、名詞來解釋中國經驗往往會遇到很大麻煩。類似認為「老莊思想是美學」而毫不加以分辨說明的做法，都是以西方美學觀念來範圍、框架老莊思想，一定程度上歪曲了老莊本來的文化個性。李澤厚也曾在他的文章和著述中標舉「莊子的哲學是美學」[9]。然而當我們仔細探尋他立

8　劉紹瑾：《論中國文藝美學的古今對接之途》，《思想戰線》2007年第2期。
9　李澤厚：《中國古代思想史論》，北京，人民出版社，1985；李澤厚：《漫述莊禪》，《中國社會科學》1985年第1期。

論的基點就會發現：其所謂「莊子的哲學是美學」的提法，是指莊子思想以個體存在的身（生命）心（精神）問題為實質，其所追求的人生態度和理想人格是導向審美的。故有論者言，「如果我們堅持用『美學』來言稱莊子的話，它實際指的是一種美學精神，是莊子的言論向美、向藝術生成的巨大可能性」。[10]歷史已經證明，關注老莊思想「通於」藝術精神的特殊性，這不僅是中西比較研究中探「異」的必要性所在，也是繼承和弘揚中國傳統美學智慧所必須考慮的問題。

　　基於上述理解，筆者認為，在道家藝術精神以及中國傳統美學的闡發研究過程中，必須明確立論的基點和方法問題。在此，徐復觀在《中國藝術精神・自序》中的體會可以提供相應啟發：「數年來我所做的這類思想史的工作，之所以容易從混亂中脫出，以清理出比較清楚的條理，主要是得力於『動的觀點』、『發展的觀點』的應用。以動的觀點代替靜的觀點，這是今後治思想史的人所必須努力實踐的方法。」[11]以徐復觀「動的觀點」和「發展的觀點」而言，本章標題中「通於」一詞的使用是最恰當不過了。一方面，它避開了「老莊思想是美學」或「老莊思想就是藝術精神」的觀念誤區；另一方面則更為重要，因為「通於」的動態性與持續性特點，形象地說明了老莊思想是一個開放的、具有豐富闡釋空間的理論系統。老莊思想自誕生之日起，就以其自身的啟發性與暗示性對中國古典美學、藝術產生了深遠影響。用徐復觀的話說，就是「歷史中的大畫家、大畫論家，他們所達到、所把握到的精神境界，常不期然而然地都是莊學、玄學的境界」。[12]因此，本章標題「通於藝術精神的老莊之『道』」，其內涵大致可以從兩個方面進行解讀：第一，從老莊哲學思想之於中國美學、藝

---

10 侶同壯：《莊子美學研究指瑕》，《山西師大學報（社會科學版）》2006年第1期。

11 徐復觀：《中國藝術精神・自序》，廣西，廣西師範大學出版社，2007，第5頁。

12 徐復觀：《中國藝術精神・自序》，廣西，廣西師範大學出版社，2007，第2頁。

術精神影響滲透的角度出發，其意指老莊思想固有的美學、藝術精神的歷史延伸；第二，從老莊思想的「現代」歷史向度出發，也可以將其理解為在二十世紀中國現代美學建構過程中，經過中西美學的碰撞、對話與交融，老莊思想通過「闡發」逐漸融入現代學術的動態歷程。這樣一來，「通於藝術精神的老莊之『道』」不僅有著廣闊和開放的學術視野，其作為古典美學研究重要趨向的現代價值與世界意義也得到彰顯。

　　回到話題探討的初始：老莊之「道」通於藝術精神的根本原因在於，老莊思想本身具備著向美與藝術精神生成的巨大可能性。正因為老莊哲學思想暗含與審美共通的特點，後世歷代文論、詩論、畫論等諸多軌跡均從老莊一系匯出。不僅徐復觀有「不期然而然地會歸」的詩性表述，李澤厚、劉綱紀與葉朗等美學前輩在論述老莊美學思想的時候，也多注意到了所謂老莊「美學」的特殊性。李澤厚、劉綱紀等指出：「老子有關哲學和社會人生問題的許多一般性命題雖然不是直接論述美學問題，卻具有重要的美學意義，並且被後人用到文藝上去，變成了有關美學的特殊命題，因而也就成為美學史必須加以研究的對象了。」「以反對人的異化，追求個體的無限和自由為其核心的莊子哲學是同他的美學內在地、自然而然地聯繫在一起的。」[13]葉朗認為：「中國古典美學體系的中心範疇並不是『美』……老子美學中最重要的範疇也並不是『美』，而是『道』──『氣』──『象』這三個互相聯結的範疇。」「莊子的美學是和莊子的哲學緊密聯繫著的。」[14]他們雖也以「美學」之名冠以老莊思想，但都或直接或間接地指出了不是以美、藝術為對象的老莊思想與西方成邏輯、成體系的

---

13 李澤厚、劉綱紀主編：《中國美學史・先秦兩漢編》，合肥，安徽文藝出版社，1999，第190、228頁。

14 葉朗：《中國美學史大綱》，上海，上海人民出版社，1985，第24、111頁。

美學思想的不同。對此，劉紹瑾在《莊子與中國美學》的「緒言」中十分明確地道出：「《莊子》一書的美學意義，不是以美和藝術作為對象進行理論總結，而是在談到其『道』的問題時，其對『道』的體驗和境界與藝術的審美體驗和境界不謀而合。由於這種組合，後世很自然地把這些帶有審美色彩的哲學問題移植到對藝術的審美特徵的理解中，從而使莊子的哲學命題獲得了新的意義。從這個意義上，我們認為，《莊子》中所蘊藏的文藝思想、美學命題，並不是以其結論的正確性取勝，而是以其論述過程中的啟發性、暗示性、觸及問題的深刻性見長。」[15]以上論述都表明，老、莊，尤其是莊子的哲學思想先天蘊藏著通向藝術精神的潛在和可能。當我們以思辨的、形而上的哲學眼光審視老莊的思想和觀點時，它們只是有關宇宙、人生的哲學認識論系統和社會實踐理論，而當以審美的角度去把握老莊思想時，才能認識到它們對於中國美學、藝術深刻影響的原因所在。這實際上意味著一種新的研究思路和方法啟示。必須超越以往陳舊的研究路徑，通過從哲學與美學，人生與藝術相通的整體把握，中西對照同時注重中國傳統美學因素的特殊性質，才能真正解讀老莊的美學意義。

需要補充說明的是，「莊子對藝術實有最深刻的了解」[16]。不僅莊子的「道」與藝術有著某種相似的特點和規律，而且莊子有關「道」的思想，有時就是由對具體藝術活動的深刻認識而昇華得到的。「他對於道的體認，也非僅靠名言的思辨，甚至也非僅靠對現實人生的體認，而實際也通過當時的具體藝術活動，乃至有藝術意味的活動，而得到深的啟發。」[17]在《莊子》許多寓言故事中，我們可以隨時看到

---

15 劉紹瑾：《莊子與中國美學・走出困境（代緒言）》（修訂本），長沙，嶽麓書社，2007，第11頁。

16 徐復觀：《中國藝術精神》，桂林，廣西師範大學出版社，2007，第38頁。

17 徐復觀：《中國藝術精神》，桂林，廣西師範大學出版社，2007，第38頁。

莊子以藝喻道：《養生主》中「庖丁解牛」那種由技而進乎道的功夫的過程，實際就是由技而進乎藝術創造的過程；在《天運》篇有名的談音樂的段落中，莊子就是以對音樂的感受來比喻體道的境界。體道的功夫與藝術創造的功夫，學道的境界與一個藝術家在藝術創造中達到的最高精神境界是一致的。正因如此，徐復觀指出，「庖丁的技而進乎道，不是比擬性的說法，而是具有真實內容的說法。但上述的情境，是道在人生中實現的情境，也正是藝術精神在人生中呈現的情境」。[18]

第二節　通於藝術精神的老子之「道」

如前所述，二十世紀初以來，西方現代學術範型傳入中國，當時學者紛紛以「新的眼光、新的時代精神、新的學術思想和治學方法照亮了他們所從事的具體研究對象」。[19]這裡所謂「具體研究對象」實指中國傳統文學、文化資源。中國美學史的學科建構和中國現代美學的開拓，正是在這樣的大背景之下展開的。在中國文藝美學的研究中，與莊子美學研究相比，老子美學思想研究則相對薄弱，且缺乏深入全面的評價。以二十世紀七〇年代末為界限，在此之前的老子美學研究可以說是十分沉寂的。「除宗白華先生曾在一些論著中對老子的某些命題的美學意義做過頗具勝義的闡發外，『文化大革命』前探討老子美學思想的專門文章幾乎沒有。」[20]一九七九年出版的施昌東《先秦諸子美學思想述評》以老、莊合論的形式，較為集中的談到了老子美學思

---

18 徐復觀：《中國藝術精神》，桂林，廣西師範大學出版社，2007，第39頁。
19 陳平原：《中國文學研究現代化進程·小引》，見王瑤主編：《中國文學研究現代化進程》，北京，北京大學出版社，1996，第2頁。
20 小茹：《老子美學思想初探概略》，《哲學動態》1988年第8期。

想。[21]此後，也即二十世紀八○年代以來，隨著人們對中國古典美學的重視，才開始陸續出現一些關於老子美學思想的文章，如蔣孔陽《評老子「大音希聲」的音樂美學思想》以及欒勳的《論老子的美學思想》等[22]。這些為數不多的論文，可以說是中國美學界對老子美學思想的最初探討。[23]尤其是八○年代中期，隨著「美學熱」的深入，「中國美學史」學科建設取得重大突破，以李澤厚、劉綱紀主編的《中國美學史》和葉朗的《中國美學史大綱》為代表。這兩部美學史著作都闢有專章對「老子美學」予以詳細分析論述。前者立足於與儒家美學的對照，認為「老子美學的出現，標誌著中國古代一種新的美學的崛起」。[24]後者更將「老子的美學」列為第一章，並明確指出「老子美學是中國美學史的起點」[25]，給予了極高評價。

從老子作為道家創始人的觀點出發，筆者認為，儘管老子對後世美學、藝術的影響不如莊子來得更為本色，但這種歷史影響與奠基作用是不可抹煞的。道家的系列重要範疇，也即後世被移植為美學、藝術範疇的「道」、「氣」、「有」、「無」、「虛實」、「味」、「妙」、「自然」等，都是老子所率先提出。即便是十分看重莊子藝術精神的臺灣學者徐復觀，在談及道家藝術精神的時候也常老莊並提，只是有所區別和側重。比如：

---

21 施昌東：《先秦諸子美學思想述評》，北京，中華書局，1979。

22 蔣孔陽：《評老子「大音希聲」的音樂美學思想》，《復旦學報（社會科學版）》1981年第4期；欒勳：《論老子的美學思想》，見《文學評論》編輯部編：《文學評論叢刊》第16輯，北京，中國社會科學出版社，1982。

23 據筆者資料所涉範圍初步統計，一九八一至一九八五年大陸有關老子美學研究論文僅十餘篇，一九八五年後逐漸增多。

24 李澤厚、劉綱紀主編：《中國美學史 · 先秦兩漢編》，合肥，安徽文藝出版社，1999，第212頁。

25 葉朗：《中國美學史大綱》，上海，上海人民出版社，1985，第10頁。

老、莊思想當下所成就的人生，實際是藝術的人生，而中國的
純藝術精神，實際係由此一思想系統所匯出。中國歷史上偉大
的畫家及畫論家，常常在若有意若無意之中，在不同的程度
上，契會到這一點，但在理論上尚缺乏徹底的反省、自覺。[26]
他們（按：老莊）所說的道，若通過思辨去加以展開，以建立
由宇宙落向人生的系統，它固然是理論的、形上學的意義（此
在老子，即偏重在這一方面），但若通過工夫在現實人生中加
以體認，則將發現他們之所謂道，實際是一種最高的藝術精
神，這一直要到莊子而始為顯著……在現時看來，老、莊之所
謂「道」，深一層去了解，正適應於近代的所謂藝術精神。這
在老子還不十分顯著，到了莊子，便可以說是發展得相當顯著
了。[27]

可見，老、莊都有通於藝術精神的可能，只是莊子更顯著。老子思想
不僅是道家藝術精神發源地，也是中國古典美學、藝術精神的源頭
之一。

　　在通往藝術精神的道路上，老、莊各自有著不同特點。老子的貢
獻集中表現在建立了一個以「道」為中心的哲學體系，奠定了整個道
家思想的基礎。更重要的是，他開創了一種和儒家思想不同的新的理
論基礎，其根本出發點就是「道」。「老子的道論本不是討論美學問題
的，但它的基本思想特別是一些重要命題都給美學的生長提供了生根
點。」[28]因此，要解讀老子的藝術精神，就必須對他的「道」作一些

---

26 徐復觀：《中國藝術精神》，桂林，廣西師範大學出版社，2007，第35頁。
27 徐復觀：《中國藝術精神》，桂林，廣西師範大學出版社，2007，第36頁。
28 陳望衡：《中國古典美學史》上卷，武漢，武漢大學出版社，2007，第2版，第46

分析。

一 為人生之「道」

老子的藝術精神同他的整個哲學思想的核心——「道」有著直接的聯繫。自二十世紀初以來，學界對老子美學的研究幾乎都是圍繞他的「道」來展開的。換句話說，所謂老子的美學觀點，實際上是後世接受者和闡釋者從他的「道」出發去觀察和解決審美和文藝問題所得出的看法和結論。因此，老子之「道」通於藝術精神，既是指中國古人們在漫長的藝術實踐過程中對老子思想的接受、移植和闡釋，也是指近現代以來在西方學術思想影響背景下這一美學課題浮出水面的動態過程，並且這一過程還將隨著中國古代文藝美學思想研究的深入繼續下去。然而，這一切在歷史事實層面顯現的內容，更離不開老子思想本身所具備的通向美學與藝術的可能性。

綜觀大陸自二十世紀八〇年代以來關於老子美學思想的著述，大多著眼於其具體美學思想的申發闡述，而對其緣何通於美學、藝術精神言之甚少，一定程度上影響了對老子美學思想的宏觀把握和科學認識。因此，我們首先要注意到老子思想的整體特點：源於憂患意識的老子哲學體系並非以建立所謂宇宙論為根本動機和目的，其出發點和落實點依然是人生問題。陳鼓應認為：「老子的整個哲學系統的發展，可以說是由宇宙論伸展到人生論，再由人生論延伸到政治論。」[29]當然，此一觀點其實源於徐復觀的看法：

頁。

29 陳鼓應：《老子哲學系統的形成和展開》，見《老子今注今譯》，北京，商務印書館，2003，第22頁。

老學的動機與目的，並不在於宇宙論的建立，而依然是由人生的要求，逐步向上面推求，推求到作為宇宙根源的處所，以作為人生安頓之地。因此，道家的宇宙論，可以說是他的人生哲學的副產物。他不僅是要與自己根源相應的生活態度，以取得人生的安全立足點。所以道家的宇宙論，實即道家的人性論。因為他把人之所以為人的本質，安放在宇宙根源的處所，而要求與其一致。此一方向的人性論，由老子開其端，由莊子盡其致；也給中國爾後文化發展以巨大的影響。[30]

這裡有三點啟示：其一，老子思想並非如有論者所言是著意於建立一個宇宙理論體系，其關注的重心還是人生的要求，它是「要求在劇烈轉變之中，如何能找到一個不變的『常』，以作為人生的立足點，因而可以得到個人及社會的安全長久」[31]；其二，老子將人生的要求推求到宇宙根源處，從而建立所謂「道」的理論體系。而「道」的問題，用陳鼓應的話說，其實是「虛擬」的。因為有關「道」所具有的種種特性和作用，都是老子出於人生與政治的要求，根據經驗世界中體悟出的道理來「預設」的。所以，我們可以將「道」視為「人的內在生命的呼聲，它乃是應合人的內在生命之需求與願望所展開出來的一種理論」[32]。在此，老子思想形而上的性質落到了人生的層面；其三，既然老子「把人之所以為人的本質，安放在宇宙根源的處所，而要求與其一致」，且根據他認為「道」是世界萬物的根源的觀點，我們可以推斷，「道」也是美與藝術的來源。自然，對於美與藝

---

30 徐復觀：《中國人性論史》，上海，華東師範大學出版社，2005，第198頁。
31 徐復觀：《中國人性論史》，上海，華東師範大學出版社，2005，第199頁。
32 陳鼓應：《老子哲學系統的形成和展開》，見《老子今注今譯》，北京，商務印書館，2003，第23頁。

術的本質，老子也是安放在宇宙根源並要求與其一致的。這樣，我們解讀老子思想通於藝術精神的內在可能以及老子的美學思想的思路就豁然開朗了。

二 老子「無為」的藝術精神

「道」是老子思想的中心觀念。諸多學者分析認為，儘管《老子》書中多次提到「道」，但不同章句中「道」的含義卻是不同的。[33]根據陳鼓應的分析，老子之「道」有三種：形而上的實存意義的「道」，規律性的「道」以及作為人生準則的「道」。（一）形而上的實存意義的「道」：作為「道」體的描述時，它的特點是無形無名、實有（唯一、絕對）、永恆、運動。「道」作為宇宙的生成時，它是先在、根源、始源、超越、內在的；（二）規律性的「道」，是對立轉化、循環運動的；（三）作為人生準則的「道」，也即形而上的「道」落實到現象界，其顯現的基本特性成為人類行為的準則。這層意義上的「道」脫離了形上學的色彩，落實到物界，作用於人生，稱之為「德」。「德」的基本特點與精神是「自然無為」。「自然無為」是指順任事物自身的狀況去自由發展，而不以外在的強制力量去約束它。它體現了老子對於生命自由的看法。當然，這些「道」的不同含義又是可以貫通的。[34]

首先，我們從形而上的實存意義的「道」出發，可以看出「道」

---

33 如唐君毅將老子的「道」細分為六義：有通貫異理之用之道，形上道體，道相之道，同德之道，修德之道及其它生活之道，為事物及心境人格狀態之道。唐君毅：《中國哲學原論‧導論篇》第十一章「原道上：老子言道之六義」，北京，中國社會科學出版社，2005。

34 陳鼓應：《老子哲學系統的形成和展開》，見《老子今注今譯》，北京，商務印書館，2003，第23-35頁。

是一切存在的根源（「萬物之宗」）和始源，天地萬物都是由「道」所產生，它們都應當遵循「道」的基本精神和特點。因此，美與藝術也不能例外，它們應當是「道」的生發。換句話說，「道」也是美與藝術的來源。故而，所謂老子否定美與藝術的觀點只是相對的。一般認為老子對審美和藝術持否定態度的根據主要是下面這段話：

> 五色令人目盲，五音令人耳聾，五味令人口爽，馳騁畋獵令人心發狂，難得之貨令人行妨。是以聖人為腹不為目，故去彼取此。（《老子》第十二章，以下只注章目）

結合前面的推導來看，老子實際上反對的是「令人目盲」、「令人耳聾」的「五色」、「五音」，而非一切審美與藝術。他理想的審美與藝術應當是符合「道」的基本特徵的。這段話後面的結論「聖人為腹不為目」，根據王弼和葉思靖的解釋[35]，應理解為聖人是不會為追求感官欲望的享樂而損害自己的生命的。「用老子自己的說法，『為腹不為目』也就是老子所謂『虛其心，實其腹』，做到『無知無欲』，不為外物所亂。」[36]因此，「道法自然」。老子對審美和藝術並非完全否定，他只是從他的「自然」之「道」的理想狀態出發，要求審美與藝術不應產生「令人目盲」、「令人耳聾」的有害後果，與人的生命自由相一致。

　　老子與孔子大致都生活在春秋末至戰國初期，此時為我國由原始

---

35 王弼注：「為腹者以物養己，為目者以物役己，故聖人不為目也。」《老子本義》引葉思靖解釋為：「凡所欲之外物，皆害身也。聖人但為實腹而養己，不以悅目而徇物。」。

36 李澤厚、劉綱紀主編：《中國美學史・先秦兩漢編》，合肥，安徽文藝出版社，1999，第198頁。

氏族社會進入奴隸社會的過渡階段。與孔子不同，老子看到的不是人類進入奴隸社會後由物質和精神文化發展所帶來的光輝成就，而是「文明」社會背後的種種虛偽、殘暴和罪惡現象。他敏銳而激烈地指出：「天下皆知美之為美，斯惡矣；皆知善之為善，斯不善已。」（第二章）「大道廢，有仁義；慧智出，有大偽。」（第十八章）老子通過對自然生命的觀察，認為人類最理想的狀態是純任自然的狀態。從個體生命如何求得自由發展的角度出發，他提出了「無為」的主張。「是以聖人處無為之事，行不言之教。」（第二章）「為無為，則無不治。」（第三章）在他看來，只有在順應自然規律的情況下才能達到自己的目的。「因此老子就把『無為而無不為』上升到整個宇宙的高度，並依據古代已取得的某些自然科學的知識，給予哲學的論證，得出了他所謂的『道』。」[37]「道」作為世界產生和形成的根本特徵或規律，以「無為而無不為」作為自己的根本特性。

由於「自然無為」是「道」的最本質特點，也是老子哲學中最重要的觀念，落實到人生，也以「無為」為最高理想。「無為」並非無所作為，而是要「善為」，不妄為。而「善為」的關鍵是「自然而然」，即按事物本身的內在規律去適當作為。故「天之道，不爭而善勝，不言而善應，不召而自來」（第七十三章）。可見，天道雖「無為」卻「無不為」。「『無為而無不為』，美的奧妙就在其中。」[38]這一特性包含了道家對必然與自由關係的理解，在中國思想史上有著深遠影響。在老子看來，人如果採取「無為」的態度去對待一切，處處順應自然的要求，「輔萬物之自然而不敢為」（第六十四章），不背離自然的規律去追求自己的目的，那他恰恰就能達成一切目的。也就是說

---

37 李澤厚、劉綱紀主編：《中國美學史．先秦兩漢編》，合肥，安徽文藝出版社，1999，第193頁。

38 陳望衡：《老子審美理想的歷史價值》，《天津社會科學》1991年第4期。

人的目的的實現就包含在規律自身的作用之中，或者說規律自身發生作用的結果即是人的目的的實現。這種無目的而合目的，合規律與合目的的境界，實質就是一種超功利的審美的境界。其原因在於「老子哲學的根本原則，即『道』的『無為而無不為』，包含有對人類審美和藝術創造活動的特徵的深刻理解，或者說有和這種理解相通的東西」。[39]在此，老子「無為而無不為」的藝術精神內涵，「不期然而然地會歸」（借用徐復觀語）於西方近代美學史上德國古典美學奠基人康德論審美判斷的觀點。康德在其研究自然生命與審美的《判斷力批判》中，以「目的的關係」這一範疇來考察審美判斷。他「認為美是一對象的形式方面所表現的合目的性而不去問他的實際目的，即他所說的『合目的性而無目的』（無所為而為）」[40]。也即，美的判定只以一單純形式的合目的性，即無目的的合目的性為根據。一切審美和藝術活動所具有的重要特徵之一，是無目的與合目的性的矛盾或二律背反，以及目的與規律不可分離的相互滲透和統一。對此，康德作出了系統的說明和論證。而在他之前兩千多年，老子就已經從對自然生命的直觀體悟上極其質樸地意識到了這一點。

　　在老子看來，「道」的自然無為原則支配著天地萬物，也同樣支配著美與藝術現象，是美與藝術的欣賞和創造必須遵循的原則。這一具有高度藝術哲學啟示性的觀點，成為後世所謂「自然天成」、「巧奪天工」等藝術追求的最初源頭。也正因為如此，李澤厚、劉綱紀指出：

---

39 李澤厚、劉綱紀主編：《中國美學史・先秦兩漢編》，合肥，安徽文藝出版社，1999，第207頁。
40 宗白華：《美學散步》，上海，上海人民出版社，1981，第221頁。

　　由於老子哲學中的「道」以「無為而無不為」這個具有深刻美
　　學意義的原則為其特徵，同時也由於老子所謂的「道」既是無
　　形的，又是產生有形的萬物的始基、源泉，因此老子關於
　　「道」以及人如何把握「道」的種種描述和說明，雖不是針對
　　審美而言的，卻又處處都顯示和審美相通的重要特徵。老子是
　　在講「道」，同時又幾乎是在講審美，講藝術。[41]

與此同時，「無為而無不為」也符合個體生命自由發展的需要，即個
體自由與客觀必然性、合目的與合規律性的內在高度統一。老子以
「無為」作為最高人生理想，落實到人生，要求人與道合一，與天地
自然合一，與宇宙萬物的發展規律合一。這種人生境界也就是一種審
美的境界。需要指出的是，「無為而無不為」所包含的對審美與藝術
創造活動的深刻理解，在老子這裡還處於引而未發的狀態。也即是
說，老子之「道」儘管具備了極大的藝術哲學啟示性，但他畢竟沒有
明確地從審美角度去闡明它。直到莊子，才將這一點充分地予以強調
和展開。對此，徐復觀的看法甚為精當：「道家的無為而治，只能說
是一種『念願』；一落到現實上，便經過慎到而漸漸轉到法家的法、
術上面去了。而在老、莊本人，一面是以理論來支持這種念願，一面
則是於不知不覺之中，沉浸於藝術精神的境界中來滿足此一念願。
所以老、莊的無為而治的政治思想，有其理論性的一面，也有其藝術
性的一面。在老子，則前者的意味重於後者；在莊子，則後者的意味
重於前者。」[42]在通向藝術精神的道路上，老莊的不同特點再次得到
證實。

---

41 李澤厚、劉綱紀主編：《中國美學史・先秦兩漢編》，合肥，安徽文藝出版社，1999，
　　第209頁。

42 徐復觀：《中國藝術精神》，桂林，廣西師範大學出版社，2007，第86頁。

「道常無為而無不為」（第三十七章），老子之「道」，就是其藝術精神和美學思想的出發點。老子以自然無為的「道」作為美與藝術的根源，他的自然之美的思想體現了「道」所派生的特點，也體現了「道」的自然延伸。老子之「道」與藝術精神的聯結或者說它通向藝術精神的可能由此得到彰顯。有了這種內在聯結和潛在的可能，後世對老子美學、藝術思想的移植、利用和生發就是情理之中的事了。以此為基點，老子藝術精神在中國古典藝術審美客體、審美觀照、藝術生命等方面都有所體現，如「道法自然」與藝術的自然追求，「有無」、「虛實」對藝術空間意識的影響或有關藝術生命的看法，「滌除玄覽」、「致虛極，守靜篤」之於審美觀照，「淡乎其無味」與「平淡」的審美風格趣味等。宗白華、李澤厚、劉綱紀及葉朗等美學前輩在其著述中都有所闡發，故在此不再贅述。

第三節　莊子的人生──藝術哲學
──純藝術精神之根

如果說，通於藝術精神的老子之「道」其形上學的色彩還非常濃厚的話，那麼在莊子思想中這種色彩已經明顯褪去。作為道家思想的繼承與發揚者，莊子之於老子是有一定承繼關係的。「他的起點，他的骨幹，還是從老子來的」。[43]然而，在通往藝術精神的道路上，比老子更具藝術氣質的莊子則有了質的飛躍，他提出了老子所未曾達到的人生境界。許多論者已經認識到：事實上，莊子思想並不導向哲學認識論，更不指向社會實踐，而是導向審美。李澤厚指出：「從所謂宇宙觀、認識論去說明理解莊子，不如從美學上才能真正把握住莊子哲

---

43 徐復觀：《中國人性論史》，上海，華東師範大學出版社，2005，第222頁。

學的整體實質。」[44]徐復觀也說:「當莊子把它（筆者注:『道』）當做人生的體驗而加以陳述,我們應對於這種人生體驗而得到了悟時,這便是徹頭徹尾的藝術精神,並且對中國藝術的發展,於不知不覺之中,曾經發生了某程度的影響。」[45]我們不完全同意將莊子之「道」視為「徹頭徹尾的藝術精神」的說法,但至少可以肯定,「莊子的『道』與藝術具有某種相似的特點和規律」。[46]與老子相比,莊子之「道」的審美色彩、文學趣味更濃。導向主觀精神超越和自由的莊子思想儼然以「遊方之外」的姿態,顯出了比老子更為徹底和深刻的審美意義。只有莊子,才真正稱得上成就了「藝術地人生」,而中國的純藝術精神,實際上只是由莊子這一系所匯出。

莊子對後世美學、藝術理論影響最大的不是他有關文藝與審美的言論,而是前述其思想中體現的極具啟發暗示性的審美特徵。因此,臺灣學者丁履譔說:「在老莊的書裡,找不到對藝術此一事實的正面肯定。於是,他們對美學的理論的層次,只作了比喻性的透露,有待於讀者對莊子一書中作側面的、或隱然的體悟。」[47]只是這些關於文藝的言論（包括對藝術的否定、對美醜差別的否定）也包括在莊子思想當中,它們的出現,是為了更好地說明其審美特徵:他否定的只是世俗的、導向感官物欲和實用目的的藝術和美,而在其否定的背後,則是對純粹審美意識的肯定。

---

44 李澤厚:《漫述莊禪》,《中國社會科學》1985年第1期。

45 徐復觀:《中國藝術精神》,桂林,廣西師範大學出版社,2007,第37頁。

46 劉紹瑾:《莊子與中國美學》（修訂本）,長沙,嶽麓書社,2007,第7頁。

47 丁履譔:《美學新探》,臺北,成文出版社有限公司,1980,第74頁。

一　從「忘」到「遊」

戰國時代人生所受的像桎梏、倒懸一樣的痛苦與異化，是促使莊子展開哲學思索的最初動力。「形成莊子思想的人生與社會背景的，乃是在危懼、壓迫的束縛中，想求得精神上徹底的自由解放」。[48]因此，在《莊子》一書中，貫穿到底的紅線是「怎樣在人世的紛爭中全真保性」的問題。莊子整體思想核心的實質是人生哲學。而哲學界大為闡述的所謂莊子的宇宙觀、認識論等問題，只是在他論述人生問題時順便觸及的。儘管莊子並非以美與藝術作為對象進行哲學思索，而其論人生的修養和境界又與藝術的審美特點有著相同的特徵。所以，我們把莊子的人生哲學稱為人生——藝術哲學。

「累」與「德」的矛盾，是莊子人生——藝術哲學的邏輯起點。

「德」是一種心態——擺脫了世俗之累的一種和諧逸豫的精神境界。「德」與「累」的矛盾是莊子人生哲學的集中表現，而以「德」與「累」的矛盾為軸心，《莊子》的內七篇呈現出這樣一個情感心理邏輯結構：莊子從「人間世」（《莊子·人間世》，以下只注篇名）之「累」出發，經過去「累」（即後面所要說的「忘」）的過程（包括《齊物論》《養生主》《德充符》《大宗師》《應帝王》），最後達到逍遙適己的「德」（「德」把「遊」的精神境界品格化）的極致，進入理想的「無何有之鄉」（《逍遙遊》）。此時，「累」與「德」的矛盾消失了，「德」最後在去「累」之後勝利地顯現出來。因此，把「累」與「德」的矛盾作為莊子人生——藝術哲學的邏輯起點和軸心，是符合莊子情感心理內在邏輯的。

從以上「累」與「德」矛盾的分析來看，莊子超越人間一切是非

---

48 徐復觀：《中國人性論史》，上海，華東師範大學出版社，2005，第237頁。

與煩惱，達到與「道」合一的「德」的勝境，實際上體現了一種審美的人生態度。毋庸諱言，莊子所達到的自由快樂，是對現實人間的一種主觀精神的超越，由此獲得的自由，是一種虛幻的自由，是一種樂意的自我欺騙（有趣的是，現代西方就有人把藝術定義為「樂意的自我欺騙」）。然而，如果我們不從社會實踐和哲學認識論的角度，而從審美的觀點來看待莊子的上述思想，我們就會發現，莊子思想對現實人生所採取的，正是一種審美的情感態度。因為審美最重要的特徵就在於如莊子在體「道」中所具有的那種超功利性以及精神上與現實的距離感。

「累」與「德」的矛盾，也就是「待」與「遊」的對立。那種審美的人生態度，莊子是以「無待」的「遊」這個字來形象地概括的。對《莊子》中的「遊」字，前人頗為注意，甚至有人把「遊」字作為《莊子》的通義[49]。然而，他們多是從哲學、倫理的角度來展開論述的。實際上，莊子的「遊」更多的是一個重要的美學範疇，是一種超越現實人間的一切關係、利害之後所達到的自由快適之感，它猶如康德所說的那種與感官生理的快感無涉、不夾雜理性判斷、沒有目的的合目的性的純粹的審美快感。在《莊子》中，「遊」常與「心」連用，如「且夫乘物以遊心，托不得已以養中，至矣！」（《人間世》）「汝遊心於淡，合氣於漠。」（《應帝王》）「不知耳目之所宜，而游心於德之和。」（《德充符》）這裡的「遊心」即心之遊。「遊」不是肉體的飛升，而是心靈的逍遙，精神的容與。「養中」與「不知耳目之所宜」，都說明「遊」與外界無關。「逍遙遊」只是內心的滿足。所謂「遊乎無何有之鄉」「遊乎塵垢之外」「游乎方之外」，都只是個人沒有束縛的自由的精神王國，它與「人間世」是毫無關係的，而毋寧說

---

49 王叔岷：《莊子通論》，《學原》第1卷第9、10期，1948。

是超越了「人間世」的一切係縛所達到的一種內心的和諧、自適的審美境界。

「遊」，也是一種「體道」的境界。所以《田子方》篇假託老聃向孔子談了一番「遊心於物之初」的道理：

> 孔子問：「請問遊是？」
> 老聃曰：「夫得是，至美至樂也。得至美而遊乎至樂，謂之至人。」

這裡的「物之初」，即作為萬物的本根的「道」。體道的境界，就是至美至樂的極致。儘管莊子把「道」說得迷離恍惚，把得道之人塗上了神仙色彩，但只要我們「知人論世」、「披文入情」，來尋繹莊子的情感心理邏輯，就會發現，莊子的「道」與其說是一個單一抽象的、可以下明確定義的純粹性概念，倒不如把它看做一個含義豐富、生氣勃勃、夾帶著強烈情感和直觀感受的理想。在莊子看來，遊心於道，就是「至美至樂」，「得至美而遊乎至樂，謂之至人」。所謂的得道之人（「至人」），就是有一套超越人間的一切分際、煩惱的本事，不為功名利祿、生死禍福而動心，具有一種堅強深厚和一致性的主體情致。它大概就像叔本華所謂的具有對世界採取「純粹的客觀態度」的觀照能力的那一種人——藝術天才。郭沫若早期就曾這樣來解讀，他在《生活的藝術化》一文中，引莊子「梓慶削木為鐻」闡發道：

> 這一段文字，我以為可以道盡一切藝術的精神，而尤其重要的，便是其中的「不敢懷慶賞爵祿，不敢懷非譽巧拙，輒然忘吾有四肢形體也」這幾句話。這便是天才的秘密，便是藝術的生命所在的地方。我們的藝術家，如果能夠做到這一步，就是

能夠置功名、富貴、成敗、利害於不顧，以忘我的精神從事創
作，他的作品自然會成為偉大的藝術，他的自身自然會成為一
位天才。所以我說天才不是天生成的，也不是瘋子，他並沒有
什麼秘密……德國哲學家叔本華（Schopenhauer）說，天才即
純粹的客觀性，所謂純粹的客觀性，便是把小我忘掉，溶合於
大宇宙之中，──即是無我。[50]

莊子的「道」具有一種西方所謂「泛神論」的色彩，它不是懸在天
空，而是安放在人間萬物，它「無所不在」，甚至「在屎溺」（《知北
遊》），主要看你能否體悟到它。不是缺少美，而是缺少發現。只要你
有「忘」的工夫，對現實採取一種超越的、非占有式的審美情感態
度，你就能進入與道合一的「至美至樂」之中，從每一感覺世界的事
物自身看出其超越的意味，從物中見美，於技中見道，在有限、短瞬
之中領悟出無限、永恆。這正是日本學者今道友信稱道的東方美學所
表現出來的「超越者的美」。

「遊」，從根本上來說，是苦難、紛爭的「人間世」的產物。莊
子看到人間的一切追求所得到的只是痛苦、無休止的勞形苦神，就在
自己的心靈王國鑄造一座躲避人間風雨的象牙之塔，遁入一種藝術境
界裡面求得解脫。「結廬在人境，而無車馬喧」，以「無江海而閒」
（《刻意》）作為人生最高境界的莊子並沒有在空間上遠遊，而只是
「即自的超越」。這種「即自的超越」，是以「忘」字來窮盡其趣的。
所以「忘」成為莊子人生──藝術哲學的重要一環。「忘」是「遊」
的必要條件。沒有「忘」，也就展開不了「遊」的「翅膀」。

「忘」，就是忘「坐馳」般的「人間世」（「坐馳」一語見《人間

---

50 郭沫若：《郭沫若全集・文學編》第15卷，北京，人民文學出版社，1990，第211頁。

世》篇）。在《莊子》中，「忘」有多種同義表達，「外」、「遺」、
「遣」、「喪」、「墮」、「黜」、「無」等都是這個意思，以表示對人間價
值世界的是非分際的審美超越。「忘」字在《莊子》中出現的次數很
多。實際上，我們在前面就早已領略到了「忘」字在莊子哲學——美
學中的重要性。去「累」也就是「忘」。莊子所理想的「至人」、「真
人」、「神人」之所以如此之神，似乎正在於「忘」。《逍遙遊》有「喪
天下」、「無己」；《齊物論》開篇就有「吾喪我」之歎；《人間世》「庖
丁解牛」的寓言故事中，庖丁「未嘗見全牛」，故解牛時「遊刃有
餘」。這裡的「未嘗見」，亦是「忘」義；《人間世》有「徇耳目內通
而外於心知」，其「外」與「忘」同；《德充符》則以「忘形」作為一
篇之主腦；《大宗師》裡出現更多，「魚相忘乎江湖，人相忘乎道術」
的著名言論就出於此篇。到了外、雜篇，「忘」義出現的頻率也不減
其多。如《在宥》篇：鴻蒙以「不知所求，倡狂，不知所往」作為
「浮游」的特徵，以「墮爾形體，黜爾聰明，倫與物忘」作為「遊」
的條件。《天地》篇：「忘乎物，忘乎天，其名為忘己。忘己之人，是
之謂入於天。」把「忘」作為「與物為春」、與天合一的必要條件。
《達生》篇：「忘足，履之適也；忘要，帶之適也；忘是非，心之適
也。」這裡的「忘」與「適」之間也就是「忘」與「遊」的關係。
「梓慶削木為鐻」的寓言中，梓慶成鐻之所以使「見者驚猶鬼神」，
就是因為他「不敢懷慶賞爵祿」、「不敢懷非譽巧拙」、「忘吾有四肢形
體」、「無公朝」（這裡的「不敢懷」、「無」，都是「忘」的意思）……
值得注意的是，《莊子》「忘」的秩序在各篇中都顯出驚人的一致：從
外到內，由有形到無形。下面一段是比較典型的：

　　吾猶告而守之，三日而後能外天下；已外天下矣，吾又守之，
　　七日而後能外物；已外物矣，吾又守之，九日而後能外生；已

外生矣，而後能朝徹；朝徹，而後能見獨；見獨，而後能無古今；無古今，而後能入於不死不生。(《大宗師》)

這裡值得注意的有二：一是最終目的不是「見獨」(「獨」即「道」)，而是「入於不死不生」，對生死的超越。這就再一次證實了我們對莊子思想特徵的一個基本看法，即莊子思想重心不在「道」的本體，而在對人間苦難(死當然是最大的苦難)的超越。在莊子看來，「體道」的境界就是對它們的超越，足見莊子「道」之發明，不在對宇宙本體進行探求，而在用之解脫人生的苦悶。因此我們在後面稱莊子之「道」是苦悶的象徵。二是其「忘」(即「外」)的秩序：最周邊的，也是最先的是「外天下」，即忘懷治天下的政治事功以及與之相適應的一系列典章形式和是非標準，這也就是梓慶所說的「不敢懷慶賞爵祿」、「不敢懷非譽巧拙」、「無公朝」；其次是「外物」，就是不為物役，對「物」引起的欲望採取超然的態度，不以欲念來對待物；最後是「外生」，即忘懷感官生理的欲望，實同於梓慶所說的「忘吾有四肢形體」。經過上述的審美遺忘、超越，故能保持心靈的怡靜，體悟至高的、獨立不二的大「道」，進入審美境界，達到精神上的自由、永恆。此外，被大家廣為稱引的《大宗師》之「坐忘」與《人間世》之「心齋」交相印證，也是遵循這一路線的漸忘，達到直觀體悟至道的審美境界。

歸納起來，莊子的「忘」主要是對人間生存的追求所產生的痛苦、憂患的主觀精神的超越，這種超越是一種藝術性的審美超越。它主要有如下層次：(一)由於當時對人的精神自由的最大壓迫來自政治，故莊子主張應該忘懷治天下之心以及與之相應的一系列典章、教化形式和是非標準，這就是「喪天下」、「忘仁義」、「忘禮樂」、「忘是非」、「忘窮通」(《讓王》篇：「窮亦樂，通亦樂，所樂非窮通也」)

等。（二）由於人們對感官生理欲望的追求使人喪失了自由，擾亂了人心靈的平靜，故莊子要人們「忘其肝膽」、「遺其耳目」、「離形」、「墮肢體」、「外物」、「灑形去欲」（《山木》）。（三）政治的壓迫也好，感官物欲的追求也好，都因為有心智在運動。功名利祿造成人心的不安，都是因有「我」在作怪。因此，對人世斬草去根的超越是「無己」、「喪我」、「黜聰明」、「去知」、同一生死。這樣，「無不忘也，無不有也，澹然無極而眾美從之。」（《刻意》）「無不忘」，得到的卻是「大有」：一種超越了生死、超越了感官物欲享受的、與宇宙天地同化的至美至樂，留下的只是一片精神的和諧自足。

二　莊子的直覺主義純藝術精神

用現代美學、文藝學的眼光來看，莊子從「忘」到「遊」的人生——藝術哲學實際體現了一種直覺主義的純藝術精神。

第一，它具有非理性的色彩。在人間世的紛爭、困苦面前，任何理性的考察都只能是痛定思痛，百思不得其解。因此，莊子主張忘知去心。下面這一則寓言以象徵性概念語言表達了莊子思想的非理性色彩：

> 黃帝遊乎赤水之北，登乎崑崙之丘而南望，還歸遺其玄珠。使知索之而不得，使離朱索之而不得，使喫詬索之而不得也。乃使象罔，象罔得之。黃帝曰：「異哉！象罔乃可以得之乎？」（《天地》）

這裡雖然是喻「道」，但體道的境界實為人生的極樂勝境。這種理想境界就是用盡心智耳目聲色，也尋索不得，無意中反而發現「那人卻

在燈火闌珊處」。有人還把這則寓言比喻為藝術創作中的靈感活動，足見它對藝術理論的影響之大。

第二，有一種直覺主義的思想特徵。「外天下」、「外物」、「外生」之後，就進入了一個大清明的「朝徹」勝境。「朝徹，而後能見獨。」「見獨」，就是「目擊而道存」（《田子方》），直觀體悟獨立無待的至道。「見獨」，郭象解釋道：「忘先後之所接，斯見獨者也。」徐復觀則更為明確地說：

> 《莊子》一書，最重視「獨」的觀念。老子對道的形容是「獨立而不改」，「獨立」即是在一般因果系列之上，不與他物對待，不受其它因素的影響的意思。不過老子所說的是客觀的道，而莊子則指的是人見道以後的精神境界。[51]

莊子正是把老子的「獨」的觀念向具有審美色彩的方向發展。因此，莊子的「見獨」的程序、狀態和所達到的境界，與藝術直覺的程序、狀態和境界幾乎完全一致。王國維在譯介叔本華的藝術直覺時說：「拾其靜觀之對象而使之孤立於吾前……空間時間之形式對此而失其效，關係之法則至此而窮於用。」[52]這一藝術直覺的特徵與莊子「見獨」時「忘先後之所接」、超越「一般因果系列」、「不與他物對待」的心理狀態完全一致。因此，莊子的「體道」、「見獨」，實際上接近於一種所謂的審美直覺。

但是，對於「體道」在《莊子》中的情況也要作具體的分析。莊

---

51 徐復觀：《中國人性論史》，轉引自陳鼓應：《莊子今注今譯》，北京，中華書局，1983，第185頁。

52 王國維：《叔本華與尼采》，見周錫山編校：《王國維文學美學論著集》，太原，北嶽文藝出版社，1987，第61頁。

子主張忘懷一切，但還有一種東西存在，即一個沒有喜、怒、哀、樂、好、惡等是非情感，沒有任何現實欲念的純粹主體。「喪我」之後，還有那個「形如槁木，心若死灰」的「吾」。正是這個「吾」，才使其「體道」得以成立並進行。同時，「人間世」也並不因莊子忘懷而消失，況且，客觀世界除了爾虞我詐的人間社會以外，還有接近於自然之道的自然界。由於這些，莊子的「體道」就具有二重性：當他遁世的時候，他的「體道」就成為一種純主觀的直覺領悟，這使其思想披上了一層神秘的色彩。但他更多的是採取「遊世」的人生態度，在人間「不譴是非，以與世俗處」（《天下》），特別是在大自然中尋找精神寄託。正如王國維所譯叔本華說的那樣：「苟吾人能忘物與我之關係而觀物，則夫自然界之山明水媚、鳥飛花落，固無往而非華胥之國，極樂之土也。」[53]莊子認為，由於「外物」、「喪我」，故能「獨與天地精神往來，而不敖倪於萬物」（《天下》），縮短物與我之間的距離，達到「與物為春」（《德充符》）、「與物有宜」（《大宗師》）、「其於物也，與之為娛」（《則陽》）的審美境界。因為在這時觀物，不以概念來分析，不以欲念來對待，而成為一種忘記一切分際、一切是非，同時也忘記對象以外的一切的直覺活動。這種直覺活動具有集中、專一、具體的特點。在這種直覺活動中，主觀和客觀、物與我合而為一。這就是「莊生夢蝶」（《齊物論》）中所說的「物化」。顯然，《莊子》中的「遊」、「和」、「適」就是上述直覺時人與物冥、主客一體的主體精神的極致狀態。「神與物遊」[54]、（情）「與物相遊，而不能相舍」[55]，古人談藝時以一「遊」字來形容主體與對象渾融的極致。這

---

53 王國維：《紅樓夢評論》，見周錫山編校：《王國維文學美學論著集》，太原，北嶽文藝出版社，1987，第3頁。

54 〔南朝梁〕劉勰：《文心雕龍・神思》。

55 〔清〕黃宗羲：《黃孚先詩序》，見郭紹虞主編：《中國歷代文論選》第3冊，上海，上海古籍出版社，2001，第264頁。

一思想，肇始於莊子。

　　第三，莊子從「忘」到「遊」的藝術性人生態度具有濃厚的純藝術精神。莊子主張忘記治國平天下的政治事功以及為之服務的道德是非標準，歸結到一點，就是《外物》中所說的「知無用而始可與言用矣」，以及《知北遊》中的「用之者，假不用者也以長得其用」。《逍遙遊》中的「大樹」、《人間世》中的「櫟社樹」，皆因其無用而得以全其天性。大樹雖無用，但「樹之於無何有之鄉、廣莫之野」，反能「不夭於斧斤」，「彷徨」「逍遙」；櫟社樹雖無用，但令人百看不厭，稱讚不已，歎「未嘗見材如此其美也」！這裡，一方面是人間世斧斤遍布的折光反射，是人間苦悶的象徵，但其直接意義則揭示了忘懷一切實用目的、超然世外以求得純粹的精神快適的含義，觸及了「美」與「無用」的關係，開啟了審美的超實用性、藝術的非功利性的認識。由於對實用的擺脫，而外物的觀照，恰恰成為審美的觀照。故莊子「虛而待物」的命題是我國審美理論的濫觴；也由於擺脫了「用」，解除了「慶賞爵祿」、「非譽巧拙」等功名利祿的束縛，才有可能「依乎天理」、「因其固然」（《養生主》），進行與造化同工的藝術創作。因此，莊子「以天合天」（《達生》）的原則在我國藝術創作理論上產生了深遠的影響。

　　在從「忘」到「遊」的藝術化人生中，非理性的、直覺的純藝術精神是緊緊聯繫在一起的。只有中止理性判斷和分析，忘記功利實用，才能進入審美直覺的境界。而直覺本身則鮮明體現了純藝術精神。所以，我們把純藝術精神作為莊子從「忘」到「遊」的人生——藝術哲學的核心。同時，非理性也好，直覺也好，純藝術精神也好，它們都是建立在解脫現實痛苦的基礎上的，是人間憂患的曲折反映。普列漢諾夫指出：「藝術家和對藝術創作有濃厚興趣的人們的為藝術而藝術的傾向，是在他們與周圍的社會環境之間的無法解決的不協調

的基礎上產生的。」[56]莊子幻想建立理想的藝術化人生天地，正是人與社會、人與命運的強烈對抗中找不到出路的結果。正如聞一多所說，莊子「由反抗現實而逃到象牙塔中」[57]。莊子與「人間世」的衝突，不僅是其藝術化人生追求的出發點，也是整個莊學的發動機。

　　莊子的純藝術精神在我國藝術發展史上產生了非常深遠的影響，在中國美學史、中國文學理論批評史上占有極其重要的地位。特別是在儒家功用主義文學觀占統治地位的氛圍中，這一純藝術精神就更顯示出它的意義來。它形成了我國詩文理論中與政治標準相抗衡的藝術標準一宗，在過去儒家「詩教」占統治地位的時代，這種精神對藝術內部規律的探討，對純粹審美理論的發展具有不可低估的作用和意義。正如一篇探討道家思想對中國文論影響的文章所言，如果沒有莊子藝術精神對儒家功用主義文學觀的相對抗相補充，「古代的文學和文學理論將始終束縛在孔門的以禮為歸依，以中庸為標準，以教化為目的的觀念裡面，文學將始終成為封建政治的工具、附庸，文學理論將始終拘束在明道、載道、美刺、教化的圈子裡面，哪裡會有古代文學的燦爛輝煌的藝術成就？哪裡會有古代文學理論對於藝術問題的深入探討」？[58]

　　不僅如此，莊子的純藝術精神還啟發、影響到西方。在西方美學方面研究有素的滕守堯就曾有過這樣一個認識經歷：

56　〔俄〕普列漢諾夫：《藝術與社會生活》，見《沒有地址的信·藝術與社會生活》，豐陳寶、陳民望譯，北京，人民文學出版社，1962，第214頁。

57　聞一多：《新文藝與文學遺產》，見《聞一多全集》第3卷，北京，生活·讀書·新知三聯書店，1982，第558頁。

58　漆緒邦：《自然之道與「以自然之為美」──道家思想與中國古代文學理論探討之一》，見古代文學理論研究編委會編：《古代文學理論研究》第9輯，上海，上海古籍出版社，1984。

> 筆者曾經像大多數人一樣，把現代西方流行的一些先鋒觀念，
> 如形式主義等，追溯到西方唯美主義美學家王爾德的「為藝術
> 而藝術」的理論。直到有一天，我親自找到王爾德的書詳細閱
> 讀時，才驚奇地發現，原來「為藝術而藝術」，是王爾德認真
> 讀完了莊子的著作，並對「無為而為」的思想有了深刻體驗之
> 後的產物！這是連王爾德自己也承認的。然而我們的教科書卻
> 明白告訴我們，「為藝術而藝術」是西方資產階級的一種腐朽
> 觀念。[59]

滕氏這一「驚奇發現」，確實對我們今天認識莊子的純藝術精神所具
有的世界美學意義，提供了鮮活的啟迪。不獨王爾德，康德、叔本
華、克羅齊等人的純藝術理論也與莊子具有廣泛的互釋、溝通、對話
的空間。

三　莊子「自然全美」：「以物觀物」的審美感應方式

　　如果說從「忘」到「遊」反映了莊子的超功利的純藝術精神，而
從「喪我」、「外物」達到的「物化」妙境的過程中，則集中體現了莊
子「以物觀物」的審美感應方式。由這一感應方式所影響的中國藝術
的視境，就是日本學人今道友信所稱道的東方美學向人類啟示的「宇
宙中的詩境」。莊子的宇宙觀和感應宇宙的方式所提供的美感視境是
具有中國特色的詩味說、意境說的直接源頭。甚至可以說，不了解莊
子的「以物觀物」的感應方式，我們就不可能真正了解中國的詩歌美
學、繪畫美學的真精神。

---

59 滕守堯：《文化的邊緣》，北京，作家出版社，1997，第192頁。

　　莊子認為，整個宇宙、自然界、人類社會，以至於精神活動，都是一個互相聯繫的、同一的整體，一個生生不息、充滿和諧的生命體。而這當中的一切運動變化都是一個沒有主宰、沒有目的的自然而然的過程。這就是莊子的自然之「道」的含義。而關於人與宇宙自然，他認為，人作為萬物之一，不能以自己主觀設定的模式和理論框架去分解渾一的宇宙整體，而應該順應自然，與自然渾合為一。然而，人類文明的進程和人類精神的發展，卻打破了自然之「道」和諧、渾一的狀態，是對「道」的虧損。「道隱於小成，言隱於榮華。」（《齊物論》）人類的文明成果使大道歸於破裂，「全」與「虧」的矛盾由此產生。同時，「全」與「虧」的矛盾也是莊子天（成）人（為）矛盾的體現。要想保持事物的自然天全之美，就必須放棄一切人為的分析、裂解而順物自然。由此，莊子把全與虧、人為與自然完全對立起來。道術以「整」和「全」為特徵，其反面乃是「裂」和「鑿」。莊子心目中的「全美」，就是完全不通過人力加工的純粹的自然。自然全美，可以說是莊子的審美理想。

　　莊子所崇尚的「大美」、「全美」、「自然」之美──自然全美，由於把全與虧、自然天成與人工製造完全對立起來，直接導致了莊子對藝術的否定。因為莊子的「全美」是一種純粹的自然之全，一旦通過人的創造，就不復是自然全美而成了一種偏至之美了。而藝術（Art）源於人為。藝術是人的產品，任何藝術都離不開人的創造。然而，藝術又以表現自然的真正生命和情趣為最高境界，在藝術創作中追求自然之美，卻是古今中外文學家（特別是中國古代詩人）的共同美學追求。怎樣由藝術而自然呢？同時，莊子追求的全美，是一種無限之美、渾全之美。他把全美、無限之美同有限、部分對立起來，這顯然是錯誤的，就像他把自然天成與人工創造全然對立而導致否定藝術的錯誤結論一樣。但是，作為美的藝術，渾整的境界與無窮的意

蘊卻正是優秀藝術家的普遍追求。怎樣在藝術作品中產生渾整的美學風格和無窮的審美意味呢？

面對這些問題，莊子在成就其「自然全美」中所體現出來的那種感應宇宙自然的方式，也就是莊子對「道」、宇宙、萬物、人的相互關係的認識，給中國美學（特別是詩歌美學）奠定了一個牢固的哲學基礎。

第三十三章
言意、虛實之辨與藝術的空白

　　葉維廉曾說：「媒介與詩學、語言與宇宙觀是息息相關的不可分的。」[1]根據老莊道論的特點以及莊子「以物觀物」的自然全美的觀點，必然導致對語言傳達的否定。因為「道不可言」，而莊子追求的是一種主體與客體，「我」與世界、宇宙一體的自然渾全境界，而語言是人運作的結果。在莊子看來，「至言無言」，作為一種體現了至高的「道」的「全美」，是人類語言所不能傳達的。對「道」加以言說，則是對大道全美的一種虧損。這其中就蘊涵著自然天全之美與人工小成之美的對立、有限與無限的矛盾、「以物觀物」與「以我觀物」程序之不同，也包含著對語言的責難。道家言意論指出了語言是達到自然全美和主體體道的自由境界（審美境界）的障礙，並加以否定，同時卻對後世文藝理論和美學產生了重要的啟迪意義。

第一節　老莊言意論辨析

　　源於莊子的「言意之辨」，是魏晉玄學的一個重要論題，它對中國美學和中國哲學曾產生過相當大的影響。此後，莊子的言意論和魏晉「言意之辨」又與佛教禪宗「不立文字」的教義合流，這種精神深入到了中國美學（特別是詩歌美學）的骨髓。根據老莊言意論——魏

1　葉維廉：《中國古典詩與英美現代詩——語言與美學的匯通》，見葉維廉等：《中國古典文學比較研究》，臺北，黎明文化事業公司，1977，第210頁。

晉言意之辨──佛禪「不立文字」這一生成發展圖式，我們將從言意論的邏輯發展線索上考察老莊關於言意的論述，並發現其在藝術領域的特殊意義。

首先，老莊言意論是在他們的「道」本體論的理論體系之下展開。老子認為「道」先於天地而存在，並且是萬物產生的根源：

> 有物混成，先天地生，寂兮寥兮，獨立而不改，周行而不殆，可以為天下母，吾不知其名，字之曰道，強為之名曰大。(《老子》第二十五章)

「道」本不可名，「大音希聲，大象無形，道隱無名。」(《老子》第四十一章)「道」「視而不見」、「聽之不聞」、「博之不得」，而且「道之為物，惟恍惟惚。惚兮恍兮，其中有象；恍兮惚兮，其中有物；窈兮冥兮，其中有精；其精甚真，其中有信。」(《老子》第二十一章)因此，對於「道」的觀照，「故常無，欲以觀其妙；常有，欲以觀其徼。」(《老子》第一章)「道」的存在是一種「無狀之狀，無物之物」，「迎之不見其首，隨之不見其後。」(《老子》第十四章)「道」在老子哲學中是不受名言所規範的，是言語所無法形容的，它超越於名言之表，超越了形名質數，而無聲無形無名。它博大精深、玄妙不測，王弼在《老子指略》中指出：

> 夫「道」也者，取乎萬物之所由也；「玄」也者，取乎幽冥之所出也；「深」也者，取乎探賾而不可究也；「大」也者，取乎彌綸而不可極也；「遠」也者，取乎綿邈而不可及也；「微」也者，取乎幽微而不可睹也。然則「道」、「玄」、「深」、「大」、「微」、「遠」之言，各有其義，未盡其極者也。然彌綸無極，

不可名細；微妙無形，不可名大。是以篇云：「字之曰
『道』」，「謂之曰『玄』」，而不名也。然則，言之者失其常，
名之者離其真，為之者則敗其性，執之者則失其原矣。是以聖
人不以言為主，則不違其常；不以名為常，則不離其真；不以
為為事，則不敗其性；不以執為制，則不失其原矣。然則，
《老子》之文，欲辯而詰者，則失其旨也；欲名而責者，則違
其義也。[2]

應該說，王弼這段文字是深契老子旨意的。這種永恆的「道」是
難以用有限的語言加以表達的，是不能用概念加以分析的，反之，可
以用言辭、邏輯把握的就不是大道了，因為「道可道，非常道；名可
名，非常名。」（《老子》第一章）而只能是對於「道」的隔離與虧
損，離「道」遠矣。王弼對此還指出：「可道之道，可名之名，指事
造形，非其常也，故不可道，不可名也。」

在老子看來，「大音希聲，大象無形」，對於「道」而言，語言的
能力是十分有限的，在大「道」面前，言辭顯得蒼白無力，「道」與
「言」之間是兩離的。老子認為「知者不言，言者不知」，「行不言之
教」，幾乎把「言」摒棄於「道」外。可是老子終究沒有把言語完全
否定，《道德經》五千言的存在恰是為了表達其道論思想的。至此，
老子在言意論問題上就入於理論主張與創作實踐不符的矛盾。其實，
老子也是意識到了這一矛盾的存在，一個「強」字（「強字之曰道」）
就透露出了老子無可奈何、勉為其難的心境。看來，老子還是肯定語
言某方面的表意功能的，並未從根本上完全否定，否則將不會有「五
千精微」的存世。

2　〔魏〕王弼著，樓宇烈校釋：《王弼集校釋》上冊，北京，中華書局，1980，第
　　196頁。

　　既然老子對於語言表達不可言說之「道」有部分保留，這就涉及了語言達「道」的可能性問題。我們說老子言意論，但老子在文本中並沒有對於言意關係作出直接正面的論述。又因為語言是用以表意的，語言的意義在於表述訴諸思維的「意」，沒有「意」的語言自然沒有存在的必要。其實，在老子這裡，言意論主要表現為「言」──「道」關係的討論，而莊子雖談言意，而旨歸則仍在於言道之辨。言意之「意」始終是伴隨於語言之中的，從而「意」就隱含於老子「言」──「道」關係的論述上，「言」存「意」立，「意」附於「言」中，是「言」──「道」相涉相交得以可能的途徑，而有「言」──「意」──「道」的認知模式，由「言」及「意」，由「意」達「道」。語言得意以發揮自身作用，並進一步通於「道」。但是，語言作為表意傳道的一種手段和方式，其作用是十分有限的，只有在某些特定的條件之下，本體之「道」才能在極有限的某些方面被觸及和描述，「道」原則上究竟還是不可言說的。

　　但「意」並不就等於「言」，否則就無所謂言意了。反過來，我們從「道」──「意」──「言」這一模式中，可以看出，「道」得「意」以識，「意」得「言」以著，這是一個形上之「道」層層下遞的過程，從幽冥不測的「道」落向了有形有質的「言」，「意」是其中重要的一環，具有其不可或缺的獨立價值。言不能覆蓋意，融括意，也就是說，言不能盡意，意不能為言所窮盡。這就是語言有限性的深層原因。確切說來，這種傳道之意也是不可言說的，只可意會不可言傳，意會並非概念演繹或理性思考，更多的是一種直覺，言辭難以企及。從這個角度來說，意與道都是不可言說的，都是與語言相隔離的。由此，我們更體會到了老子「強」字的苦衷與無奈，「五千言」乃不得已之發。

　　道「無為而無不為」，「以輔萬物之自然而不敢為」（《老子》第六

十四章）。「道」本「無言」，不可言，可言非道，超越語言之外；道也不可意，不以人的意識而轉移，超越於人的意識與思維之外。「人法地，地法天，天法道，道法自然。」聖人修真證道，並效法道、以道之自然為做事的原則，「聖人處無為之事」。這裡，也許我們讀出老子不明言「意」之微妙用心的個中消息。老子在不得已的情況下最終還是選擇有所為、有所言，並沒有絕對拒絕言說。只不過，老子始終從其道論出發，對於傳道之言作出了種種規範，盡量降低語言的局限性，而主張「希言自然」、「悠兮其貴言」（《老子》第十七章）、「善言無瑕讁」（《老子》第二十七章），認為「美言不信，信言不美」（《老子》第八十一章），讓語言符合「道之出口，淡乎其無味」的自然樸素的特徵。

老子並沒有明顯地論述言意的關係，其言意論更多地關注了言——道關係，固然是老子「道」本體論體系之下的理論特色，但也是深刻地觸及了言意的本質關係，並直接影響了莊子言意觀。莊子進一步發展、豐富和充實了言意問題的內涵，形成了通向藝術之境的道家言意觀。

綜觀《莊子》全書，集中論到言意、也最為大家所稱引的，有以下言論：

> 世之所貴道者書也，書不過語，語有貴也。語之所貴者意也，意有所隨。意之所隨者，不可以言傳也，而世因貴言傳書。世雖貴之，我猶不足貴也，為其貴非貴也。故視而可見者，形與色也；聽而可聞者，名與聲也。悲乎，世人以形色名聲為足以得彼之情！夫形色名聲果不足以得彼之情，則知者不言，言者不知，而世豈識之哉！（《天道》）

　　這裡所排列的從外到內、由粗到精、由明到玄的秩序是：書——語——意——道。書本是一大堆語言文字的堆積，它本身是一些物質性的材料，不具備什麼意義；語言的可貴地方，在於它所傳達出來的關於事物的表象認識（意），而事物的表象不是天地萬物的本根；只有深不可測、不可以言說象求的「道」，才是事物的本質。這裡，莊子發現並誇大了本質和現象、精神和物質的矛盾，把整個世界分為有名跡可尋的物質界（書、言、意）和不可以形色名聲求之的本體界（道）兩大部分。顯然，這是承續老子道本體思想而來的。為了與「道」合一，超越物質現象而達到至高的精神境界，莊子反對「貴言傳書」，主張「忘言遺書」、「絕學去知」（郭象注）。

> 桓公讀書於堂上，輪扁斫輪於堂下，釋椎鑿而上，問桓公曰：「敢問公之所讀者何言邪？」公曰：「聖人之言也。」曰：「聖人在乎？」公曰：「已死矣。」曰：「然則君之所讀者，古人之糟粕已夫！」……輪扁曰：「臣也以臣之事觀之。斫輪，徐則甘而不固，疾則苦而不入。不徐不疾，得之於手而應於心，口不能言，有數存焉於其間。臣不能以喻臣之子，臣之子亦不能受之於臣，是以行年七十而老斫輪。古之人與其不可傳也死矣，然則君之所讀者，古人之糟粕已夫！」（《天道》）

　　這裡「存焉於其間」的「數」，成玄英和陸德明都解為「術」。而實際上，「數」在莊子那裡與「不可傳也」的「道」具有相同的特點，就是體現了事物的本性和規律的「道」。引文旨在說明聖人之書是陳跡，是無用的糟粕；求得那個「所以跡」的「道」，只能實證體悟，而不可仿效學習。這實際上就是現象（物之粗跡）和本質（物之「所以跡」）、邏輯思維和直覺體悟、作為物質傳達媒介的「言」與體

現了事物規律性的「道」的矛盾。

另外，引文還指出：體現了「道」的那種自然和自由的境界，莊子是通過許多手工藝創造過程，從而肯定了前者而否定了載言的書本，認為道可以「得之於手」，但卻「口不能言」。這裡已朦朧地意識到了口與手、語言與其它媒介在表情達意時的不同特徵。詩與畫，文學與書法的媒介差異，已在這裡濫觴。

> 可以言論者，物之粗也；可以意致者，物之精也。言之所不能論，意之所不能察致者，不期精粗焉。(《秋水》)

這段話曾引起過很大的誤解。其實，這裡的「意」，根本與「意義」無關。「以意」為介賓結構，成玄英解釋「以意致」為「以心意致得」。而「心」在《莊子》許多地方指心智、邏輯思維。如《人間世》中的「無聽之以心」，「以心」與「以意」相同。可見，這裡的「意」就是「心意」，即以分析為核心的理智思維。這段話前面有：「夫精，小之微也；垺，大之殷也……夫精粗者，期於有形者也。」聯繫起來分析，也就是說，人們可以言說、可以用心智把握的，只是限於形名之域的物質現象世界，而「言之所不能論，意之所不能察致」的「道」(成玄英解為「妙理」)，則是不可以大小名數分別，不可以數量窮盡的，因此，它無須用精與粗來衡量。郭象對這段話的解釋是：「夫言意者有也，而所言所意者無也。」正確猜測到了莊子的用心。但他又說，「求之於言意之表，而入乎無言無意之域，而後至焉」，則不甚合莊旨。因為在莊子看來，「道」是渾全，它是不包括任何分別的，因而也是無須概念語言去分析、去表達的。對於「道」來說，「言而愈疏」(《則陽》)，越說離道越遠，在體道的過程中，根本不需「求之於言意之表」。這裡再一次明確展示了可以言說的物質現

象界與不可言說的精神本體界的對立。

> 荃者所以在魚，得魚而忘荃；蹄者所以在兔，得兔而忘蹄；言
> 者所以在意，得意而忘言。吾安得夫忘言之人而與之言哉！
> （《外物》）

這段話曾被人們當做典型的、成熟的言意之辨的材料。但是問題
在於這裡的「意」究竟是什麼。成玄英把它解釋為「妙理」（同樣，
成氏也把上面引文「不期精粗」的「道」解釋為「妙理」），筆者認為
是值得注意的。他說：「意，妙理也。夫得魚兔本因荃蹄，而荃蹄實
異魚兔，亦就玄理假於言說，言說實非玄理。魚兔得而荃蹄忘，玄理
明而名言絕。」依成玄英的解釋，這裡的言、意之分，也就是言、道
之別。但這裡有兩點值得注意：第一，如果說前面引文旨在「無
言」，即認為道不可言傳，可以言傳的，僅指其限指性部分，它是現
象、人為、思維的領域，那麼這裡則旨在「忘言」，即面對已經經過
語言傳達而怎樣不執滯於語言媒介而超越語言媒介的問題。因為，儘
管莊子在理論上認為道不可以言傳，主張「無言」，但語言亦是一種
不得已的東西，莊子就沒有真正「無言」，而是著書十餘萬言，以宣
揚其自然之「道」。「忘言」說提供了在欣賞文學作品時，通過語言媒
介而超越媒介的方法，不自覺地觸及了藝術審美欣賞時的一種最高境
界和最佳狀態。藝術審美欣賞時「得意忘言」的境界，就是如此。第
二，這裡的「意」與前面的「意」含義已有不同，而與魏晉玄學中的
「意」的觀念大致相近。這個「意」的觀念的出現，是一個很突出的
現象。也許它不是出自莊周本人之手。至少可以認定，這段話是莊子
言意論到魏晉「言意之辨」的一個中間過渡，而真正直接影響到魏晉
「言意之辨」的，也正是這段話。

　　從上述引文的分析我們可以明確地看到，所謂的言意之辨，在莊子那裡表現為言、意、道的關係。意（取《天道》《秋水》篇的那段話之意）是訴諸邏輯理智思維的，言則是這種思維的物質表達，而道卻是訴諸類似直覺領悟的那種至高的精神境界。言與意之間，就是物質傳達與物質現象的關係，而這個意（關於事物表象的認識）則是人運知思維的結果。「言之所盡，知之所至，極物而已。」（《則陽》）儘管「言之所盡」的還不是最高的境界，但畢竟還是能「極物」的。這就肯定了語言與思維的同一性。因此，把語言與思維矛盾的思想歸於莊子，那是對莊子的誤解。言與道之間，也就是作為物質材料的傳達媒介與深不可測的「妙理」——天地萬物的本質之間的矛盾。「夫道，窅然難言哉！」（《知北遊》）道是語言不能傳達的，因此，莊子主張「無言」。《知北遊》開篇就描寫了知向黃帝、狂屈、無為謂請教何謂「道」的問題，黃帝講了一大通道理，被認為「終不近也」，與「道」離得遠遠的；狂屈「中欲言而忘其所欲言」，被認為「似之」；只有三問而三不答的無為謂才被認為「真似也」，真正體現了「道」的本質特徵。因此，「言」與「道」是水火不容的。言、意同「道」之間，也就是物質現象世界與精神本體界的矛盾。莊子不僅要「無言」，而且要「忘心」[3]、「去知」[4]，是反對任何思慮活動的。可見，莊子的「無言」，與莊子的整體思想是一致的，它代表了反智主義、反推理、反概念化的直覺主義。因此，言與意、言與道、言意與道這三對範疇，就構成了莊子言意論的全部內容。在哲學上，它屬於本體論的範疇，主要突出了本質和現象、精神和物質、全天與人為的矛盾，而不是語言和思維的矛盾。它合理的稱謂應該是言與道的矛盾，

3　「忘心」，如《讓王》篇「致道者忘心」、《人間世》篇的「心齋」。郭象釋「心齋」為「遺耳目，去心意」。

4　「去知」，見《大宗師》篇「坐忘」段。

而不是言與意的矛盾。這是老莊言意論的特徵。

　　從藝術審美的角度來看，由於老莊的「道」具有一種神妙無形恍惚的特點，似陶淵明所說的「欲辨已忘言」的「真意」，與詩人們所稱道的「神韻」、畫家所說的「氣韻」有某些類似的特徵，為了討論的方便，我們這裡乾脆把它轉化為「藝術信息」，而稱言為「藝術符號」。如果說這種轉化是武斷的話，筆者認為這裡不是始作俑者。徐復觀教授就把莊子的「道」視為「徹頭徹尾地藝術精神」。而李澤厚、劉綱紀更是這樣，認為莊子說道不可言傳，「那實質即是說一種自由的精神境界即美的境界是不可以言傳的」。[5]中國美學史的實際確是這樣。由於莊子之「道」與藝術審美的特徵有其相似之處，後人就把老莊尤其是莊子對「道」的理解和論述運用到對藝術審美特徵的理解和描述中來。通過這樣一轉化，言與道的矛盾就成了「藝術信息」與「藝術符號」的矛盾，即傳達與意味的矛盾。

第二節　言意與有無、虛實

　　老莊論有無，辨虛實，析言意，主「虛無」，其實這就是老莊「道」本體論思想的自然演繹，有、無本就是關於「道」的性質的一種描繪，有無問題同時也就被賦予了本體的意義，而言意論、虛實論卻是有無問題的題中應有之義。魏晉玄學中關於有無、言意、虛實的討論便是直接推進、深化和發揮了先秦道家道論思想，並積極干預了後世美學思想和文藝批評。

　　老莊講「有」、「無」之論，《周易》裡則講「道」、「器」之分，

5　李澤厚、劉綱紀主編：《中國美學史》第1卷，北京，中國社會科學出版社，1984，
　　第273頁。

《繫辭上》謂：「形而上者謂之道，形而下者謂之器。」「形而上」者為「道」，指超越事物之現象、形體的抽象的思想觀念；「形而下」者為「器」，即表現為現象、形體的事物的具體物質形態。《易傳》作者認為居於具體的物質形態之上還有無形的思想觀念，或者說法則、規律，意識到了「無」的存在，「形而上」是「道」的本質特徵。

「道」是老子哲學的最高範疇。老子指出宇宙的本體——「道」是一種原始的混沌，既具有「無」即「虛」的屬性，又具有「有」即「實」的屬性。「無」即無聲無形；「有」即是有差別、有規定、有極限、有確定。而且「道」是孕育和產生天地萬事萬物的本源所在：「天地萬物生於有，有生於無。」（《老子》第四十章）這裡的「無」相當於「道」，為宇宙之本體。因為「道生一，一生二，二生三，三生萬物。」（《老子》第四十二章）老子的「道」論指出了宇宙的生成模式，宇宙萬物都是一種實有的存在，而「無」基本等同於「道」。

老子從「道」出發，認為「無」是「有」的根本，而「無」又通過「有」體現出來，「虛」是「實」的根本，「實」賴「虛」以實現自身價值，任何具體事物是有無相生、虛實相成的，一切「實有」的作用都通過「虛無」來體現。

> 三十輻共一轂，當其無，有車之用。埏埴以為器，當其無，有器之用。鑿戶牖以為室，當其無，有室之用。故有之以為利，無之以為用。（《老子》第十一章）

此處之「無」指「空虛之處」，車以轉軸為用，器以容物為用，室以出入為用，得其用者，皆在於空虛無礙之處。這種比喻說法指出，沒有「無」，便不可成其「用」，「有」之所以給人以「利」，就在於「無」在發揮著它的作用。「道」表現於日常生活中。老子樸素地

意識到了「有」與「無」之間的辯證關係，並且以「無」為根本，特別強調「無」的作用，虛比實更重要，因為虛是一個事物發揮其作用之關鍵所在。

老子進一步提出他的認識論，在保持「滌除玄鑒」、「致虛極，守靜篤」內心狀態之下，由「有」而至「無」，即通過具體有限的物去把握宇宙的全部。要想窺探宇宙萬物之秘，須體「無」方可觀其妙處。於是老子說：

> 故常無，欲以觀其妙；常有，欲以觀其徼。（《老子》第一章）

「徼」者，邊際也。「常體『無』，以觀照『道』的奧秘；常體『有』，以觀照『道』的邊際。」[6]有盡處是實有之存在，道妙無窮，卻是虛無的作用，而「無」須賴「有」以立，依託於「有」才能顯現出來。所謂「有無相生」，而實際上還是主張「有」生於「無」。「無」——「道」處於根本的主導地位，「有」處於從屬的次要地位。魏晉玄學中「貴虛尚無」的命題直接導源於此。

莊子發揮了老子的「道」本體論思想，進一步闡明有無、言意和虛實的關係。其中言意論在第一節已有詳述，茲不多論。莊子在《天地》篇提到：

> 泰初有無，無有無名；一之所起，有一而未形。物得以生，謂之德；未形者有分，且然無間，謂之命；留動而生物，物成生理，謂之形；形體保神，各有儀則，謂之性。

6　陳鼓應：《老子注譯及評介》，北京，中華書局，1984，第57頁。

此處「泰初有無」之「無」即為老子「有無相生」之「無」。莊子在
這裡同樣指出了宇宙的生成模式。宇宙的原始是「無」，沒有「有」，
也沒有名稱。「無」之後接著出現了「一之所起」之「一」，何謂
「一」？成玄英《莊子注疏》中云：「一者道也，有一之名而無萬物
之狀。」也就是說，這時「道」呈現出混一的狀態，還沒有成形體，
所謂「一」就是形容「道」在其運動生化過程之中向下落實一層的未
分狀態，也就是相當於老子的「有」。「一」生於「無」，「無」由
「一」得以體現，與老子「有無相生」之說相同。由於得到了這個
「一」，萬物便得以生成了。所以，莊子相比老子更加認識到道的無
形特徵，認為萬物產生於「無」，他以邏輯推理來論證：

> 有先天地生者物邪？物物者非物。物出不得先物也，猶其有物
> 也。猶其有物也，無已。(《知北遊》)

在體「道」方式上，莊子主張「虛靜恬淡，寂寞無為」(《天
道》)。這樣才能心靜，成為「天地之鑑」、「萬物之鏡」，而與道同
一。莊子強調「虛」以應物，虛懷以觀照天地之理，《人間世》云：

> 若一志，無聽之以耳而聽之以心，無聽之以心而聽之以氣。聽
> 止於耳，心止於符。氣也者，虛而待物者也。唯道集虛。虛
> 者，心齋也。

所謂「心齋」就是要排除心中的種種雜念，作為一種修煉工夫，全在
於一「虛」字上頭。唯「虛」才能心臻妙道，忘懷方可應物無礙，即
老子所謂「故常無，欲以觀其妙」。莊子又說「虛室生白，吉祥止止」
(《人間世》)，「虛室」，比喻心靈澹泊空靈；「生白」，說心中大放光

明。屋室虛空，日光方能有所照明，室虛而後純白獨生，以室喻心，心虛而後才能耳目聰明，由「心齋」工夫而達到「心齋」境界——一種心靈澹泊空靈、大放光明的自由之境。「止止」二字，最簡練地概括了莊子「心齋」之說的根本義諦以及莊子自由哲學的核心思想：泯滅欲望之心，保持澹泊之心和由此而來的自由之心。如何泯滅欲望之心，保持澹泊自由之心，則是莊子「心齋」「坐忘」的實踐工夫。莊子標舉「心齋」，源於其對於「虛無」妙理的深層認識。

另外，莊子追求「天地與我並生，萬物與我為一」（《齊物論》）。獨與天地相往來的自由境界為最高審美境界，實為追求一種超越有限、進而達到無限的「大美」，其「摶扶搖而上者九萬里」即充滿了對無限之美的讚頌。因此，道家以虛為本，注重有無統一、虛實結合便成為中國古典美學中一條重要的原則。

魏晉時期，玄學以「有」、「無」為中心，形成了「貴無」和「崇有」兩派。這兩個派別圍繞著有無、本末、言意等問題展開了爭論。「有無之辨」事實上就是本末之辨，「言意之辨」就是「有無之辨」的延伸。

「言意之辨」的思想主要淵源於《周易・繫辭上》中「言不盡意」和《莊子・外物》篇中「得意忘言」的觀點，這裡所說的「意」主要是指成玄英所謂的「妙理」，即老莊「道」的概念。言意之辨實為言道之辨，這是直承老莊道論而來的。這主要包括了三種不同的意見，即：言不盡意論、得意忘言論和言盡意論。[7] 不過佔據主導地位的還是言不盡意論。正始名士荀粲即持此觀點。《三國志》注記載：

> 粲諸兄並以儒術議論，而粲獨好言道，常以為子貢稱夫子之言

7　袁行霈：《魏晉玄學中的言意之辨與中國古代文藝理論》，見中國古代文學理論學會編：《古代文學理論研究》第1輯，上海，上海古籍出版社，1979，第125頁。

性與天道不可得聞，然則六籍雖存，固聖人之糠秕。粲兄俁難
曰：「《易》亦云聖人立象以盡意，繫辭焉以盡言，則微言胡為
不可得而聞見哉？」粲答曰：「蓋理之微者，非物象之所舉
也。今稱立象以盡意，此非通於意外者也。繫辭焉以盡言，此
非言乎繫表者也；斯則象外之意，繫表之言，固蘊而不出
矣。」及當時能言者不能屈也。[8]

　　荀粲上承莊子，摒棄書冊經典，當然這有針對漢儒章句之學弊端
的批判意義。他認為，「性」與「天道」等是難以言傳的。「立象以盡
意，繫辭焉以盡言」，所「盡」者只是意內之意和言內之言，至於
「通於意外者」、「言乎繫表者」諸類的「理之微者」，卻是不可言意
的，不能通過言語和思維加以把握的。這與老子「道可道，非常道；
名可名，非常名」的思想是相一致的，「意外」、「象外」者不可盡
言，同時也就是說意內、象內這還是可以盡言的。言不盡意，言辭在
表達意念的時候雖然存在著有限性，但還是能夠在某些特定條件下實
現其某些方面的達意功能。

　　而王弼則建立「無」宇宙本體論，與何晏同屬於玄學「貴無派」
的代表，其核心命題是「以無為本」。貴無派認為「無」就是老莊之
學中的「道」，是一種「道之而無語，名之而無名，視之而無形，聽
之而無聲」[9]的超越感覺之物，「寂然無體，不可為象」，它不是物質
性的，是不可以感覺的，但卻是「萬物之宗」，是決定萬物生滅變化
的共同根據，「無」是「本」，「有」是「末」，「萬物雖貴，以無為

8　〔晉〕陳壽撰，〔宋〕裴松之注：《三國志·魏書》第2冊，北京，中華書局，1959，
　　第319-320頁。
9　《列子·天瑞篇》張湛注。

用，不能舍無以為體也」[10]。他們明確提出：「天地萬物皆以『無為』為本，無之為用，無爵而貴矣。」[11]這種貴無思想滲透到了音樂、繪畫、文學等藝術領域，就促進了文藝理論家們對藝術空白的自覺追求。

貴無派雖然強調「以無為本」，但同時也認為「本無」與「末有」為一體，「無」不在「有」之外、之前而獨立存在，而是貫通於「有」之中、通過「有」表現出來的本體，「本無」脫離「末有」是不能獨立自明的。這就為虛實論奠定了一個理論基礎。

在言意方面，王弼以道解易，以老莊子學詮釋《周易》，綜合老莊和《周易》關於言意的討論，進一步闡述了「得意忘言」論。王弼在《周易略例・明象》中指出：

> 夫象者，出意者也。言者，明象者也。盡意莫若象，盡象莫若言。言生於象，故可尋言以觀象；象生於意，故可尋象以觀意。意以象盡，象以言著……然則忘象者乃得意者也，忘言者乃得象者也。得意在忘象，得象在忘言。[12]

王弼從莊子「得魚忘筌」、「得兔忘蹄」的思想出發，對於「言」、「象」、「意」三者之間的關係作了進一步的討論，認為「言以明象」、「象以存意」，「言」和「象」都只不過是明意表意的手段和工具，「意」才是最終的目的，一旦得到了「意」，「言」和「象」都可以忘，而且必須忘，才能完成對於「意」的獲得。但是，言、象卻都

10 〔魏〕王弼著，樓宇烈校釋：《王弼集校釋》上冊，北京，中華書局，1987，第94頁。

11 〔唐〕房玄齡等撰，劉湘生、李揚等校點：《晉書・王衍傳》，長沙，嶽麓書社，1997，第796頁。

12 〔魏〕王弼著，樓宇烈校釋：《王弼集校釋》下冊，北京，中華書局，1987，第609頁。

是必要的，是不能完全抛棄，只是不要執著於言、象。顯然，在王弼這裡，這個「意」是從其「無」本論出發的，「意」相當於「無」，已經具有了本體的性質。另外，「得意忘言」論在美學上的意義在於，賦予了「象」範疇以更多的美學意味，使得之朝著「意象」範疇這個方向轉化。相對而言，歐陽建的言盡意論就顯得遜色，論證牽強，影響並不大。

第三節　言外之意與藝術空白

通過上面的討論，我們知道語言在表達辭意方面尤其是在表現辭意之精微處即「理之微者」，具有自身的局限性（所謂「言不盡意」），時而出現辭不達意的「失語」狀態。「此中有真意，欲辨已忘言」。也許，起始時「忘言」只是一種無奈的選擇，迫不得已，一旦領悟到了其中的妙處之後，「忘言」便成了言者此時此刻的自覺選擇，並追求其中的言外之意。袁行霈指出：「總結創作實踐的經驗，欲求達意，最好的方法是，既訴諸言內，又寄諸言外，充分運用語言的啟發性和暗示性，喚起讀者的聯想，讓他們自己去咀嚼體味那字句之外雋永深長的情思和意趣，以達到言有盡而意無窮的效果。」[13]這種自覺成就了中國藝術的一種美學品格：含蓄雋永，餘音繞梁，耐人尋味。詩歌追求言外之意，繪畫追求象外之致，音樂追求弦外之音，這直接帶來了對於藝術空白的追求。

「空白」思想導源於道家「無」本體論下的言意和虛實之辨。藝術空白與語言、實境的關係即是道家哲學中的「無」和「有」、「虛」

13　袁行霈：《魏晉玄學中的言意之辨與中國古代文藝理論》，見中國古代文學理論學會編：《古代文學理論研究》第1輯，上海，上海古籍出版社，1979，第131頁。

和「實」、「言」與「意」在文藝上的延伸和移植。空白相對於實有，是無處、虛處、無限處，但並不等於絕對的無，絕非一無所有，而是「真意」存焉，因為「意在言外」、象外。老莊主張的「有無相生」和「無言」之美，所要追求的也就是「無言」、超越了言意之表的審美境界。留白有如老子所謂「大音希聲」、「大象無形」，其運用是為了表達構思、營造意境。意境，象存境中，境生象外，滲透著主體情思；既是「實」的空間，又是「虛」的空間，將中國藝術靈動幽渺的意蘊和令人品味不盡的詩意推向了極致。空白是創造意境的一種方式，而意境就是藝術家主觀情思與客觀物象的交融和有機統一。宗白華說：「藝術家以心靈映像萬象，代山川而立言，他所表現的是主觀的生命情調與客觀的自然景象交融互滲，成就一個鳶飛魚躍，活潑玲瓏，淵然而深的靈境；這靈境就是構成藝術所以為藝術的『意境』。」[14]

「空白」理論表現在詩歌上就是言與意的關係，表現在繪畫上，就是色彩、線條與空白的關係。中國畫基本上是水墨畫，畫面中「留白」是白與黑相互依存的辯證關係。墨色出形，白底藏象；白者為虛，黑者為實，黑與白並行不悖，虛與實互為作用。從中國詩歌的實際經驗來看，常是以一定的格式在有限的篇幅內，表現出言有盡而意無窮、「文已盡而意有餘」的審美效果，造成了中國藝術「藏」的工夫，同時給讀者留下了無限解讀的餘地。因為意境的讀解需要廣闊的想像空間，而空白恰好為想像空間的開闢提供了可能。所以，「空白」美學意味的產生有賴於作家的創作以及讀者的解讀，實際上是一種兩者之間的雙向運動。

「空白」作為一種藝術表現手法，展示了藝術家對於宇宙空間的

---

14 宗白華：《美學散步》，上海，上海人民出版社，1981，第60頁。

辯證理解，是一種獨具慧眼的空間哲學，是東方哲學獨特的生命智慧。因為，藝術創作是藝術家對於現實生活進行提煉和再創造的過程，藝術美中所包含的客觀因素，已經不同於自然形態的生活原型，而是集中了生活形象的精粹，具備了不同於自然形態的審美特徵。宋代山水畫家郭熙曾說：

> 千里之山，不能盡奇，萬里之水，豈能盡秀？……一概畫之，版圖何異？[15]

繪畫不是繪製版圖，豈能山水無遺，盡入畫圖呢？宗炳也提到：

> 豎劃三寸，當千仞之高；橫墨數尺，體百里之迥。[16]

大千世界，林林總總，藝術不可能也不必要窮盡一切，應有盡有，而是要從「疏枝橫斜千萬朵」昇華為「會心只有兩三枝」，具有高度的概括性，「逸筆草草，不求形似」，而是「微塵之中見大千，剎那之間見終古」。從而，藝術創作就必須要虛虛實實，當藏者藏之，當露者露之，半藏半露，半隱半顯。因為盡實則塞，盡虛則飄，盡露則淺，盡掩則晦，意境反倒無由生發。虛虛實實，虛實相映，才有盎然的韻味，才能產生出多層面深層次的情思。如果藝術作品通體透明，交代過白，辭氣浮露必然丟失了其間許多情趣，而含而不露的情思往往能創造出深邃的意境，餘味無窮。

---

15 〔宋〕郭熙：《林泉高致・山川訓》，見北京大學哲學系美學教研室編：《中國美學史資料選編》下冊，北京，中華書局，1981，第15頁。

16 〔南朝宋〕宗炳：《畫山水序》，見北京大學哲學系美學教研室編：《中國美學史資料選編》上冊，北京，中華書局，1980，第178頁。

　　虛與實的互相依存才構成藝術的含蓄。盡實盡虛，藝事所忌。宗白華說：「以虛為虛，就是完全的虛無；以實為實，景物就是死的，不能動人；唯有以實為虛，化實為虛，就有無窮的意味，幽遠的境界。」[17]明代唐志契在《繪事微言》中指出畫山水宜「藏」對於意境的營造之功：

> 畫疊嶂層崖，其路徑、村落、寺宇，能分得隱見明白，不但遠近之理了然，且趣味無盡矣，更能藏處多於露出，而趣味愈無盡矣。蓋一層之上更有一層，層層之中復藏一層，善藏者未始不露，藏得妙時，便使觀者不知山前山後、山左山右有多少地步，許多林木，何嘗不顯，總不外躲閃處高下得宜，煙雲處斷續有則，若主於露而不藏，便淺薄，即藏而不善藏，亦易盡矣。然愈藏而愈大，愈露而愈小。[18]

　　詩理畫理，辨虛實，講藏露，同是一理。中國藝術理論傳統體現了中國人對於藝術審美特徵的獨到認識，以及對於虛實美感的心靈默契，昭示出了一種獨具東方神韻的「藝術精神」。

　　劉勰在《文心雕龍・神思》篇提到了創作過程中言意的矛盾：

> 方其搦翰，氣倍辭前，暨乎篇成，半折心始。何則？意翻空而易奇，言徵實而難巧也。

　　「半折心始」透露出了作家所面臨的言辭不能盡意的表達尷尬，

17 宗白華：《美學散步》，上海，上海人民出版社，1981，第34頁。

18 〔明〕唐志契：《繪事微言》，見於安瀾編：《畫論叢刊》，北京，人民美術出版社，1989，第116頁。

對於「易奇」之「意」，言辭實在「難巧」，這是由言意各自的特點所決定的。所以作家在充分認識語言特點的基礎上，如何巧妙地運用言辭以盡意就成了作家藝術探索的任務。劉勰在《隱秀》篇中說：

> 夫心術之動遠矣，文情之變深矣，源奧而派生，根盛而穎峻；是以文之英蕤，有秀有隱。隱也者，文外之重旨者也；秀也者，篇中之獨拔者也。隱以復意為工，秀以卓絕為巧，斯乃舊章之懿績，才情之嘉會也。夫隱之為體，義生文外，秘響旁通，伏採潛發，譬爻象之變互體，川瀆之韞珠玉也。

另外，見於張戒《歲寒堂詩話》而被認為是劉勰《文心雕龍・隱秀》篇通行本所遺漏的兩句話對「隱秀」規定指出：

> 情在詞外曰隱，狀溢目前曰秀。

「義生文外」、「情在詞外」的「隱」就是「言外之意」。所謂「隱者，不可明言也。」不可明言也，這是不能為言辭表述。而且「隱」是「文外之重旨」、「以復意為工」。對於「復意」，周振甫解釋為：「猶兩重意思，一是字面的意思，一是言外之意。」[19]「重旨」就是言外之意，這裡指出了審美意象的多義性，其中所包含的情感可以是多種多樣的，這一方面為作家提出了要求，另一方面也為讀者解讀提供了發揮和想像的空間。

對於讀者而言，「空白」作為一種藝術意境和美感，存在於讀者在審美活動中的積極「介入」，展開聯想和想像，靈心妙悟，所謂

---

19 周振甫：《文心雕龍今譯》，北京，中華書局，2006，第357頁。

「悠然心會，妙處難與君說」[20]。全在乎自己悉心涵詠，以領悟到其中的「言外之意」。

從這個角度說，藝術欣賞活動就是一個填補藝術「空白」的過程。畫面中空白之處或為江湖、或為煙雲、或為蒼穹，並不失其真。清人趙執信在《談龍錄》中談詩道：「詩如神龍，見其首不見其尾，或雲中露一爪一鱗而已……神龍者，屈伸變化，固無定體，恍惚望見者，第指其一鱗一爪，而龍之首尾完好，固宛然在也。若拘於所見，以為龍具在是，雕繪者反有辭矣。」[21]空處不空，這有賴於讀者的「填空」。

藝術空白並非真空、真白，而是空白中有詩、有畫、有情、有意、有神。中國的山水畫歷來以蕭條淡漠、荒寒簡遠為理想境界，而不齒於那種畢工畢肖、借景媚俗之作。優秀的寫意之作逸筆草草，意趣傳神，凝練淡遠，而超出於工筆劃之上。清代畫家邵梅臣在《為鍾青田畫屏跋》中言道：

> 蕭條冷漠，是畫家極不易到工夫，極不易得境界，蕭條則會筆墨之趣，淡墨則得筆墨之神。寫意畫必有意，意必有趣，趣必有神。無趣無神則無意，無意何必寫為？[22]

這正是一種清新、自然、灑脫的境界，「畫家所寫的自然生命，集中在一片無邊的虛白上」[23]可以說這正是中國畫的絕妙之處。

---

20 〔宋〕張孝祥：《念奴嬌‧過洞庭》。

21 〔清〕趙執信著，陳邇冬校點：《談龍錄》，北京，人民文學出版社，1998，第5-6頁。

22 〔清〕邵梅臣：《畫耕偶錄》卷四，見徐蜀編：《國家圖書館藏古籍藝術類編33》，北京，北京圖書館出版社，2004，第387-388頁。

23 宗白華：《美學散步》，上海，上海人民出版社，1981，第71頁。

　　中國古代畫論早就提出過「計白當黑」的美學思想。晚清畫家華琳進而將「白」算作繪畫的一彩，他說：「墨，濃、濕、乾、淡之外，加一白字，便是六彩。」並由此提出了「畫中之白，即畫中之畫，亦即畫外之畫」的理論，[24]繪畫的空白，其實就是一種無筆之筆、無墨之墨。「畫留三分空，生氣隨之發。」這「生氣」就是一種韻味，一種空靈之美，一種含蓄之美，是蘊涵於審美意象中的一種意境。其實任何藝術都忌淺露而貴含蓄，淺露則陋，含蓄則令人再三咀嚼而有餘味。

　　笪重光等人把「空白」與「虛實」、「顯隱」等美學概念聯繫起來，更能顯示道家言意、虛實之辨的藝術審美中的意義。笪重光在《畫筌》中說道：

> 空本難圖，實景清而空景現。神無可繪，真境逼而神境生。位置相戾，有畫處多屬贅疣；虛實相生，無畫處皆成妙境。[25]

藝術家在藝術創作時，總是要把欣賞者對空白的填補考慮在內，充分估計到「空白」部分，恰是欣賞者創造的王國，是萌發和生長想像的地方。劉知幾說：「然章句之言，有顯有晦。顯也者，繁詞縟說，理盡於篇中；晦也者，省字約文，事溢於句外。然則晦之將顯，優劣不同，較可知矣。」[26]「顯」者為「秀」，「晦」者為「隱」，有顯有晦，有隱有秀；太實太滿自然不會給觀眾提供想像的餘地。

---

24 〔清〕華琳：《南宗抉秘》，見北京大學哲學系美學教研室編：《中國美學史資料選編》下冊，北京，中華書局，1981，第391頁。

25 〔清〕笪重光：《畫筌》，見沈子丞編：《歷代論畫名著彙編》，北京，文物出版社，1982，第310頁。

26 〔唐〕劉知幾：《史通·敘事》，見北京大學哲學系美學教研室編：《中國美學史資料選編》上冊，北京，中華書局，1980，第252頁。

西方接受美學也認為，任何文學本文都是一個多層面的未完成的圖式結構，都具有「未定性」，是一種「半成品」。它的存在本身並不能產生獨立的意義，而意義的實現則要靠讀者通過閱讀對之「具體化」，使本文中的未定性因素即「言外之意」得以確定。

藝術創作與藝術欣賞應該是統一的。藝術創作的空白如果離開了鑒賞者對空白的填充，也就失去了其存在的價值，必須接受讀者的參與才能完成作品的最終創造過程。每位讀者的每一次詮釋、解構，同時就是一種新的發現和建構。西方美學格式塔心理學認為，當不完全的形象呈現於人們眼前時，會引起人們一種強烈的追求完整、對稱、和諧的傾向。也就是說，會激起一種將其「補充」或「恢復」到「完整」狀態的意向，從而極大地提高知覺的興奮程度。藝術空白之處給接受者留出想像的餘地，其中隱含的未定因素能激發讀者的想像力。無論對於文學作品還是繪畫的接受，讀（觀）者心理都是一樣的。只不過，繪畫中的空白所引發的是視覺表象的完形趨向，而文學中的空白所引發的則是意象的完形運動。

另外，現象學美學家茵加登也提出了藝術作品的所謂「空白」說和「不確定」說。他認為在藝術作品被表現的「客體層次」（意義所形成的形象）和圖式化層次（形象的知覺顯示方式）充滿著空白和不確定性，需要讀者去填補和確定，作品的意義才最終完成。他認為，為了消除作品的「未確定點」即理會文中之「意」的多義性，必須通過欣賞活動使作品「具體化」，填補其中的「空白」。當然，由於欣賞者的個性差異，對同一作品，其解讀也有所不同，從而構成了藝術審美欣賞的差異性。可見，這與中國藝術的「空白」理論有著異曲同工之妙，東西可以互相印證。

接受美學、現象學美學都在其理論系統之下從不同的角度對於文藝「空白」現象作出各自的解讀，這將有助於我們更進一步地理解中

國藝術的「言外之意」與「空白」理論。總之，藝術「空白」無論是對於藝術創作，還是對於藝術欣賞都具有特殊的魅力和獨到的美學價值，研究其所包孕的美學內涵，將會有助於推動藝術活動的進行。

第四節　言、象、意與中國詩畫藝術

　　語言作為符號的一般特色，它與藝術美感意味存在著一定的矛盾。然而，老莊不僅否定了語言（名、辯亦屬此列），也否定了形（象）、色、聲，把它們統統當做體道的至美至樂的障礙。但是值得注意的潛在思想是，在《莊子》一書中，作為文學傳達媒介的語言，又並非與後世作為繪畫、書法的顏色、線條等處於同等的地位。徐復觀的這一觀點是發人深思的：他認為莊子思想影響到後世中國藝術，在繪畫領域表現得最為充分、最為純粹。文學儘管也有很大影響，但總不如繪畫裡表現得那樣純粹，那樣充分。莊子思想以自然為尚，「道」的最大特徵即在於自然天成。如果把莊子「道」的境界看做是人與物合一的境界，看做一審美意象的話，那麼，莊子「言」與「道」的矛盾，實際上就牽涉到人對宇宙自然萬物的直覺與把這種直覺到的境界用符號傳達出來的矛盾，即內在的審美意象與用語言把這種審美意象物質化的矛盾。從而，莊子的言意論中所包含的言與「道」的矛盾、口與手之不同就給我們以這樣的啟發：表現自然天全之美，以語言作為傳達媒介的詩歌、散文和以線條、色彩作為傳達媒介的繪畫、書法是非常不同的。這也就是為什麼莊子以手工技藝喻「道」而把語言文字的載體——書本視為「糟粕」的原因。

　　實際上，如果我們分析中國藝術中的詩畫理論，就會發現莊子言意論的這一啟發是實實在在地存在的。如果把散文和繪畫（即中國古人所說的「文」與「畫」）作為兩極的話，那麼可以看出以媒介所劃

分的中國古代藝術門類，見圖33-1。

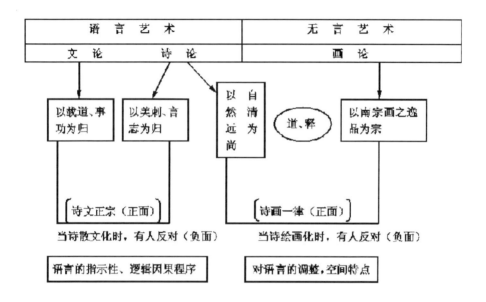

圖33-1以媒介所劃分的中國古代藝術門類

下面就圖33-1作一些說明：

在中國文學中，散文與政治、道德、實用聯繫最緊。先秦兩漢的所謂諸子散文、歷史散文，不僅體現了文學與歷史、哲學處於混沌未分的狀態，而且表明了文學與道德、政治、現實的密切關係。在中國文學批評史上源遠流長的「原道」、「宗經」、「徵聖」三位一體的文學觀，「文以載道」、文「有補世教」的說法，就是以散文為總結對象而提出的。與之相聯繫的，是語言多依循邏輯因果的程序，落入人的主觀意念和抽象思維的圈套內。這些特點，應該說是比較明顯的，毋庸多作說明。按照莊子的言意論，這種文體因其所用媒介的特點和致思方式是最先予以否定的。

　　反觀中國繪畫及其理論，則與散文形成兩極。如果說散文多受儒家經世致用的觀點的影響，多以社會人事為主要表現對象的話；那麼繪畫，就其主流而言，則承受莊子及佛禪的影響，多以自然山水為主要表現對象，其創作多擺脫了儒家道德倫理的說教，主張作畫「不過逸筆草草」、「聊以自娛耳」[27]、「聊以寫胸中逸氣耳」[28]。以王維為始祖的「南宗」山水畫，在宋代佔據了優勢，入元以迄明清，更成為不可逆轉的局面。自此，山水畫就幾乎等同於「國畫」了。這裡有兩點值得注意：①繪畫所使用的媒介與上述中國畫及畫論的特徵是有很緊密的聯繫的。由於繪畫藝術是

　　以線條、顏色為媒介，它們更接近自然原貌。繪畫藝術是訴諸形象的，以純然的意象出現。它能達致意象的直接呈現，而不像文學作品，必須把內在的意象進行語言轉化。而這一轉化是很困難的。黑格爾曾說過：「語言的藝術，即一般的詩，這是絕對真實的精神的藝術，把精神作為精神來表現的藝術。因為凡是意識所能想到的和在內心裡構成形狀的東西，只有語言才可以接受過來，表現出去，使它成為觀念或想像的對象。所以就內容來說，詩是最豐富、最無拘礙的一種藝術。不過詩在精神方面雖占了便宜，在感性方面卻蒙受了損失。這就是說，詩不像造型藝術那樣訴諸感性觀照。」[29]黑格爾在肯定語言藝術具有表現精神性、觀念性內容的自由、廣泛、靈活的優點的同時，也指出了它在感性、直觀上的不足。因此，較之以語言文字為傳達媒介的文學藝術，繪畫在顯現自然萬物的天然生機上，更具有鮮明

27　〔元〕倪瓚：《答張仲藻書》，轉引自葛路：《中國古代繪畫理論發展史》，上海，上海人民美術出版社，1982，第136頁。

28　〔元〕倪瓚：《題自畫墨竹》，轉引自葛路：《中國古代繪畫理論發展史》，上海，上海人民美術出版社，1982，第136頁。

29　〔德〕黑格爾：《美學》第3卷上冊，朱光潛譯，北京，商務印書館，1979，第19頁。

性、生動性、即目性、具體性。這是作為視覺藝術的畫所獨有的特性。所以，中國人認為，「存形莫善於畫」[30]、「畫者，形也」[31]、「畫者，畫也，度物象而取其真」[32]。這些說法道出了這樣一個規律：繪畫的視覺直接性較文學為優。這一特點也可以從西方許多思想家那裡得到印證。克羅齊的直覺主義藝術論，就被認為：「直覺理論適用於繪畫藝術居多，但克羅齊硬要把文學及音樂不加識別地拉進來，造成某些窒礙不通的地方」。[33]而莊子的藝術精神與克氏的直覺主義有其相通之處。直覺理論之所以適用於繪畫藝術居多，就因為以線條、色彩為媒介的繪畫是感覺藝術，它能造成意象的直接呈現；而以語言為媒介的文學則是一種訴諸想像、思維的藝術，它最多只能達到意象的間接呈現，它與自然真實世界容易造成一種「隔」的感覺。正是基於這種認識，英國現代美學家克萊夫・貝爾特別強調視覺藝術而排斥文學作品。文學的這種非感覺性，使它成為非美感的或半美感的，這從中國文學理論也可以看出一些端倪。從莊子「天地有大美而不言」的「無言獨化」的自然觀開始，中國文藝批評家對語言一直採取不太信任的態度，認為它是一種不得已的表達方式。而超越語言的邏輯因果程序，達到「不落言筌」「不知有所謂語言文字」的「無語」境界，也就成為文學藝術高超的標誌。在中國美學中，成為崇尚自然的審美趣味的重要美學範疇的「直尋」、「不隔」，似乎只有在作為語言藝術

---

30 〔晉〕陸機：《士衡論畫》，見俞劍華編：《中國畫論類編》，北京，人民美術出版社，1986，第13頁。

31 〔清〕葉燮：《赤霞樓詩集序》，見北京大學哲學系美學教研室編：《中國美學史資料選編》下冊，北京，中華書局，1981，第324頁。

32 〔五代梁〕荊浩：《筆法記》，見沈子丞編：《歷代論畫名著彙編》，北京，文物出版社，1982，第49頁。

33 古添洪：《直覺與表現的比較研究》，見古添洪、陳慧樺編：《比較文學的墾拓在臺灣》，臺北，東大圖書公司，1976，第91頁。

的詩歌中才提出，而在繪畫中則幾乎不存在這個問題。因為「直尋」、「不隔」所反對的賣弄學問、堆砌典故、落入邏輯思維圈套，這些詩文創作中的問題，在繪畫創作中幾乎是不存在的。而它們所肯定的自然感興所達成的直觀、具體、生動的自然形象，則很容易在繪畫藝術中達到。②繪畫藝術的這種直覺性特點正好符合莊子自然全美的思想。也就是說，中國的繪畫理論主要是接受莊子自然全美的思想而來，莊子「無言」的自然美學思想在繪畫理論中得到了充分的實現。徐復觀認為：「形成中國藝術骨幹的山水畫……是莊子精神的不期然而然的產品」，「莊子精神之影響於文學方面者，總沒有在繪畫方面的表現得純粹。」[34]這一論斷是符合中國藝術理論的實際情況的。張彥遠在《論畫》中寫到：「凝神遐想，妙悟自然；物我兩忘，離形去智。身固可使如槁木，心固可使如死灰，不亦臻於妙理哉！所謂畫之道也。」[35]這段話不論從觀點還是從語句上，都承襲《莊子》而來。這「畫之道」，就是莊子「以物觀物」的自然全美思想在繪畫理論上的運用。「終日只在荒山亂石、叢木深筱中坐，意態忽忽。」[36]在身與物化的直覺合一中，對自然之真妙悟自得，在「非唯我愛竹石，即竹石亦愛我」[37]的物我渾一中，「外師造化，中得心源」[38]。在中國繪畫理論中，「真」與「似」是兩個完全不同的概念。「真」是自然的精

---

34 徐復觀：《中國藝術精神》，上海，華東師範大學出版社，2001，第133-134頁。

35 〔唐〕張彥遠：《歷代名畫記》，見沈子丞編：《歷代論畫名著彙編》，北京，文物出版社，1982，第39頁。

36 〔明〕李日華：《六硯齋筆記》，見沈子丞編：《歷史論畫名著彙編》，北京，文物出版社，1982，第229頁。

37 〔清〕鄭板橋：《題畫》，見北京大學哲學系美學教研室編：《中國美學史資料選編》下冊，北京，中華書局，1981，第343頁。

38 〔唐〕張璪語，見北京大學哲學系美學教研室編：《中國美學史資料選編》上冊，北京，中華書局，1980，第281頁。

神、生機，也就是藝術的氣韻、神似；而「似」則是對物象外表枝節的模寫，是形似。如果說「似」是「人事之法天」，即人與對象分開，對物象是一種簡單的反映的話，那麼「真」則是「人心之通天」的結果，是人與物直覺合一後所領悟出的物象的生機和精神。在中國畫論家看來，「真」高於「似」，而又包含了「似」。主張「度物象而取其真」的荊浩就說：「似者，得其形，遺其氣；真者，氣質俱盛。」[39]張彥遠也說：「以氣韻求其畫，則形似在其間矣。」[40]王若虛亦論畫云：「妙於形似之外，而非遺其形似。」[41]與莊子「天地有大美而不言」的說法一樣，本來，「草木敷榮，不待丹碌之彩；雲雪飄揚，不待鉛粉而白。山不待空青而翠，鳳不待五色而綷。」[42]自然的氣韻生動的圖景，以色彩、線條來表現就已使自然本真褪色，以語言文字就更難以直接呈現了。因此，從表現自然萬物的天然生機來看，繪畫較文學具有很大的優勢。因為其媒介（丹碌、鉛粉、空青、五色）與自然本色具有相近的特質。

而詩歌，則是介於散文與繪畫之間的一種藝術。清人馮班在駁斥嚴羽時說：「詩者，言也。言之不足故長言之，長言之不足故詠歌之，但其言微不與常言同耳，安得有不落言筌者乎？」[43]詩與散文一樣，都以語言文字作為載體，只不過詩歌語言與日常生活語言不同而

---

39 〔五代梁〕荊浩：《筆法記》，見沈子丞編：《歷代論畫名著彙編》，北京，文物出版社，1982，第49頁。

40 〔唐〕張彥遠：《歷代名畫記》，見沈子丞編：《歷史論畫名著彙編》，北京，文物出版社，1982，第36頁。

41 〔金〕王若虛：《滹南詩話》，見丁福保輯：《歷代詩話續編》，北京，中華書局，1983，第515頁。

42 〔唐〕張彥遠：《歷代名畫記》，見沈子丞編：《歷代論畫名著彙編》，北京，文物出版社，1982，第38頁。

43 〔清〕馮班：《鈍吟雜錄》卷五，見郭紹虞主編：《中國歷代文論選》第2冊，上海，上海古籍出版社，2001，第432頁。

已。但是，詩歌與散文又有不同的特色，它要儘量擺脫語言文字的限
指性，以語言文字形成藝術意象，在這點上又與繪畫靠近。由於詩運
用語言文字作為傳達媒介而又要超越傳達媒介的特點，在中國詩和詩
論史上，就有兩種很不同的傾向：一種是以儒家「詩教」為核心的詩
觀，以言志抒情為特徵，要求發揮詩歌對社會的倫理道德教化作用。
這種詩觀是中國詩的正宗，它與散文在所受思想影響（儒家）、表現
對象（社會人事）及其所發揮的作用（美刺諷諭）等方面，都有其一
致之處。其優點是有豐富的社會、思想內容，然流弊則過於散文化，
「以文字為詩」，「以議論為詩」，甚者「叫噪怒張」，「以罵詈為詩」。[44]
文字傳達易落入語言的概念化的桎梏中。另一種詩歌則接受莊、禪的
影響，追求一種自然清遠的韻味，它們與中國山水畫在所受影響（道
釋）、表現對象（自然山水）、發揮作用（純審美愉悅）等方面都有其
一致之處。這種詩之於傳達媒介──語言，要求「不落言筌」，要
「參活句」，使語言跡近自然本身而又運轉如珠、自由活脫。這是兩
種很不相同的詩歌風格。如果說杜甫體現了前者的最高成就的話，那
麼陶淵明、王維、孟浩然則體現了後者的旨趣。與這兩種詩歌的風格
相應，傳統的詩歌美學也鮮明體現了這一兩極的分途發展。例如唐朝
的詩歌理論，以陳子昂、白居易、元稹為代表的詩觀與以皎然、司空
圖為代表的詩歌美學，就是這一分途發展的表現。而且這種分化在
宋、明、清也很明顯。錢鍾書在《中國詩與中國畫》一文中認為，杜
甫詩歌所體現的那種風格是中國詩的正宗。但是我們不應忽視，這並
不妨礙我們的古人對後一種風格的偏好。正是在這一點（後一種詩的
境界與繪畫相近）上，古人說：「詩是無形畫，畫是有形詩」[45]，「畫

---

44 〔宋〕嚴羽著，郭紹虞校釋：《滄浪詩話校釋・詩辨》，北京，人民文學出版社，
　　2006，第26頁。
45 〔宋〕張舜民：《跋百之詩畫》。

者，天地無聲之詩；詩者，天地無色之畫。」[46]「詩畫一律」的說法甚為流傳。可見，詩與畫在中國古代並非任何時候都是相通的。只有當詩偏於體現了自然清遠的風格時，人們才說「詩畫一律」；而當人們心目中的詩是指符合儒家「詩教」的詩歌時，詩與畫是有很大不同的。

另一方面，由於中西方文化環境和觀物方式的差異，中西美學理論在詩與畫的關係上也表現出了很大的不同。中國藝術接受莊子「以物觀物」的感物方式，強調「即物即真」、物我渾一的藝術視境；而西方人受柏拉圖、亞里斯多德以來「以我觀物」的方式所支配，以自我為中心對待宇宙萬象。即使是抒情詩，其「強烈情感的自然流露」與中國「非個人化」的追求意境美的詩很不相同。在這種不同的藝術實踐和不同的文化背景中，萊辛著重分析詩、畫媒介的差異，而中國詩畫論則強調它們表現功能的趨同。

即使在中國詩、畫相通之點上，也還面臨著一個媒介調整的問題。詩畢竟以語言作為傳達媒介，而語言是一種符號，用以指示、代表事件、行動，但無法代替「可以觸到、可以感覺」的事象本身。語言與自然真實世界的鴻溝很大，語言的限制是不可避免的。「直尋」、「不隔」等美學要求只在作為語言藝術的詩歌批評中才提出，而在繪畫批評中則幾乎難見此類問題。與繪畫的媒介相比，詩及其所用的媒介具有以下不同（見下表）：

詩	語言	意義符號	時間	意象的間接表達	通過想像、記憶	半感覺藝術
畫	色彩、線條	現象符號	空間	意象的直接呈現	直觀	感覺藝術

---

46 〔清〕葉燮：《赤霞樓詩集序》，見北京大學哲學系美學教研室編：《中國美學史資料選編》下冊，北京，中華書局，1981，第324頁。

　　詩歌由於媒介的限制，在表現自然萬物的天然真趣，在顯現人與物渾的全美境界上與繪畫有一定的差距，而繪畫更多符合莊子自然全美的思想。因此，循著莊子的言意論，詩要進入莊子的理想王國，語言傳達的藝術要達到無語的境界，就必須對語言的限制進行調整。作者要接近事象的實體，就要衝破語言的限制。他可以使用「意象併發」或「擇其最明澈、最具暗示其它的角度」將之呈現。而中國的文言沒有嚴格的語法邏輯規定的特徵，恰好為語言衝破限制提供了方便。對於這一點，葉維廉、劉若愚、鄭樹聲等人在比較中國詩和英美詩時非常重視。葉維廉在其《比較詩學》中更是提出了「超媒體的美學」這一重要問題，闡發了中國詩學通過語言調整達到繪畫效果、闖入繪畫領域的可能，呈現自然天全之美，達致視覺性、空間玩味的效果，從而與繪畫相通。

　　不過，葉維廉拿來與英美詩比較的中國詩，主要是受道家影響下的詩歌（這種影響主要表現為對外物的感應方式以及對語言的態度），並不代表中國詩的全貌。這些詩在美學思想的淵源、表現對象以及作用等方面都與中國文人山水畫是一致的。它們受到莊子「無言」的影響，衝破語言的限指性和邏輯因果程序，對語言進行調整，使之跡近自然本真而「不隔」，在兩種不同傳達媒介的藝術之間，架起相通的橋梁，充分體現了中國人的創造性。於此亦可見出莊子及受其影響的美學的生命力和世界意義。

第五節　莊子的傳道之「言」

　　莊子對語言表達能力的懷疑和否定，追求一種「無言」的境界，這對任何一種物化了的文學作品都是不能成立的。詩的藝術境界當然不是語言層次，但是沒有語言這個符號，它的意境也就無從產生。因

此，就理論上說，莊子對語言的否定，儘管有其極為豐富的啟發性和暗示性，但從根本上說還不是藝術本身。然而，莊子在其「以忘言為宗」的理論主張和繁有稱說的創作實際上卻是矛盾的：一方面竭力否定言辭辯說，認為道「不可言傳」，書只是無用的「糟粕」；另一方面並沒有沉默，一言不發，而是著書十餘萬言，大肆宣揚其自然之道。莊子也被公認為是歷史上少有的善於「屬書離辭」的寫作高手。這種矛盾的現象，是解開莊子「無言」、「忘言」之謎的一把鑰匙。

讓我們先來看看莊子傳道之「言」的性質。被認為具有總結性質（亦有人認為具有序跋性質）的《天下》篇有一段話提到了這個問題：

> 古之道術有在於是者，莊周聞其風而悅之，以謬悠之說，荒唐之言，無端崖之辭，時恣縱而不儻，不以觭見之也。以天下為沉濁，不可與莊語，以卮言為曼衍，以重言為真，以寓言為廣。

被認為具有凡例性質的《寓言》篇，也說到莊周的著作：

> 寓言十九，重言十七，卮言日出，和以天倪。

這裡「時恣縱而不儻」的「儻」，高亨《莊子今箋》解釋為：「儻」借為「讜」。《玉篇》：「讜，直言也。」莊子說他的書「不儻」，就是不直言的意思。前面的「謬悠之說，荒唐之言，無端崖之辭」，都是不直言的意思的發揮。「不以觭見之」的「觭」，是「畸」、「奇」之借字。成玄英說：「觭，不偶也。」「偶」就是能與道相對應的偶像、形象。又「莊語」，郭象注為莊周自己的話，成玄英解為「大言」，這都是錯誤的。王先謙解為「正論」，是符合莊旨的。所謂「正論」，就是正面地闡明自己的看法，或道德教訓，或思想辨析，

或政治見解，如較莊子先前或同時的老子、孔子、墨子、孟子、荀子、韓非等人的著作，就是「莊語」、「正論」。而莊子的傳道之言則與之不同，它「乃是無道德地實踐性的話，無思辨地明確性的話，正是純藝術性的，其本質是屬於詩的這一類的話」[47]。可見，所謂的「倡言」、「觭言」、「莊語」，都是從正面直接論述某一道理和主張的。而《莊子》一書則「不倡」、「不以觭見」、「不可與莊語」，是以具體的形象來間接地表達「道」的內涵的。從這裡可以看出，莊子所否定的只是直接說明某一主張的所謂「直言」，並不是完全否定作為傳達媒介和交流工具的一切語言文字。在莊子看來，這種形象化的表現方法，不但最符合「道」的本來面目（因為「道」是一種只能訴諸直覺而不能以智慮求之的狀態或境界），能夠「應於化而解於物」，而且能達致「其理不竭，其來不蛻，芒乎昧乎，未之盡者」（《天下》）的效果，使人讀起來總是可以體會出新的道理，引發出廣泛的、無窮無盡的聯想，因而也就可以傳之永久了。可見，這種表達方式與我們在「以物觀物」的自然美學中所描述的基本精神是基本一致的。

再來看看莊子著名的「三言」。莊子對自己創造的「三言」極為重視，並且對這三種方法作過比較詳細的闡述。「寓言」是一種「藉外論之」（《寓言》）的表達方式，也就是通過非現實的、有趣的故事，去聯想、領悟那不可形色名聲的「道」。事實也正是這樣，《莊子》一書就是由一系列獨立而又有內在聯繫的寓言故事組成。先秦諸子以寓言來說理的，不止莊子一人，孟子、荀子、韓非都曾採用寓言。但莊子與他們相比，則有鮮明的特點。不但數量多（「寓言十九」），而且具有獨立的性質，人們可以把它們從莊子思想中分離出來領會，有時得出與莊子本意不同甚至相反的意味。莊子以「寓言」來

---

47 徐復觀：《中國藝術精神》，上海，華東師範大學出版社，2001，第118頁。

表達「道」的方式，在中國文學發展史上占有很重要的地位。由於《莊子》一書寓言數量多，而且藝術上非常成熟，並且第一次提出了「寓言」這一概念，這標誌著寓言已從一種修辭手法發展成為一種獨立的文學形式。

「重言」是藉重古人、老人的名姓來說自己的話。《莊子》一書中所引大約百餘名古人及年高有德者的話，絕大部分不見於本人著述和其它典籍（《老子》除外），基本上是創造、虛構，絕非史實。因此，莊子的「重言」也就是假託古人、老人之名來創造的寓言故事。《寓言》篇稱《莊子》一書：「寓言十九，重言十七。」寓言已占有全書的十分之九，剩下的也不過還有十分之一，為什麼重言又占全書的十分之七呢？《莊子》書中，「寓言」和「重言」是兩種交叉的表達方式，往往重言就是假託古人、老人之名的寓言；反之，亦然。因此，寓言即使占了全書的十分之九，仍不影響重言之占十分之七。

如果說「寓言」、「重言」還只是一種假借，言與「道」還有一種分離的痕跡的話，那麼「卮言」則更符合「道」之特點。因此，在莊子的「三言」中，「卮言」是一種更妙的傳「道」的表達方式。在「卮言」中，言與「道」是合二而一的。鑒於此，莊子對它評價最高，也最為重視。那麼什麼是「卮言」呢？莊子只說：「卮言日出，和以天倪，因以曼衍，所以窮年。」（《寓言》）並未作具體說明。這樣就引起了歷來注家的不同解釋：

（一）晉人司馬彪解「卮言」為「支離無首尾言也」。

（二）郭象、成玄英均把「卮」注為酒器，「滿則傾，空則仰」，況之於言，郭象認為它「因物隨變，唯彼之以」；成玄英與郭象大致相同，但更為精確：「空滿任物，傾仰隨人。無心之言，即卮言也。是以不言，言而無係傾仰，乃合於自然之分也。」陸德明《經典釋文》引王叔之語亦云：「夫卮器，滿即傾，空則仰，隨物而變，非執

一守故者也；施之於言，而隨人以變，已無常主者也。」

（三）宋人林希逸的解釋則較為特別：「巵，酒巵也。人皆可飲，飲之而有味，故曰巵言。」

總觀上述三解，筆者以為，聯繫上下文之「和以天倪」（合於自然的分際），第二種解釋最切莊旨，第三種解釋與第二種解釋是相通的，可以作為第二種解釋的補充，甚至可以說它已經包含在第二種解釋裡了。因為「巵言日出」（日新），它不主故常，讀者當然也就可以從中得到自己特有的感受了（即「人皆可飲，飲之而有味」）。而第一種解釋則顯然不符合莊子的意旨。莊子的「巵言」，就是《齊物論》所說的「天籟」，是自然之聲。它不是「以我觀物」，以是非、概念把自然大全分割得支離破碎，而是「以物觀物」，自由地保持自然物象的天然生機。「無心之言」，正是從語言的角度陳述的這一理想和境界。蘇東坡有「隨物賦形」之說，莊子的「巵言」則是「隨物賦言」，它的實質就是把有限的、定位的語言物質元素消除或減滅到最低程度而並不覺得不自然，重新確認與真實世界的合一。

鑒於對「巵言」的這樣一種認識，莊子在「巵言日出，和以天倪，因以曼衍，所以窮年」之後緊接著說：

> 不言則齊。齊與言不齊，言與齊不齊也，故曰言無言。言無言，終身言，未嘗言；終身不言，未嘗不言。（《寓言》）

莊子心目中的「不言」，就是不參入主觀成見之意，也就是不以主觀是非好惡和先前的認知框架來解釋自然大全；與一般流行的「言」不同的「巵言」，則對自然萬物不加人為的干預，讓實際生活中所體現的「道」，在按事物原貌描寫的事件中自然而然地流露出來。「巵言」作為一種傳達方式，運用到藝術創作中，就要求寫具體

的、真實的事件和清晰生動的人物，力求宛如自然和人生的實際狀
況。由於這種語言傳達「非執一守故」，不主故常，不依循固定的邏
輯因果程序和約定俗成的語言框架，因此它就像盛在酒器裡的酒一
樣，「人皆可飲，飲之而有味」。「卮言日出」，便是指這種宛如客觀事
物本身的「言」，可以使人不斷悟出新意（「日出」，便是日出新意）。
「因以曼衍，所以窮年」是指用卮言使人悟道，可以自然而然地把道
傳播開來，而且能夠窮年無盡，永遠流傳下去。「非卮言日出，和以
天倪，孰得其久！」（《寓言》）也是說的這個意思。從這裡我們可以
清楚地看出，莊子的「卮言」與其對自然天全之美的追求是完全一
致的。

從以上我們對《莊子》一書中所提到的幾種語言傳達方式的考察
來看，在莊子看來，「儻言」、「觭言」、「莊語」為一方，「寓言」、「重
言」、「卮言」為另一方，它們是兩種截然不同的表現方式。莊子是否
定前者而肯定後者的。這就說明莊子並非全盤否定語言的傳達，而只
是否定語言的直指性、片面性、概念性、名辯性、執滯性，而這些特
點就正是後來許多詩論家所說的「言筌」。在這否定的背後，卻在肯
定符合自然本真而又能運轉自如的語言表達。當然，「無語界」最真
實，最能體現道的特徵。但對於文學、文化而言，語言又是一種不得
已的東西。莊子及其影響到的中國詩歌批評家認識到語言的這種矛盾
性：「作為一種不充分而又必需的方式用以表現難以表現者，以及再
現主觀性與客觀性的區分併不存在的、概念之前與語言之前的意識狀
態」[48]，並且接受了這種挑戰。顯然，「卮言」就是對語言表達藝術意
象的調整。

與語言傳達相聯繫的，就是《莊子》一書不是用論述性的語言、

---

48 劉若愚：《中國文學理論》，杜國清譯，臺北，聯經事業出版公司，1981，第303頁。

嚴密的邏輯推理去闡述哲理，去說服人；而主要是通過生動的形象去
打動人，讓讀者自己「意會」（揣摩、體會）其中的哲理。這一表達
方式顯然使《莊子》一書具有文學色彩，賦予它以巨大的藝術魅力。
章學誠在《文史通義・易教下》中認為「戰國之文，深於比興，即其
深於取象者也」。《莊子》一書更是這樣。「深於比興」、「深於取象」，
也就是以自然、生動、具體的藝術形象來表達作者的思想，而讀者亦
可從這具體、生動的藝術形象中領悟出無窮的意味。加之莊子所要傳
達之「道」不是一般的哲學思想，而是富有藝術色彩，不可以理智地
去把握、去界定，所以《莊子》一書就具有極大的藝術審美價值。劉
熙載就曾說，《莊子》一書，「人鮮不讀，讀鮮不嗜，往往與之俱化」。[49]
高度概括了《莊子》由其「道」之生氣貫注和表現「道」之方式所形
成的高度的藝術魅力。這點，是其它先秦諸子所遠遠不能比擬的。

歷代莊子注釋家也充分注意到《莊子》一書獨特的表達方式和語
言魅力。林雲銘《莊子因》卷首之《莊子雜說》曰：

> 莊子只有三樣說話：「寓言」者，本無此人此事，從空蒐撰出
> 來；「重言」者，本非古人之事與言，而以其事與言屬之；「卮
> 言」者，隨口而出，不論是非也。作者本如鏡花水月，種種幻
> 相。若認為典實，加以褒諷，何嘗說夢！

宣穎《南華經解》卷首之《莊解小言》亦云：

> 莊子之文，長於譬喻。其玄映空明，解脫變化，有水月鏡花之
> 妙。且喻後出喻，喻中設喻，不啻峽雲層起，海市幻生，從來

49 〔清〕劉熙載：《藝概》，上海，上海古籍出版社，1978，第9頁。

無人及得。

古今格物君子，無過莊子。其侔色揣稱，寫景擒情，真有化工
之巧。

　　林雲銘、宣穎提到莊子之文有「水月鏡花」、「海市幻生」之妙，
這正是文學藝術的一大勝境。

第三十四章
「虛靜」與中國古代藝術創作心理學

　　「虛靜」，是道家思想中的一個軸心範疇，也是中國文學創作和文學理論中的一個核心概念，它對藝術主客體的審美關係、對藝術的創作規律、對藝術創作過程中主體的心態構成和心理變化，都有著極為深刻的啟迪和影響。前面已經談到，莊子從「忘」到「遊」。「忘」，也就是要求人們虛靜其心，摒除雜念，凝神寂照，直截事物本原，它既是展開「遊」的條件，又是審美愉悅有別於感官物欲之樂的標誌；「以物觀物」的自然美學，也包含著主體的「虛靜」，它是進入物我直覺合一的先決條件。我們反覆強調，「虛」主要是指主體渾化是非因果關係時的那種絕對、至一的心態。「虛」在消極上可「捐情去欲」，在積極上更能「與物合一」、「極物之真」、「以應無窮」。故此，徐復觀論述莊子的「藝術精神」時，也特別重視對「虛靜」的創造性解讀。下面，我們將集中來談「虛靜」在藝術創作理論上的意義。它不是從境界形態上講「虛靜」的，而是側重於從創作過程和創作心理的角度去挖掘道家「虛靜」觀的意義，並以富有中國特色的藝術創作理論為中心，來展示這一重要的藝術創作理論的形成與道家思想的關係。

　　《道德經》第十六章曰：「致虛極，守靜篤；萬物並作，吾以觀復。夫物芸芸，各復歸其根。歸根曰靜，靜曰覆命。」這段話，成為後代哲學、文藝上虛靜論的經典表述和偉大開始。莊子繼承並發展了

老子，不僅談到虛靜的地方特別之多、內涵也更豐富，而且以大量的技藝創造的寓言故事來啟發虛靜的妙處和作用。這就使得道家的虛靜論與藝術創造更自然、更緊密地聯繫起來。有見於此，我們這裡主要以莊子為重點，努力從中揭示出道家虛靜觀對中國藝術創作思想的影響軌跡。

第一節　從「神妙化境」的技藝創造說起

崇尚自然是中國藝術的根本精神，它體現了東方藝術的精神品質和靈魂神韻，體現了中國傳統哲學天人合一、物我混化的精髓要義。老子在《道德經》中最早提出「人法地，地法天，天法道，道法自然」，宣導一種以「自然」為最高範本的智慧創造，要求達到一種完全摒棄人為而合於自然、與道合一的大美之境。作為道家學派中與藝道淵源更深的代表人物，莊子在理論上追求的也是這樣一種不通過人工製作的原始自然渾全的境界。然而藝術（Art）作為一種人工製作方式，就必然使那種純粹的自然即第一自然不復存在，因此藝術的自然之美，毋寧說是人所創造的「第二自然」或「人化的自然」。這種「第二自然」、「人化的自然」在莊子嘖嘖讚歎的神妙化境的技藝創造中就得到了完美的體現。朱自清在談到莊子對中國文學理論的影響時說：「特別是那些故事裡表現著的對藝術或技藝的欣賞，以及從那中間提出的『神』的意念，影響後來的文學和藝術、創造和批評都極其重大。比起儒家，道家對於我們的文學和藝術的影響的確深刻和廣大些。那『神』的意念和通過《莊子》影響的『妙』的意念，比起『溫柔敦厚』的教條來，應用的地方也許還要多些罷？」[1]

1　朱自清：《好與妙》，見《朱自清古典文學論文集》，上海，上海古籍出版社，1981，
　　第129頁。

「神」、「妙」在《莊子》一書中，都指向經過人工創造而又不知其所以然的化境。具體地分析，「神」在《莊子》一書中大致有以下幾種含義：

（一）當莊子說一件手工技藝品使「見者驚猶鬼神」（《達生》）時，「神」（與鬼連用）指一種巧奪天工、鬼斧神工、妙造自然的化境；

（二）當莊子在津人操舟的寓言故事中說津人「操舟若神」（《達生》）時，「神」係指手工藝在運作中那種合規律而又自由的活動（或過程）；

（三）在「乃凝於神」（《達生》）、「以神遇」的語句中，「神」指主觀精神對創作對象極度專注、高度凝聚的心理活動；

（四）當莊子言其至人「上窺青天，下潛黃泉，揮斥八極，神氣不變」（《田子方》）時，當莊子借漢陰丈人之口說「機心存於胸中，則純白不備；純白不備，則神生不定，神生不定者，道之所不載也」（《天地》）時，「神」指主體精神的靜一不變的心理狀態。

被人們廣泛稱引的下面一段文字，也是這樣：

> 萬物無足以鐃心者，故靜也。水靜則明燭鬚眉，平中準，大匠取法焉。水靜猶明，而況精神！聖人之心靜乎！天地之鑑也，萬物之鏡也。夫虛靜恬淡寂漠無為者，天地之平而道德之至，故帝王聖人休焉。休則虛，虛則實，實則備矣。虛則靜，靜則動，動則得矣。（《天道》）

這裡以水靜喻人的精神（「神」與「精」合稱為「精神」），意在申述其主體精神虛靜明鏡的境界。而這「虛靜」之特徵，又在於其主

體之「休」（即無為），在其主體精神的靜一不變（「萬物無足以鐃心」）上。在《莊子》中，所謂的「神不虧」、「無所虧神」，都是指主體的虛靜心態。

可見，莊子關於「神」的觀念，表現為由人的精神心理的虛靜狀態，進入技藝創作（以之喻道）的自由而合規律的「入神」狀態，最後達到雖由人工但逼肖自然天成的神化妙境，正如《二十四詩品》中所稱揚的「空潭瀉春，古鏡照神」之境，這既是對藝術創作主體虛靜心態的描寫，又是對主體在這種心態的指引下所達到的神化妙境的傳神寫照。

「妙」亦是中國文藝批評中的一個重要然而又有點玄的概念，它總是與不可窮詰、不可智識、不可言傳的直覺領悟聯繫在一起。劉若愚在其英文著作《中國文學理論》一書中在譯「妙契同塵」、「妙造自然」等中國詩學思想之「妙」時，開始選用「wonderfully」，但認真思考則覺得甚為不妥，最後敲定為「intuitively」，[2]頗為得意。朱自清在《好與妙》一文中，列舉了大量事實，發現「妙」總與「玄（妙）」、「神（妙）」、「微（妙）」、「（妙）不可言」等聯用，這種好處，出於自然，歸於自然，「不可尋求」、「不可以形詰」。[3]方東美在《生生之德》中更是推崇中國文化中的妙性特質，他在談到中國哲學的通性即中國人的智慧時，稱中國人的這種智慧為「平等慧」，認為只有「平等慧」才能演化為「妙性文化」。這種妙性必「履中蹈合」，以同情交感之中道為文化價值之模範，形成天人合德，哲學精神和藝術精神的統一，反映了東方人的生命精神和藝術追求，這種文化的要點則在於「挈幻歸真」。這種妙性文化特性也就成了與古希臘的「契

---

2 劉若愚：《中國文學理論》，杜國清譯，臺北，聯經事業出版公司，1981，第47頁。
3 朱自清：《好與妙》，見《朱自清古典文學論文集》，上海，上海古籍出版社，1981，第128頁。

理文化」、近代歐洲的「尚能文化」的根本差異之所在。中國文藝批評中的這些「妙」意念的特點，大多淵源於道家，《莊子》中所體現出來的「妙」的觀念，就有這些特點。《寓言》篇就有這樣一段話：

> 自吾聞子之言，一年而野，二年而從，三年而通，四年而物，五年而來，六年而鬼入，七年而天成，八年而不知死、不知生，九年而大妙。

「大妙」儘管不是談藝術創作的，但它是一種至高的境界，很自然地與藝術創作中自然天成的神妙境界相通。而「大妙」的取得，又不是一蹴而就的，它不像禪宗所言的「頓悟」，倒有幾分由「漸」入「頓」的「漸修」味道。主體經過內心的修養（莊子在許多地方把它稱為「守」，如《大宗師》言「守而告之」、《知北遊》中的大馬之捶鉤者說「臣有守」），排除了一切是非分際和功利機巧，自然而然地達到了天成的神化妙境。道家的這種虛靜自守的修養方式與強調誠意正心和心性修養、追求曾點之志和孔顏樂處的宋明儒學又有相似之處，只不過儒家修身養心的目的是由內聖而達外王和事功之目的，而道家更重於由內心的澄明而達人與自然、宇宙接通合一的境界，即天人合一之境。它更通向藝術，《達生》篇中著名的「梓慶削木為鐻」的寓言就給我們揭示了這樣的道理：

> 梓慶削木為鐻，鐻成，見者驚猶鬼神。魯侯見而問焉，曰：「子何術以為焉？」對曰：「臣工人，何術之有！雖然，有一焉。臣將為鐻，未嘗敢以耗氣也，必齊以靜心。齊三日，而不敢懷慶賞爵祿；齊五日，而不敢懷非譽巧拙，齊七日，輒然忘吾有四枝（肢）形體也，當是時也，無公朝，其巧專而外滑

消；然後入山林，觀天性；形軀至矣，然後成見鐻，然後加手焉；不然則已。則以天合天，器之所以疑神者，其是與！」

這裡梓慶為鐻之所以使「見者驚猶鬼神」，並不是他有什麼技巧、法術，而是有一種內心的修養工夫。經過「無公朝」、忘「慶賞爵祿」（忘功利）、無「非譽巧拙」（無是非）、忘形體（忘生理欲望）的損外過程，最後達到了一種順應自然的無為境界。這一修養過程與前面一則所言的「野」（外權利）、「從」（不自專）、「通」（通彼我）、「物」（與物同）、「鬼入」（外形骸）、「天成」（無所復為）的過程基本上是一致的。這個修養過程就是「齊以靜心」（「齊」，同「齋」），即人們所說的「虛靜」的創作心理狀態。概括之，這個過程包括「去物」和「去己」兩層含義。「去物」是指主體和客體之間保持適當距離，從實用現實功利中移出物象直接進行審美把握，做無功利的純美的審視，觀其永恆之美，觀其精神神韻，而不被物象所拘，從而獲得一種極大的審美自由，深入到物象的本源和深邃。「去我」是指拋棄主體自身的各種生命欲望，斷絕名利是非的羈絆，摒棄各種自我的知識偏執和囿見，消除一切刻意的概念、判斷、推理活動，達到老子說的「絕聖棄智，絕巧棄利，絕學無憂」的精神狀態，只對物象做純粹的審美靜觀，從而進入「落花無言，人淡如菊」的境界。這樣藝術主體經過「去物」和「去我」的修煉之後，獲得了心靈的極大自由和審美的超越，回歸到一種真實本初的自我，誠如老子說的「嬰兒」之心，王國維說的「赤子之心」，李贄說的「童心」，這就為實現「以天合天」的神化妙境準備了一個純淨自由的主體。所以，由此「虛靜」，故能「以天合天」，成其自然天成之妙。這裡的「以天合天」，林希逸解釋為：「以我之自然，合其物之自然」。而所謂「我之自然」，就是不以人的喜、怒、好、惡、是、非等觀念來對待事物，而

是保持一種對待客觀外在對象的「虛靜」狀態。由「虛靜」到自然天成的神妙化境，就是「以天合天」的藝術創作方法。

這一創作程序（由「虛靜」而神、妙之化境）同樣體現在「雕琢」與「樸素」的關係中。許多人把莊子「雕琢」與「樸素」的關係說成是人工雕琢而不露痕跡、大巧歸樸的過程，這顯然誤解了莊子的原意。很明顯，「雕琢」更多的是與「人為」的干預聯繫在一起，而「樸素」更多的是與「自然」的美學追求聯繫在一塊，這與老莊宣導「無為」、「自然」、「見素抱樸」的哲學是有很大關係的。換言之，提倡自然真美、反對雕琢人為正是老莊哲學觀在其文學觀和美學觀上的集中反映。《莊子》中有兩處言及此事：一處在《應帝王》篇，其「雕琢復樸」，意思是把世俗中染上的一切好惡是非等習慣意識和行為雕琢清除，恢復純樸的自然天性；另一處見於《山木》篇：

> 北宮奢為衛靈公賦斂以為鐘，為壇乎郭門之外，三月而成上下之縣。王子慶忌見而問焉，曰：「子何術之設？」奢曰：「一之間，無敢設也。奢聞之，『既雕既琢，復歸於樸。』侗乎其無識，儻乎其怠疑；萃乎芒乎，其送往而迎來；來者勿禁，往者勿止；從其強梁，隨其曲傳，因其自窮，故朝夕賦斂而毫毛不挫，而況有大塗者乎？」

這裡說的不是「為鐘」這一工藝，而是「賦斂」這一程序。「三月而成上下之縣」，言賦斂速度之快。而如此神速，又並未設計什麼法術（即梓慶寓言中的「何術之有」）。這裡的「一」，指精神純一，「一之間」，就是純任自然的意思，它有似於梓慶所說的「有一為……未嘗敢以耗氣也，必齊以靜心」，與《莊子》書中其它地方所說的「守」是一個意思，也是一種虛靜的心理狀態，也就是「用志不

分,乃凝於神」的狀態,一種「滌除玄覽」、凝神為一、心無旁騖的狀態,這是審美活動進入深層狀態的一種標誌。他無知無識的樣子,又好像純真無心的樣子;任大家聚在一堆,送往迎來分辨不清;來的人不拒絕,去的人不留住;不願意捐獻的任他自去,不讚助的隨他自便,依著各人自己的能力,所以雖有朝夕募款,但是人民絲毫不受損傷,何況有大道的人呢?這不是典型的「無為而治」嗎?聯繫上下文,「既雕既琢,復歸於樸」的含義就不言自明瞭。這裡可作參證的還有:

> 夫無莊之失其美,據梁之失其力,黃帝之亡其知,皆在爐捶之間耳。(《大宗師》)

郭象注解道:「言天下之物,未必皆自成也。自然之理,亦有須冶鍛而為器者耳。」問題在於,這裡的爐冶打鍛不是精雕細刻,而是「亡」、「失」,忘其所務,以歸自然。無莊是古代的美人,聞道後不復裝飾而自忘其美色,這一所謂「修學冶鍛」,也就是她的不修學,不冶鍛。由於其「雕琢」(「亡」)的工夫,也就是「損」的內心修養工夫,它與「虛靜」的心理狀態有類似之處。所以,莊子所說的「雕琢復樸」,就其精神上與由「虛靜」至「大妙」的過程也是基本一致的。

綜上所述,莊子關於「神」、「妙」的觀念表現為,極力渲染並讚歎其自然神化之妙。而這種神妙境界的取得,當然不是學習、錘鍊所能達到的,還必須有待於內在的修養工夫。然而莊子所謂的修養不是知識的增加、技巧的積累、形式的雕琢,而是它們的減少以至於消除。他繼承並發展了老子「為道日損」的思想,主張達到神妙化境,人們就必須遣去機巧、絕聖棄知,進入忘心忘身的「虛靜」狀態,達

到莊子所說的「無己」、「無功」、「無名」的境界。在《莊子》談技藝創造和體道求真的主體精神修養中，所謂的「守」、「損」、「一」、「我之自然」，都導向「虛靜」，它們是體道之妙和技藝創作「疑神」「見者驚猶鬼神」的至關重要的條件。

值得特別強調的是，神、妙的藝術化境，與其自然之美一樣，一直是中國藝術創作的理想境界。唐代書法理論家張懷瓘最早把書法藝術分為神、妙、能三品，認為神品「不可以智識，不可以勤求」，它「千變萬化，得之神功，自非造化發靈，豈能登峰造極？」[4]在繪畫理論中，張彥遠首標自然神品：「失於自然而後神，失於神而後妙，失於妙而後精，精之為病也，而成謹細。」[5]他把自然、神、妙列為上品，以別於精、謹、細的創作。實際上，正如我們在評價莊子時說，絕對的自然在藝術上是沒有的，只有經過人工而又體現了自然無營的「第二自然」，也就是合於自然、臻於神妙的藝術化境。藝術上的純粹「自然」，往往只是一種理想，一旦落實於創作，「自然」的理想只能在神妙化境的藝術創作中予以實現。因此，在藝術上談自然與談神、妙很難區分；相反，自然與神、妙一起卻與著眼於人工雕刻的精、謹、細劃然兩分。這一思想在畫家荊浩那裡亦有體現，他把畫分為神、妙、奇、巧四種。「神者，亡有所為，任運成象」，實際上就是藝術創作上的自然境界。神、妙皆跡近自然，只有奇、巧，才「有筆無思」、「雕綴小媚」、「實不足而華有餘」。[6]在詩歌理論中，司空圖推

4　〔唐〕張懷瓘：《書斷》，見北京大學哲學系美學教研室編：《中國美學史資料選編》上冊，北京，中華書局，1980，第259-260頁。

5　〔唐〕張彥遠：《歷代名畫記》，見北京大學哲學系美學教研室編：《中國美學史資料選編》上冊，北京，中華書局，1980，第309頁。

6　〔五代梁〕荊浩：《筆法記》，見沈子丞編：《歷代論畫名著彙編》，北京，文物出版社，1982，第50頁。

崇「不知所以神而自神」[7]的藝術境界，嚴羽把「入神」[8]譽為唯一的詩的極致，姜夔認為「詩有四種高妙」，而把「非奇非怪，剗落文采，知其妙而不知其所以妙」的「自然高妙」列為最上。[9]儘管這裡的神、妙不盡同於《莊子》中神、妙的意義，但就其與自然無營相聯繫，強調其不事雕琢、「匪由思致」這點上，它們則是一脈相承的。

第二節　道家的「虛靜」觀與中國藝術創作心理學

從上面的陳述我們可以看到，在莊子所嘖嘖讚歎而又對中國藝術創作理論影響深遠的自然天成的神妙化境中，「虛靜」的主體心理確實起著舉足輕重的作用。正如宗白華在《美學散步》中說：「靜穆的觀照和飛躍的生命構成藝術的兩元」，「微妙境界的實現，端賴藝術家平素的精神涵養，天機的培植，在活潑潑的心靈飛躍而又凝神寂照的體驗中突然地成就」。[10]顯然，宗白華一語點破中國藝術家所追求的藝術妙境以及藝術創作主體為了達到這樣一種藝術境界所具備的心理素質，只有具備了這樣一種凝神寂照的主體心態和深入持久的生命體驗，才能進入生命飛躍和自然天成的藝術妙境。

虛靜理論深深植根於中國的傳統文化哲學土壤中。中國文化哲學講究天人合一，強調一種柔性精神，強調中庸之道、過猶不及、不走極端，重視內在含蓄，反對過分張揚外露，即使內在氣象萬千、龍騰

7　〔唐〕司空圖：《與李生論詩書》，見郭紹虞主編：《中國歷代文論選》第2冊，上海，上海古籍出版社，2001，第197頁。

8　〔宋〕嚴羽：《滄浪詩話‧詩辨》，見〔清〕何文煥輯：《歷代詩話》下冊，北京，中華書局，1981，第687頁。

9　〔宋〕姜夔：《白石道人詩說》，見〔清〕何文煥輯：《歷代詩話》下冊，北京，中華書局，1981，第682頁。

10　宗白華：《美學散步》，上海，上海人民出版社，1981，第65、63頁。

虎躍，也要外表溫和淡雅，以靜制動，外在的千變萬化源於內在的靜態體驗，躍動的生命追求成長於靜態的修煉，這與西方的天人兩分、主體張揚、情感外溢的文化哲學有著根本差異。正是中國特殊的文化哲學孕育了獨特的藝術理論——虛靜觀，而道家哲學則集中體現和高度發展了這樣一種虛靜理論。「虛靜」又稱「靜思」、「空靜」，自老莊始，成為我國富有民族特色的藝術創作理論，老子發其端，而莊子集大成，貢獻最大。莊子的「虛靜」主要談的是道家自身修養的一種方式，「體道」的一種心境，但由於它與藝術創作的某些心理特徵有相似之處，也就為後世文人所喜好，並且發展成為一種重要的藝術創作心理學。所以，在討論莊子的「虛靜」觀對形成中國藝術創作心理學的重要意義之前，我們首先要回答兩個問題：一是莊子「虛靜」觀的本來意義；二是為何只有莊子的「虛靜」觀才對後世藝術創作理論產生如此重大的影響。

關於第一個問題，為了弄清莊子「虛靜」觀的性質及其意義，我們還得先從道家老莊元典上的「虛靜」觀入手。老子的道家哲學集中體現了中國文化的柔性精神，「知其雄，守其雌」，「重為輕根，靜為躁君」，宣導一種虛、靜的心態修養和以靜制動的人生態度，老子的虛靜理論是中國哲學「虛靜」理論的發端。老子最早在《道德經》第十六章中說：

> 致虛極，守靜篤，萬物並作，吾以觀復。夫物芸芸，各復歸其根；歸根曰靜，靜曰覆命。覆命曰常，知常曰明。不知常，妄作，凶。知常容，容乃公，公乃王，王乃天，天乃道，道乃久，沒身不殆。

在這裡，老子的「虛靜」可以從兩個方面來理解，一方面是指道

體的存在發展狀態,「靜」是事物的常態,即上面說的「歸根曰靜」,指的是事物的發展運動過程不是超出自身向外發展,而是向本體歸復,返回自身,即事物生於靜又歸於靜的發展態勢,這既是事物發展的本然,又是宇宙運行的普遍規律,道家文學對它進行高度讚美,把它視為「道性神功」的顯現形式;另一方面是指人體道的行為和觀物時的心理狀態,即「守靜篤」、「吾以觀復」,只有主體具備了虛靜之心,並在這樣一種心理狀態下去體悟虛靜之道體才能達到人與自然的和諧,進入天人合一之境。然而要做到虛靜,就必須無欲,正如老子所說「不欲以靜」,要對心靈「滌除玄鑒」,從而返回觀照內心的澄明。很明顯,「不欲」和「滌除玄鑒」是指克服人生的各種欲望的干擾和鼓動,保持無知、無欲、無為的狀態,超越生死、貴賤、貧富、寵辱、利害、有無之間的差別和對立,以達到內心的和諧,進而覽察萬物、洞悉宇宙,從而達到虛靜澄明,返璞歸真,使藝術創造達到老子說的「大象無形,大音希聲」之境。正是從「無欲」和「滌除玄鑒」的角度,莊子繼承並發展了老子的虛靜觀,並將這種虛靜的體道心態用於藝術創作,第一次銜接了哲學和藝術之間的鏈條,開啟了中國文藝心理學上「虛靜」論的先河,對後世的文藝心理和文藝創作實踐產生了深遠的影響。

莊子集中談到「虛靜」的,是在《庚桑楚》一篇中:

> 徹志之勃,解心之謬,去德之累,達道之塞,貴富顯嚴名利六者,勃志也。容動色理氣意六者,謬心也。惡欲喜怒哀樂六者,累德也。去就取與知能六者,塞道也。此四六者,不蕩胸中則正,正則靜,靜則明,明則虛,虛則無為而無不為也。

這裡的「勃志」、「謬心」、「累德」、「塞道」互文見義,而「四六

者」則從各個角度表達了對現世追求、現實分際、個人情慾的超越和遺忘。這「四六者不盪胸中」，實際上就是前面說的「外物」（貴富顯嚴名利）、「離形」（容動色理氣意）、「無情」（惡欲喜怒哀樂）、「去知」（去就取與知能），去此「四六」，就進入了虛靜境界，就達到了《齊物論》開篇所說的「形同槁木，心如死灰」的「喪我」狀態，與《人間世》篇所說的「心齋」、《大宗師》篇所言的「坐忘」含義完全相同。在哲學認識論上，這是一種否定知識、超越現實、反對認識活動的取消主義思想。

另外莊子在《天道》篇中也提到：

> 夫虛靜恬淡寂漠無為者，天地之平而道德之至，故帝王聖人休焉。休則虛，虛則實，實則倫矣。虛則靜，靜則動，動則得矣。

在這裡，「虛靜」乃是天地萬物的根本存在狀態，「虛靜恬淡寂漠無為」乃是抵達道德最高境界的前提條件和必備的內在修養心態，這和儒家說的「內聖」之學特別是程朱理學的修養之道有著相似的聯繫，又有著根本的差別，這種差別主要表現在方法論上。儒家的「內聖」之學和程朱理學的「誠意正心」的修養功夫之學也講「虛靜」，講「吾一日三省吾身」、「誠意正心」、「仁者靜，知者動」，講「居敬持志，主一無適」、「存天理，滅人欲」，但他們更側重於通過誠意正心敬持的功夫，通過後天的努力學習達到這種虛靜狀態，進而體悟天理，格物自知，最終達到其「修身齊家治國平天下」之外王事功的目的，所以更加強調後天主體的「有為」，體現了一種主體由內向外的發展之路。朱子引程頤的話說，「涵養須用敬，進學則在致知」[11]，可

---

11 〔宋〕黎靖德編：《朱子語類》第1冊，北京，中華書局，1986，第148頁。

見，在理學家眼中敬（靜）既是入道的途徑，又是認知主體進行自我修養的方法，唯有居敬，才能窮理，二者互相闡發，「學者功夫唯在居敬窮理二事，此二事互相發。能窮理，則居敬功夫日益進；能居敬，則窮理功夫日益密。」[12]可見，居敬功夫成為造道入德、提高修養水準的門徑，成為聖賢的階梯。但是老莊講「虛靜」更側重於主體的自然無為，在排外的同時，更在成就守內的最佳心態；為道「損」的功夫，也同時是「守」的成就；「虛」在消極上可「捐情去欲」，在積極上更能與物合一、「極物之真」、「以應無窮」，體現了一種由內向「根」的回歸，盡最大能力抵達生命的本體深處。可見，儒家和道家的虛靜觀，一外一內，一側重於事功的外在目的，一側重於內在的修養之道，兩者目的相反，境界殊異。莊子在《達生》篇以賭注為例，「以瓦注者巧，以鉤注者憚，以黃金注者殙」，外物之重必然導致內在精神的紛擾以致昏聵，所以莊子由此得出結論：「凡外重者內拙」。《田子方》的一則寓言亦然：

> 宋元君將畫圖，眾史皆至，受揖而立，舐筆和墨，在外者半。有一史後至者，儃儃然不趨，受揖不立，因之舍。公使人視之，則解衣般礴裸。君曰：「可矣，是真畫者也！」

這是一則「凡外重者內拙」的活教材！為什麼後至之史是真能畫畫的呢？就因為他和那些逡巡門外、形容猥瑣，時刻擔心自己能否得到指派，因而精神為利害得失、榮辱毀譽等身外物所束縛的畫史不同，全然不考慮慶賞爵祿、毀譽巧拙等外在功利目的，裸體赤身，忘其形體，旁若無人，表現出心靈的最大自由。這才是最富有詩意的人

---

12 〔宋〕黎靖德編：《朱子語類》第1冊，北京，中華書局，1986，第150頁。

生狀態，最適合文學創作的心理狀態。王安石在《虎圖》一詩中，受莊子啟發，通過作畫的藝術實踐也談到了精神上的虛靜對於藝術創作的影響。他對畫虎者的創作情態做了生動細緻的刻畫：「想當盤礴欲畫時，睥睨眾史如庸奴。神閒意定始一掃，功與造化論錙銖。」[13] 洋洋得意之態，難以言表。對於這種虛靜心態，儒家也注意到了其重要性，宋代理學集大成者朱熹談到詩歌創作時涉及了這個問題：

> 今人所以事事做得不好者，緣不識之故。只如個詩，舉世之人盡命去奔做，只是無一個人做得成詩。他是不識，好底將做不好底，不好底將做好底。這個只是心裡鬧，不虛靜之故。不虛不靜故不明，不明故不識。若虛靜而明，便識好物事。雖百工技術做得精者，也是他心虛理明，所以做得來精。心裡鬧，如何見得？[14]

可見，無論是畫畫還是作詩，無論是道家還是儒家都認識到了虛靜心態的重要意義，只有神閒氣定、忘懷名利，才能成為真正的藝術家，否則庸俗躁動使藝術家們內心無法平靜下來，也就難以進入高層次的藝術境界。換言之，這一旁若無人的「外」的心理，就同於梓慶削木為鐻時的「齊以靜心」，在莊子看來，它是進行藝術創作所要求的一種最佳的精神狀態。林希逸謂「宋元君將畫圖」的寓言故事：「東坡形容畫竹與杜甫詩曰『神閒志定始一掃』，跡近此意。」[15] 繪畫

13　〔宋〕王安石：《虎圖》，見《王文公文集》下冊，上海，上海人民出版社，1974，第561頁。

14　〔宋〕黎靖德編：《朱子語類》第8冊，北京，中華書局，1986，第3333頁。

15　〔宋〕林希逸著，周啟成校注：《莊子鬳齋口義校注》，北京，中華書局，1997，第323頁。

理論家郭熙稱:「莊子說畫史解衣般礴,此真得畫家之法。人須養得胸中寬快,意思悅適。」[16]詩歌批評家王士禛也極稱莊子「宋元君將畫圖」的寓言故事,強調「詩文須悟此旨」。[17]足見莊子的這則寓言故事與藝術創作心理的契合相通以及所產生的影響之大。莊子的「虛靜」觀在消極的取消主義背後,又包含著對主體創造力的肯定,它能使主體「虛而應物」、「極物之真」、「以應無窮」。正是這一點,莊子的「虛靜」觀被後世藝術理論家所接受,運用於藝術創作中主體最佳心理狀態的規定和培養,使這一哲學認識論上被認為具有消極因素的思想,在藝術創作心理學上獲得了新的意義。

然而,這裡又產生了另一個問題(即我們要回答的第二個問題):先秦諸子多言虛靜,為什麼只有莊子的「虛靜」觀才成為中國藝術創作心理學上的「虛靜」說的理論源頭呢?總觀先秦,除莊子外,老子、管子、荀子都講虛靜:

> 靜乃自得……聖人得虛道……去欲則虛,虛則靜矣;靜則精,精則獨矣;獨則明,明則神矣。神者,至貴也。(《管子・心術上》)
> 人正能靜,皮膚裕寬,耳目聰明,筋信而骨強。(《管子・內業》)
> 人何以知道?曰:心。心何以知?曰:虛壹而靜。心未嘗不臧也,然而有所謂虛;心未嘗不滿也,然而有所謂一;心未嘗不動也,然而有所謂靜。人生而有知,知而有志。志也者,臧

---

16 〔宋〕郭熙:《林泉高致・畫意》,見沈子丞編:《歷代論畫名著彙編》,北京,文物出版社,1982,第71-72頁。

17 〔清〕王士禛:《漁洋詩話》,見〔清〕王夫之等撰:《清詩話》上冊,上海,上海古籍出版社,1978,第108頁。

也。然而有所謂虛，不以所已臧害所將受謂之虛……不以夫一害此一謂之壹……不以夢劇亂知謂之靜（《荀子·解蔽》）

其中，老子的「致虛極，守靜篤」，加之其「滌除玄覽」（《老子》第十章），講的主要是主體的修身和養心之道，沒有涉及藝術創作，但是這一思想卻被莊子加以吸收並發展，並且用於創作心理和藝術實踐。管子的「虛靜」也是從聖人修養和強身健體的角度談，對後世影響不大，後來《心術》篇在法家韓非子的手中被改造成為君主的南面之術，「人主之道，靜退以為主。」（《韓非子·主道》）也就是說他要求君主以靜制動，居暗察明，靜觀風雲變幻，從而達到駕馭群臣的目的。這樣一來，虛靜便成為一種政治權術和手段，離文藝審美越來越遠。而《內業》篇則發展成為一種調節形體、健身養心的中醫傳統療法。所以，管子的思想及影響不朝文藝審美的方向，而是向著政治和醫學的方向發展。相比之下，荀子的「虛壹而靜」的儒家理論對後世也產生很大影響，他認為體道的唯一途徑是心，而心靈的最佳狀態是「虛」、「壹」、「靜」，只有主體具備了這樣一種虛靜、專一的心態，才能達到心靈的清明之境，才能廣納萬物，進而悟道。這是荀子對道家虛靜理論的繼承，同時又進行儒家思想改造的結果，也對後世的文藝創作心理產生了一定的影響，以至於有人認為劉勰《文心雕龍·神思》中的「虛靜」觀自荀子而來。這就向我們提出了這樣的問題：莊、荀「虛靜」觀有何不同，為什麼只有莊子的「虛靜」觀才對後世的藝術創作理論產生深刻影響？

這主要有兩個原因：一是莊子把虛靜的心理與手工技藝之神化妙境聯繫起來，而書中許多談藝的寓言本身就具有藝術創作理論的雛形。這在先秦其它諸子中是沒有的；二是莊子的「虛靜」心理具有審美特徵，它要求主體對外物保持一種精神的、非占有欲的感情態度，

即審美靜觀。因為莊子所言的虛靜心理狀態與從「忘」到「遊」的藝術人生態度是一致的，甚至可以說，只有從「忘」的審美超越的意義上，莊子「虛靜」的真正意義才能得到解釋。因為虛靜的心理狀態主要是要人們消除一切世俗的意念，忘記功名利祿等物質欲望和是非觀念。把這種超功利的觀點運用於藝術的主客體關係之中，就能使人們所觀之物不再成為欲念之物，也不是認識的對象，而成為審美的對象了。王國維曾在《〈紅樓夢〉評論》中說「夫自然界之物，無不與吾人有利害之關係」[18]。因此，必須保持主體的虛靜心態，排除世間的干擾，才能把物象從功利世界中移出，進行純審美式的靜觀，達到觀物也深、體悟也切的藝術效果。

相比之下，荀子的「虛壹而靜」儘管在理論上比莊子的「虛靜」觀要辯證、周全得多，但他是從理性認識的角度來立論的，它在哲學認識論上也許比莊子的「虛靜」觀更接近事理，但在藝術審美創造中，莊子的「虛靜」觀卻更有魅力。王煜在比較莊、荀的「虛靜」心態時指出：「荀子強調認知心或認知我，莊子強調自覺心或『情趣我』。」[19]（王氏又把「情趣我」英譯為 aesthetic self）以審美的心態來對待客觀對象，這是藝術創作和藝術欣賞至為關鍵的一步。

那麼，莊子的「虛靜」觀對中國古代藝術創作理論的重要意義又表現在哪些方面呢？後世藝術理論又怎樣受莊子的啟發，建立起具有民族特色的藝術創作心理學的呢？

第一，由於莊子的「虛靜」觀要人們棄聖去知，中止分解性的概念認知活動，否定人的努力而講「天機」，這樣就容易使人把「虛靜」的審美靜觀和神遇式的審美發現聯繫起來，從而也把虛靜視為激

---

18 王國維：《紅樓夢評論》，見徐洪興編選：《求善・求美・求真──王國維文選》，上海，上海遠東出版社，1997，第163頁。

19 王煜：《老莊思想論集》，臺北，聯經出版事業公司，1981，第356頁。

發藝術靈感、進行藝術構思的最佳心理狀態。靈感在我國的古典藝術美學中稱為「天機」、「興會」、「感性」等。「天機」一詞出自《莊子》，《大宗師》篇云：「其嗜欲深者，其天機淺。」陸機《文賦》談藝術靈感：「方天機之駿利。」《天地》篇有一則寓言講黃帝尋找遺失的玄珠，他先後派遣「知」（知覺）、「離朱」（聰明）、「喫詬」（言辯）去尋索，但都沒有找著，最後使「象罔」（無心），「象罔」卻找著了，真是用盡心智耳目聲色，也追求不到，虛靜之中反而發現「那人卻在，燈火闌珊處」。尋珠（即求道）是如此，藝術創作中的靈感也呈現出這樣的現象。顧愷之的「遷想妙得」之「妙得」也是說的靈感。劉勰認為，「入興貴閒」（《文心雕龍・物色》），「閒」者，虛靜之謂也，唯閒方能叩發物色之美，從與物合一（「神與物遊」）中獲得創作靈感。因此，劉勰在創作論中專門以《養氣》一篇來討論創作主體精神的修養，強調「率志委和」、「清和其心、調暢其氣」、「弄閒」等虛靜心態對藝術感興的條件。如果要對「養氣」之「氣」作一個界定，那麼劉勰的這一「氣」就有似於莊子《人間世》篇所說的「無聽之以耳」、「無聽之以心」，而「聽之以氣」的「氣」，這個「氣」，「虛而待物」，就是一種對物象直覺領悟的虛靜方式。在劉勰看來，對於主體這一虛靜的精神狀態的修養，是文思之來、靈感爆發至關重要的條件。正如紀昀評《養氣》篇所說：「此非惟養氣，實亦涵養文機。《神思》篇『虛靜』之說可以參觀。彼疲困躁擾之餘，烏有清思逸致哉？」[20]所謂的「文機」，劉勰《文心雕龍・神思》篇又稱「樞機」、「關鍵」。在他看來，「文機」、「樞機」、「關鍵」之開，取決於由養氣所達到的虛靜心態。這一看法成為中國人普遍接受的觀點。《二十四

---

20 〔南朝梁〕劉勰著，〔清〕紀曉嵐評：《紀曉嵐評文心雕龍》，揚州，江蘇廣陵古籍刻印社，1997，影印本，第349頁。

詩品·沖淡》說：「素處以默，妙機其微。」孫聯奎《詩品臆說》解析此句說：「心清聞妙香」，也把藝術感興與虛靜聯繫起來。皎然更為明確，他在《詩式·取境》中寫道：「有時意靜神王，佳句縱橫，若不可遏，宛若神助。」顯然，他也把興會標舉、文思泉湧的現象視為虛靜的結果。鄭板橋談到創作甘苦時說：「十日不能下一筆，閉門靜坐秋蕭瑟，忽然興至風雨來，筆飛墨走精靈出。」（《又贈牧山》）亦表現了由虛靜而生靈感這一創作心理模式。日人遍照金剛在《文鏡秘府論》南卷提到「境思」時也說：「思若不來，即需放情卻寬之，令境生。然後以鏡照之，思則便來，來即作文。如其境思不來，不可作也。」所謂「境思」指的是意境創造的思維，即感興萌發之思，即靈感，而這靈感的突發，興會的到來，又與「放情卻寬之」即虛靜的心態密切相連，虛靜心態是導致靈感迸發的前提條件。

為什麼「虛靜」的心態能夠導致藝術靈感的到來呢？因為接受莊子影響的中國古典美學認為作家的內在世界與外在世界存在著一種原始的對應，其原因在於人與宇宙間的異質同構關係。「虛靜」心理能夠極充分地發揮並顯現這種對應、同構的關係。莊子認為得道之人「喜怒通四時，與物有宜而莫知其極」（《大宗師》），莊子的這一人與宇宙的關係的觀點對後世影響頗大，陸機《文賦》、劉勰《文心雕龍》、鍾嶸《詩品》都一致指出了人的思想感情對自然物象變遷的感應。所謂「遵四時以歎逝，瞻萬物而思紛；悲落葉于勁秋，喜柔條於芳春。」（《文賦》）所謂的「春秋代序，陰陽慘舒，物色之動，心亦搖焉。」（《文心雕龍·物色》）所謂的「春風春鳥，秋月秋蟬，夏雲暑雨，冬月祁寒，斯四候之感諸詩者也。」（《詩品·序》）——這一「四季歌」式的創作感興模式，無一不是中國文化人與宇宙現象對應、同構的反映。同時，這一同構、對應的感應，主體又必須進入虛靜狀態，「虛而應物」、「以我之自然，合其物之自然」，進入物我同一

的極致；反之，心不虛靜，吾心一執，就與物多忤，文思隱遁。古人
把這種由虛靜而至的人與宇宙萬物的異質同構關係所形成的對應，稱
做「感興」「興會」和「心物感應」，也就是我們所說的靈感。李白
《贈丹陽橫山周處士惟長》詩言其放浪山水，「當其得意時，心與天
壤俱。閒雲隨舒卷，安識身有無。」可見其創作靈感（得意）正是在
「心與天壤俱」的忘我之中產生的。中國的這一靈感論與西方自柏拉
圖開始的靈感論有很大的不同。柏拉圖認為，創作過程的靈感完全靠
神的賜予，是「神靈憑附」的結果。只有當詩人失去理智、忘卻自我
而進入「狂迷」狀態時，藝術靈感才莊嚴誕生。這裡，受莊子影響的
中國藝術創作的靈感論與從柏拉圖開始的西方靈感論，在主張理性的
退卻、自我遭隱是靈感降臨的先決條件，把藝術靈感看做一種「神秘
經驗」[21]這一點上有其相似之處。但是，它們相似的背後卻有根本的
差異，從柏拉圖開始的西方靈感論企圖躍入形而上的本體世界，具有
一種宗教意味的狂熱色彩，認為靈感由「天」（上帝）「酒」「神」而
來，其推崇情感，以致放縱情感到狂熱的非理性程度，即後來尼采所
極力推崇的酒神精神和日神精神；而受莊子「虛靜」影響的中國藝術
靈感論卻與自然無營相連，無知無欲無我，從心理內容上講，指的是
一種自由無礙而又自然無營的審美心靈狀態，宇宙現象本身便是本體
世界，藝術家正是在無知無欲無我的虛靜狀態中與物（既是現象世界
又是本體世界）直覺合一，在這一「意冥物化」之中昇華為酣暢淋漓
的創作興會。與西方相比，中國的藝術靈感論沒有宗教的意味，其情
感狀態要恬淡、安靜、高雅得多。如果我們把西方關於靈感的理論稱
為「神靈憑附」的「狂迷」說，那麼，對於中國的關於靈感培養的理
論，則可以相應稱之為「心物感應」、「神與物遊」的「虛靜」說。儘

---

21 詳見錢鍾書：《談藝錄》，北京，中華書局，1984，第269-285頁。

管兩者都有神秘色彩，但前者是宗教的，後者是自然的；前者是熱烈的，後者是恬靜的；前者是主客二分的，後者是天人合一的。

第二，莊子所稱道的「虛靜」，是把握至高的「道」的先決條件，這一思想運用於藝術創作中，虛靜就成了充分發揮藝術概括能力的最佳心理狀況。莊子在《大宗師》裡說：

> 吾猶守而告之，參日而後能外天下；已外天下矣，吾又守之，七日而後能外物；已外物矣，吾又守之，九日而後能外生；已外生矣，而後能朝徹；朝徹，而後能見獨。

這裡的「守」，就是主觀精神的內守，但同時又是外「損」的過程。經過「外天下」、「外物」、「外生」的精神修養，達到了虛靜的境界。虛靜，故能心地大清明（「朝徹」），進入一種澄明之境；大清明，就能直觀到獨立無待的至道（「見獨」）。莊子這種體道的「虛靜」修養和境界，被後世文人借用為認識客觀事物內在精神、曲寫物態、「求物之妙」、「極物之真」的最佳主體心態。前引朱熹認為，「虛靜而明，便識好物事」，一些人作詩不佳，「只是心裡鬧，不虛靜之故」。其虛靜——明——識的藝術構思、概括過程，與莊子虛靜——朝徹（大清明）——見獨（見道）的過程是一致的。王國維也說：「吾人之胸中洞然無物，而後其觀物也深，而其體物也切。」[22]「胸中洞然無物」，就是莊子所說的「萬物無足以鐃心」的虛靜心狀。王國維的話也說明虛靜是深刻而準確地把握客觀事物的必要條件。錢鍾書說：「回黃轉綠，看朱成碧。良以心不虛靜，挾私蔽欲，則其觀物

---

22 王國維：《文學小言》，見郭紹虞主編：《中國歷代文論選》第4冊，上海，上海古籍出版社，2001，第379頁。

也，亦如《列子・說符》篇記亡斧者之視鄰人之子矣。」「我既有障，物遂失真，同感淪於幻覺。」如「先入為主，吾心一執，不見物態萬殊。」[23]虛靜心態是把握自然萬物真實生命和本質特徵的先決條件。

那麼，為什麼「虛靜」能充分發揮作家的藝術概括能力呢？莊子在「梓慶削木為鐻」的寓言中給我們這樣的啟示：經過「齊以靜心」，進入「虛靜」之境後，「入山林，觀天性」，就能使藝術家排除客觀干擾和主觀雜念，集中全力去研究自己所要創造的對象的特點，這樣就能掌握事物的本質和規律，從而進行藝術概括，進行「依乎天理」、「因其固然」的加工製作，創造出「以天合天」「見者驚猶鬼神」的神品。《宣和畫譜》記載五代時畫家郭乾暉最善畫花草禽蟲，他「常於郊居畜其禽鳥，每澄思寂慮，玩心其間，偶得意即命筆，格律老勁，曲盡物性之妙」。[24]有虛靜的精神狀態，才能集中全力去研究自己所要描寫的對象，這樣就一定能夠掌握它的本質特徵，從而「曲盡物性之妙」。

古人歷來重視作家貴有識見，即認識事理要準確深刻。在創作活動中如不進入虛靜狀態，作家的識力就會受到干擾，正如莊子以賭注喻心一樣，如果心裡被外物所佔據、所壓倒，就會心慌意亂，反而適得其反。只有排除外界干擾，進入虛靜狀態，人們才能充分發揮精神的創造能力，心明眼亮。清人賀貽孫說：「胸中無事，則識自清；眼中無人，則手自辣。」（《詩筏》）歐陽修也說：「處身者不為外物眩晃而動，則其心靜，心靜則智識明，是是非非，無所施而不中。」（《非非堂記》）不論是「不為外物眩晃」，還是「胸中無事」，都與虛靜狀態一致，而直接功效則在於使作者臨文時見識清明不惑。值得說明的

23　錢鍾書：《談藝錄》，北京，中華書局，1984，第56頁。

24　《宣和畫譜》卷十五，見於安瀾編：《畫史叢書》第2冊，上海，上海人民美術出版社，1963，第170頁。

是，虛靜的這一藝術創作功能體現了對事物的理性認識精神，它是對莊子對事物進行直觀感受的「虛靜」觀的一個發展（看來，把莊子的「虛靜」觀運用於藝術創作中的構思和概括，這種發展是必然的）。也許這裡也有荀子「虛壹而靜」觀念的影響。

第三，莊子的「虛靜」意在排除一切現實的、有限的紛擾和雜念，超越世俗的羈絆，即主要表現為莊子精神上「無待」的絕對自由，擺脫現實的物累而「遊心」於「天地之間」、「六合之外」、「廣漠之野」。在莊子看來，「忘」是「遊」的先決條件，「虛靜」與精神無繫的逍遙──「以遊無窮」──是互為因果的。這一虛靜──以遊無窮的範式，為後來的文藝理論家所借鑑，就使得他們把「虛靜」與開展豐富的藝術想像活動聯繫起來，所謂「澄一心而騰踔萬象」也。陸機《文賦》說：「其始也，皆收視反聽，耽思傍訊，精騖八極，心遊萬仞。」作家那翱翔於自然萬物而無極不可詣的想像活動正是從虛靜狀態開始的。劉勰《文心雕龍・神思》也說：「寂然凝慮，思接千載；悄然動容，視通萬里。」同樣肯定了虛靜狀態是想像翅膀展開的前提，通過想像創作主體可以超越有限的時空存在，上下千年，縱橫萬里，「籠天地於形內，挫萬物於筆端」，在虛靜的心理狀態中創作出生動活潑、生機盎然的，有著珠玉之聲和風雲之色的藝術形象。程顥有詩云：「萬物靜觀皆自得，四時佳興與人同。道通天地有形外，思入風雲變態中。」[25]可見，雖生活在天地之中，但想像使人臻於道境，超乎天地之外；雖身陷塵世，想像卻達於變幻莫測的窈冥之境，而想像的激發和飛翔只能在虛靜的心態下才能產生，這樣就將虛靜的認識功能和想像創作功能連為一體。劉勰對「神思」（藝術想像）的解釋是：「形在江海之上，心存魏闕之下。」這話源於《莊子・讓

---

25 〔宋〕程顥：《秋日偶成》，見〔宋〕程顥、程頤著，王孝魚點校：《二程集》，北京，中華書局，1981，第482頁。

王》篇。《神思》篇還說：「是以陶鈞文思，貴在虛靜，疏淪五臟，澡雪精神。」這段話的出處，見於《莊子·知北遊》：

> 孔子問於老聃曰：「今日晏閒，敢問至道。」
> 老聃曰：「汝齋戒，疏淪而心，澡雪而精神，掊擊而知！」

　　可見無論從思想精神還是從字句轉借上，劉勰的藝術想像論與莊子有著明顯的淵源關係。故范文瀾《文心雕龍注》在對劉勰「貴在虛靜」一語作注時，引《莊子·庚桑楚》：「徹志之勃，解心之謬，去德之累，達道之塞，貴富顯嚴名利六者，勃志也。容動色理氣意六者，謬心也。惡欲喜怒哀樂六者，累德也。去就取與知能六者，塞道也。此四六者，不盪胸中則正，正則靜，靜則明，明則虛，虛則無為而無不為也。」如前所述，這是《莊子》一書中一段經典的有關「虛靜」的論說。

　　第四，在莊子那裡，「虛靜」與「物化」是緊密聯繫在一起的。而「物化」在藝術中就達到了心與物、主觀與客觀渾融無別的「無我之境」，這時創造出來的藝術作品也就如化工造物一般，不露人工斧鑿痕跡，具有自然天成之美。這樣，莊子一再驚歎的自然天成的神妙化境也就在此得到了實現。虛靜——物化的思想，我們在後面關於莊子談藝的寓言中還要對之進行發揮。

　　最後必須指出的是，莊子的「虛靜」觀集中體現了人力與天成、學習與神妙的矛盾，他把虛靜與知識、技巧、實踐、學習完全對立起來，從根本上來說是錯誤的。我國古代藝術創作理論中的「虛靜」說主要從莊子發端而來，但同時也是克服莊子「虛靜」觀的錯誤傾向，不斷修正、豐富和發展而形成的。許多藝術理論家揚棄了莊子把虛靜與學習、實踐絕對對立起來的觀點，把「虛靜」與博練統一起來。劉

勰十分重視藝術創作時的虛靜心態，認為「陶鈞文思，貴在虛靜」，但在提倡構思時「疏瀹五臟，澡雪精神」的同時，緊接著又主張藝術家在構思之先必須「積學以儲寶，酌理以富才，研閱以窮照，馴致以懌辭」。這樣，「貴在虛靜」與「並資博練」、「務在博見」、「務先博觀」就得到了統一。[26]對劉勰的這一創作思想，清人紀昀以更明白暢曉的語言比喻為：「學宜苦而行文須樂。」[27]宋代畫家郭熙論畫亦然。他強調創作和欣賞上的「林泉之心」，但同時又認為「欲奪其造化，則莫神於好，莫精於勤，莫大於飽遊飫看。」[28]不過，他們都主張知識、才學、積累必須沉澱到「虛靜」的審美心態中，通過「虛靜」這個中介而發揮出來。在劉勰看來，廣博的知識才學、深厚的藝術積累對於藝術家的修養既重要，但又必須「規矩虛位」（《文心雕龍‧神思》），在臨文構思時必須出之以虛靜心態；在郭熙看來，勤學苦練對於作畫很重要，但又必須「目不見絹素，手不知筆墨」，達到一種無所用心的「杳杳漠漠」的境地。顯然，這裡的「虛靜」已具有「積澱」的性質，它把知識、技巧、學習、實踐「吃」掉了，消化而成為一種審美的心理結構——虛靜。這種對莊子「虛靜」觀的發展和重大補充，是解釋藝術創作神而不知其所以神、妙而不知其所以妙的關鍵。有了這種發展和補充，藝術靈感「來不可遏」「宛若神助」的突發性就得到了合理的解釋而不至淪於徹底的神秘。

---

26 關於「博練」，劉勰在《文心雕龍》之《神思》篇言：「難易雖殊，並資博練。」「博見為饋貧之糧」，「博而能一，亦有助乎心力矣。」《事類》篇言：「是以將瞻才力，務在博見。」「是以綜學在博，取事貴約。」《知音》篇：「故圓照之象，務先博觀。」

27 〔南潮梁〕劉勰著，〔清〕紀曉嵐評：《紀曉嵐評文心雕龍》，揚州，江蘇廣陵古籍刻印社，1997，影印本，第348頁。

28 〔宋〕郭熙：《林泉高致‧山水訓》，見沈子丞編：《歷代論畫名著彙編》，北京，文物出版社，1982，第58頁。

第三節 《莊子》中談藝寓言的特殊意義

　　如果說，前面所談的莊子的「虛靜」觀還主要屬於哲學上的內容以及後人怎樣發揮、移植，而且其「虛靜」觀本身還有一些片面的話，那麼在《莊子》談藝的寓言故事中所發揮的思想則與藝術創作更加接近，而且比較正確地處理了虛靜中學養、積累與神妙化境的關係。因此《莊子》談藝的寓言就幾乎成了其哲學思想上的「虛靜」觀與我國古代藝術創作心理學的「虛靜」說的接合點。實際上，真正直接影響後世文學創作理論的，正是《莊子》中那些談藝的寓言。《宋史·蘇軾傳》載蘇軾「既而讀《莊子》」，感歎道：「吾昔有見，口未能言，今見是書，得吾心矣。」蘇轍《亡兄子瞻端明墓誌銘》也說東坡「既而讀《莊子》，悟為文之道」。蘇軾的文論實主要得莊子的寓言之助。這裡我們有必要把莊子談藝的寓言抽出來進行專門探討。關於莊子談藝的寓言，筆者基本上同意一種流行的看法，即寓言故事本身所藏之意與故事所服務的那個觀點不大一致。但這種說法過於籠統，應該具體分析，從中總結出藝術創作中的一些規律性的東西。為此，我們還得從原著出發。綜觀《莊子》全書，談藝寓言主要有如下幾則：

　　（一）《養生主》中的「庖丁解牛」；

　　（二）《天道》篇的「輪扁斲輪」；

　　（三）《達生》篇的「佝僂者承蜩」、「津人操舟」、「丈人游水」、「梓慶削木為鐻」、「呆若木雞」；

　　（四）《徐無鬼》中的匠石「運斤成風」；

　　（五）《知北遊》中的「大馬之捶鉤者」。

　　其中「輪扁斲輪」、「梓慶削木為鐻」、匠石「運斤成風」已在前面引出，「庖丁解牛」、「佝僂承蜩」、「津人操舟」、「丈人游水」、「呆若木雞」已為大家所熟悉。現只將「大馬之捶鉤者」引錄如下：

> 大馬之捶鉤者，年八十矣，而不失豪芒。大馬曰：「子巧與？
> 有道與？」
> 曰：「臣有守也。臣之年二十而好捶鉤，於物無視也，非鉤無
> 察也。是用之者，假不用者也，以長得其用，而況乎無不用者
> 乎？物孰不資焉？」

綜合這些寓言，可以看出以下幾個特點；

第一，它與莊子神妙化境中所追求的一樣，都是以自然天成為極致。庖丁解牛時「奏刀騞然，莫不中音，合於桑林之舞，乃中經首之會」；津人操舟「若神」；呂梁丈人在急流中遨遊，安詳得「披髮行歌」，竟被孔丘等人當做「鬼」；梓慶削木為鐻使「見者驚猶鬼神」；匠石「運斤成風」，使郢人「立不失容」……這一切，都體現了一種神妙化工的自由、自然境界。而這又主要表現為庖丁解牛時「未嘗見全牛」，「官知止」，津人操舟之「忘水」，實際上也是一種「胸中洞然無物」的「虛靜」狀態。但是，莊子在這些寓言中卻沒有把學與妙、虛靜與學習、鍛鍊完全對立起來，而是在創作神妙境界的技藝過程中鑄進了長期實踐、反覆磨煉的工夫和過程，從而也就克服了莊子「虛靜」觀本身的弱點，把虛靜和實踐結合起來了。丈人游水之自如，成功之訣在於「始乎故，長乎性，成乎命」，用丈人自己的解釋就是：「生於陵而安於陵，故也；長於水而安於水，性也；不知吾所以然而然，命也。」這也就是成玄英注疏所說的：「直是久遊則巧，習以成性耳。」津人操舟儘管如此神奇自然，究其實，也是在說明「習以成性，遂若自然」（郭象注）的道理。同樣，大馬之捶鉤者「不失豪（毫）芒」之巧，是經過了六十年的磨煉；佝僂者承蜩「猶掇之者」之神，也有五六個月「唯蜩翼之知」的工夫；輪扁斫輪「徐則甘而不固，疾則苦而不入」的經驗之談，其間凝聚了藝人多年的心血……所

有這一切都說明了一個道理，技藝之出神入化，是經過藝人熟練掌握技巧、由技入道的結果，他們「忘水」、「未嘗見全牛」的自由、虛靜的心境，前面有一個習水（成為「沒人」）、「所見無非全牛」的過程，正是人們在長期的實踐活動中掌握和利用了客觀規律之後獲得的。正是由於有了這些活動，才使藝人的技藝活動巧而不覺其巧，人的作品而貌似自然天成，人力與天然達到了和諧統一的程度。但儘管如此，莊子在承認直接經驗的同時，對間接知識仍然是否定的，以書本為「糟粕」的思想仍然在這裡存在。他要求人們師天而不師人，師法自然而棄絕書本，這樣方能創造出神妙化工的產品。

宋代繪畫理論家董逌《廣川畫跋・書李成畫後》載：

> 咸熙（即李成——引者）蓋穉下諸生，其於山林泉石，岩棲而谷隱，層巒疊嶂，嵌欹崒嵂，蓋其生而好也，積好在心，久則化之，凝念不釋，殆與物忘，則磊落奇特蟠於胸中，不得遁而藏也……方其時，忽乎忘四支形體，則舉天機而見者皆山也，故能盡其道。[29]

這裡的創作經驗直接從《莊子》「丈人游水」和「津人操舟」的故事而來。其「生而好也，積好在心，久則化之」，與莊子談藝寓言所包含的「習以成性，遂若自然」的思想完全一致。

第二，與莊子所追求的神妙化境一樣，自然天成之妙是排外的修養工夫所致。紀渻子訓練鬥雞的過程，就是磨滅它的好鬥之心以及對外界的反應，達到「呆若木雞」的過程；大馬之捶鉤者說他捶鉤並無

---

29 〔宋〕董逌：《廣川畫跋・書李成畫後》，見俞劍華編：《中國畫論類編》，北京，中國古典藝術出版社，1957，第656-657頁。

他術,只是因為他「有守也」。這裡的「守」,在保守自己的精神的同時,也就是對外界干擾的排除;佝僂者承蜩的工夫,則是其「處身也,若厥株拘」,「執臂也,若槁木之枝」,達到不知四肢形體的「忘我」的境界⋯⋯這一主體的修養工夫,就是我們前面所說的「虛靜」的創作心態。但是,這一排外、忘我的主體精神狀態,已失去了它本來所具有的虛無色彩,而主要是為了說明一種從外部世界「收視反聽」、集中精力於創作對象的心理狀態。紀渻子訓練的鬥雞「呆若木雞」,旨在說明「德全」,用宣穎的解釋就是「精神凝寂」;佝僂者承蜩時的忘我狀態,主要是說明「雖天地之大,萬物之多,而唯蜩翼之知」的精神專注於創作對象的心理狀態,用寓言中孔子的話說,就是「用志不分,乃凝於神」;而大馬之捶鉤者捶鉤時排除外界干擾的同時,也就是「於物無視也,非鉤無察也」的心無旁騖的極境。「是用之者,假不用者也,以長得其用」,就是說,某一藝術成就,是來自忘眾用以成其某種藝術之用。因此,這種忘眾用而成一用的虛靜,不僅是美的觀照得以成立的首要條件,也是藝術技巧修養過程中的重大因素。張彥遠《歷代名畫記》在論吳道子何以不用界筆直尺時說:

> 守其神,專其一,合造化之功,假吳生之筆,向所謂意存筆
> 先,畫盡意在也。凡事之臻妙者,皆如是乎,豈止畫也!與乎
> 庖丁發硎,郢匠運斤,效顰者徒勞捧心,代斫者必傷其手。意
> 旨亂矣,外物役焉,豈能左手劃圓,右手劃方乎!夫用界筆直
> 尺,界筆,是死畫也;守其神,專其一,是真畫也。[30]

---

30 〔唐〕張彥遠:《歷代名畫記》,見沈子丞編:《歷代論畫名著彙編》,北京,文物出版社,1982,第39-40頁。

「神」就是人的精神心理，它專注於一，亦即莊子寓言中的「用志不分，乃凝於神」的狀態，在張彥遠看來，它是進行繪畫創作的要訣，而且這一臻於妙境的要訣與莊子談藝的寓言故事同於一理。《宣和畫譜》講到戴嵩畫牛時也曾說到：

> 嵩以畫牛名高一時，蓋用志不分，乃凝於神。苟致精於一者，未有不進乎妙也。如津人之操舟，梓慶之削鐻，皆所得於此。於是嵩之畫牛，亦致精於一者也。[31]

這裡的「致精於一」，也就是莊子談藝寓言中所講的藝術創作中的專注、凝神心態。由於有此心態，就「未有不進乎妙也」。

第三，技術創造時的出神入化，就是取消心與物、心與手的距離，從而達到客觀對象、主觀感受、物質表達三者同一的極致。這樣就由「虛靜」進入了「物化」。在《莊子》有關談藝的寓言故事中，「虛靜」也就是精神專一於創作對象的心理狀態，在這一狀態中，創作對象與藝人的精神心理毫無距離，物與我、主體與對象合而為一，這樣就達到了「身與物化」（或「心與物化」）的極境。錢鍾書在《談藝錄》中列舉了大量相關談藝言論後指出：「曰『安識身有無』，曰『嗒然遺其身』，曰『相忘』，曰『不知』，最道得出有我有物、而非我非物之境界。」[32]同時，由於莊子在寓言中不廢人工技巧，充分肯定了人手在創造藝術品中的作用，所以他也同時把手與心的距離的消失視為技藝創作的極致。這樣就由「心與物化」進入了「指與物化」的最高境界。庖丁最初解牛之時，「所見無非全牛也」，是由於對象與

---

31 《宣和畫譜》卷十三，見於安瀾編：《畫史叢書》第2冊，上海，上海人民美術出版社，1963，第151頁。

32 錢鍾書：《談藝錄》，北京，中華書局，1984，第56頁。

藝人還有距離，還處在「以我觀物」的階段；三年之後，「未嘗見全牛也」，主觀與客觀、心與物的界限消失了，達到了物我兩忘、物我同一的境界，從而進入了「以物觀物」的階段。他得道之後，「以神遇而不以目視，官知止而神欲行」，心與手的距離消失了，技術對於心的制約性解除了，於是他的解牛成為他無所繫縛的精神遊戲，他於技中見道，於手上直觀到自己的創作自由，達到了一種自由的審美境界，故「提刀而立，為之四顧，為之躊躇滿志。」輪扁在斲輪之時「不徐不疾」，恰恰達到了輪的本性所要求的程度；而這種物的自然本性的要求一旦「得之於手而應於心」，輪的自然本性、手的能力與心的要求就達到了完全一致的程度。

《莊子・達生》中的一段話更能直接啟發藝術創作的那種「心手合一」的特點：

> 工倕旋而蓋規矩，指與物化而不以心稽，故其靈臺一而不桎。忘足，履之適也；忘要，帶之適也；忘是非，心之適也；不內變，不外從，事會之適也。始乎適而未嘗不適者，忘適之適也。

宋代莊子注家林希逸解釋發揮道：「器圓不用規，只以手畫之，其技入神矣。指，手指也，指與物化，猶山谷論書法曰『手不知筆，筆不知手』是也。手與物兩忘而略不留心，即所謂官知止，神欲行也，故曰『不以心稽』。」[33]

這裡實際上包含著兩種藝術表現途徑。庖丁解牛「以神遇而不以目視，官知止而神欲行」，可以說是「得心應手」的表現程序；而輪

---

33 〔宋〕林希逸著，周啟成校注：《莊子鬳齋口義校注》，北京，中華書局，1997，第297頁。

扁斫輪，則可以說是「得手應心」的表現程序。[34]儘管兩者都在追求一種「心手合一」的境地，但其途徑卻有差異，其間所包含的藝術意念也有所不同。「得心應手」自「心」始，心中先有藝術意象，然後再把這個意象以「手」表現出來。這就是後人所說的「腹稿」、「胸有成竹」之類，與克羅齊所說的「畫以心而不以手」可相發明。錢鍾書《談藝錄》對克氏這一觀點曾以中國藝術經驗予以中肯論評，認為克氏「以為真藝不必有跡，心中構此想像，無須托外物自見，故凡形諸楮墨者，皆非藝之神，而徒為藝之相耳。」克氏「執心棄物，何其顧此失彼也。夫大家之能得心應手，正先由於得手應心。技術工夫，習物能應；真積力久，學化於才，熟而能巧。」並認為克氏「『畫以心不以手』，立說似新，實則王子安『腹稿』、文與可『胸有成竹』之類，乃不在紙上起草，而在胸中打稿耳。」[35]這類創作經驗談在中國畫論中很多。如唐代的符載就說：「當其有事，已知遣去機巧，意冥玄化，而物在靈府，不在耳目。故得於心，應於手，孤姿絕狀，觸毫而出，氣交衝漠，與神為徒。」[36]這裡的經驗幾乎完全從庖丁解牛的「得心應手」的故事而來，從而與克羅齊的直覺與表現的觀點有相通之處。「得手應心」則自「手」始，以心就手，以手合物，如《達生》篇所云：「指與物化，而不以心稽。」它給人的啟發是，藝術的表達（手）過程並非像克羅齊所說的只是把心中的意象（直覺）記錄下來（克氏認為這一記錄不屬於藝術過程），而是表達過程本身就是藝術過程。錢鍾書深刻指出：「紙上起草，本非全盤由手；胸中打

---

34 此見有得於古添洪：《直覺與表現的比較研究》，見古添洪、陳慧樺編：《比較文學的墾拓在臺灣》，臺北，東大圖書公司，1976。

35 錢鍾書：《談藝錄》，北京，中華書局，1984，第210-211頁。

36 〔唐〕符載：《觀張員外畫松石序》，見俞劍華編：《中國畫論類編》，北京，中國古典藝術出版社，1957，第20頁。

稿，亦豈一切唯心哉。」[37]作為藝術創作「得之於手而應於心」的入
神境界，手的表現、傳達過程，就是「物化」——創造貌似自然天成
的神妙化工產品的過程。從現象上看它是「不以心稽」，實際上是
「心與物化」的極致。這中間積澱了豐富、深刻的實踐、積累、磨煉
的經驗，是「真積力久，學化於才，熟而能巧」的結果。

物、心、手同一這一藝術創作的經驗之談，為蘇軾和鄭板橋所吸
收並加以發展。蘇軾在《書晁補之所藏與可畫竹三首》之一中云：

> 與可畫竹時，見竹不見人。
> 豈獨不見人，嗒然遺其身。
> 其身與竹化，無窮出清新。
> 莊周世無有，誰知此疑神。

這裡所說的「疑神」就是莊子所歎服的神妙化工的天成勝境，文
與可畫竹時忘身遺物而達到與竹同化，也如同莊子由「虛靜」到「心
與物化」的過程。這是藝術創作的一個方面。但另一方面，蘇軾在
《文與可畫篔簹谷偃竹記》一文中又表達了這樣的思想：對「心識其
所以然」的東西，不一定就能很好地寫出來；「心手不相應」是「不
學之過」，是「操之不熟」的緣故。這裡蘇軾也就指出了手與心的矛
盾，而手與心的矛盾的消解，得力於學習、苦練，藝術表達的自由來
自技巧的純熟。所以蘇軾主張「技道必須兩進」：「有道而不藝，則物
雖形於心，不形於手。」（《書李伯時山莊圖後》）有鑑於此，蘇軾感
歎道，「求物之妙，如繫風捕影，能使是物了然於心者，蓋千萬人而
不一遇也，而況能使了然於口與手者乎？」這裡的「物了然於心」，

---

37 錢鍾書：《談藝錄》，北京，中華書局，1984，第211頁。

就是莊子所描述的「未嘗見全牛」、「應於心」的心物同一的境界，而「了然於口與手」，則類似於莊子所稱讚的「以神遇而不以目視，官知止而神欲行」、「得之於手」的心、手距離的消失，也就是藝術傳達與主觀感受的矛盾的解決。蘇軾把它稱為「辭達」（《答謝民師書》）。從這裡我們還可以看到一個有趣的現象，心與手的矛盾的解決，在蘇軾那裡發展成為主觀感受與藝術傳達的和諧統一（不僅有「手」，還有「口」）；但在《莊子》那裡，儘管其技道合一、心手合一已包含著藝術意味與傳達媒介的矛盾的解決，但他還是堅持「口不能言」，言、意（妙理）之間的矛盾仍然存在，莊子的藝術精神更適合於繪畫藝術，於斯可見。

　　鄭板橋對莊子的上述理論顯然深有領悟又有所發展。他說：

> 江館清秋，晨起看竹，煙光、日影、露氣，皆浮動於疏枝密葉之間。胸中勃勃，遂有畫意。其實胸中之竹，並不是眼中之竹也。因而磨墨展紙，落筆倏作變相，手中之竹又不是胸中之竹也。[38]

　　鄭板橋把藝術創作的興起，歸於主體對自然物象的喜好、身處乃至直覺合一，他從自然造化的氣韻生動中獲得創作衝動和靈感。其由「眼中之竹」到「胸中之竹」，有似於莊子的「心與物化」，即對客觀對象的主觀感受、體悟；而「手中之竹」則類於莊子所言的「指與物化」，即對主觀感受、體悟到的客觀對象的藝術表達。鄭板橋儘管以師法自然作為創作的法則，但這裡顯然在強調並突出「手中之竹」與

---

38 〔清〕鄭燮：《板橋題畫蘭竹》，見俞劍華編：《中國畫論類編》，北京，中國古典藝術出版社，1957，第1173頁。

「胸中之竹」、「眼中之竹」的不同，在突出「手」的表達對原始自然
物象的能動改造（「落筆倏作變相」）。藝術創作要呈現體現了自然造
化的氣韻生動的神妙化工之美，但藝術由於是人的創造活動，藝術由
於其媒介的特點和限制，不可能表現純粹的、逼真的原始自然（即
「眼中之竹」）。鄭板橋正是在客觀對象、主觀感受、物質表達三者之
間的關係上對莊子思想進行了一個重大的補充和發展。

第三十五章
道家的復歸意識與中國文學退化史觀

「失道而後德，失德而後仁，失仁而後義，失義而後禮。」

「失於自然而後神，失於神而後妙，失於妙而後精，精之為病也，而成謹細。」這兩段話，分別是道家創始人老子與繪畫史家張彥遠的名言。如果把二者並置觀審，則發現它們有著驚人的句法結構和思維模式。思想、哲學上的歷史洞觀與藝術上的嬗變品第有著驚人的相通。再聯繫到中國文藝思想史上復古意識極為濃烈，文藝上的退化史觀極為盛行，這就不得不使我們對道家思想中的復歸意識與中國文藝思想上的退化史觀的精神連接進行深層思考。而在談到中國古代源遠流長的復古文學思想時，人們只容易看到儒家「述而不作」、宗經復古的影響，而忽略了道家復歸思想內在而深刻的啟示，這是很不全面的，也是欠缺深度的。

第一節　「樸散為器」與老莊的「歷史哲學」

在道家思想中，不僅其哲學的核心概念「道」的原生點與人類歷史的起點是同一的，而且「道」的生成、演化與人類歷史發展的進程也有著內在的同一性。共同性的哲學思考與歷時性的歷史審視，在道家的思維中，往往不可分地聯繫在一起。從這種意義上看，道家思想包含了一種極富特點的「歷史哲學」體系。

老子把人類歷史發展的進程描述為一部每況愈下、不斷退化、人類的美好原性不斷「失去」的歷史：

> 失道而後德，失德而後仁，失仁而後義，失義而後禮。夫禮者，忠信之薄，而亂之首也。(《老子》第三十八章，以下凡引老子言論者，皆只舉「章」目)

這一「失……而後……」的重複頂真句式，既是對哲學範疇的一個比較觀照，同時也是一種歷史的洞觀。因為在老子哲學概念中，「道」常常與渾一未分的原始混沌狀態聯繫在一起。「樸散則為器」（第二十八章），渾樸未分的狀態往往被老子當做「道」的最重要的形象指稱。這一渾樸未分的狀態，老子又稱之為「一」，「道生一，一生二，二生三，三生萬物」（第四十二章）。「一」演變為天地「萬物」的哲學思維，又包含著「樸散則為器」的歷史演化含義。正如王弼所云，真樸「散則百行出，殊類生，若器也」。也就是說人類歷史是由混沌同一分化而成奇態百生、奇技百出，由原始的簡單發展為越來越複雜的過程。儒家所宣導的仁義禮德等概念，就是這種越來越複雜的社會狀態的反映。「大道廢，有仁義；智慧出，有大偽；六親不和，有孝慈；國家昏亂，有忠臣。」（第十八章）儒家學派所強調、所樹立的那些道德框架和價值體系是社會已經出現分化、紛亂以後所採用的一種等而次之、治末不治本的補救性的措施和舉動。文明的發展歷史，就是一部人性的真樸自然越來越喪失的「失樂園」史。對於老子這種以哲學概念的歷史演化方式所體現的復古倒退思想，正始時期的思想家、文學家阮籍在《通老論》中有深得老子之意的解讀：

> 三皇依道，五帝仗德，三王施仁，五霸行義，強國任智。蓋優

劣之異，薄厚之降也。[1]

　　老子的道德→仁義→禮這種以哲學範疇的級差排列所描述的人類退化史在《老子》下面一段話中就體現為更具體的「歷史」觀：

　　太上，不知有之；其次，親而譽之；其次，畏之；其下，侮
　　之。(第十七章)

「太上」，河上公注為「太古無名之君也」。《釋義》：「太上，謂三皇五帝之世。」「太古」之時的政治特徵是人民根本不知道有統治者的存在，這一點似乎暗合傳說中的太古「無君」之世。那種無差別、無階級、無君主的「不知有之」的渾一未分狀態，既是人類的初始，也被老子奉為完美的典範。接下來的「親而譽之」的時代，其政治統治是建立在君主與人民之間和諧融洽關係的基礎上，這一階段儘管尚能保持人性的淳真、社會的和諧，但君主與人民的分別卻播下了以後社會大分化、人心不古的種子。因此，再往第三時代、第四時代，人民開始害怕統治者，甚至發展到憎恨、輕侮統治者了。這樣，人與人之間由最初的渾一未分的原始狀態演化發展到互相分化，甚至對立、緊張的狀態。

　　老子的這一某種意義上的「歷史哲學」觀點，在莊子那裡得到了更進一步的繼承和發展。與老子相同，莊子也把人類社會的歷史發展描述為「道」不斷「隱」、「德」不斷「下衰」的進程：

1　〔三國魏〕阮籍著，陳伯君校注：《阮籍集校注》，北京，中華書局，1987，第160
　　頁。

逮德下衰，及燧人、伏羲始為天下，是故順而不一。德又下
衰，及神農、黃帝始為天下，是故安而不順。德又下衰，及
唐、虞始為天下，興治化之流，澆淳散樸，離道以善，險德以
行，然後去性而從於心。心與心識知，而不足以定天下，然後
附之以文、益之以博。文滅質，博溺心，然後民始惑亂，無以
反其性情而復其初。（《莊子・繕性》，以下凡引《莊子》，只舉
篇名）

比老子更為深刻的是，莊子更多地以思維的解體來描述這一滔滔
不返的退化：

古之人，其知有所至矣。惡乎至？有以為未始有物者，至矣，
盡矣，不可以加矣。其次以為有物矣，而未始有封也。其次以
為有封焉，而未始有是非也。是非之彰也，道之所以虧也。
（《齊物論》）

在他看來，最完美的遠古自然之世「未始有物」的境界，也就是「忘
天地，遺萬物，外不察乎宇宙，內不覺其一身」（郭象注），不知道天
地、萬物、自我的區分，人與宇宙自然渾然一體，物我相忘，物我同
一。隨著人的意識的覺醒，隨著社會的大分化，便導致了思維的一步
步解體：「以為有物」，「未始有封」，感到有物與我之分，但還不知用
人為的標準對自然萬物進行類分；一旦有「封」（用概念去對自然萬
象進行類分），一旦有了是非判斷，「道」的完整性、思維的渾融性就
分離、破碎了。其實，思維上的「封」正是社會大分化（「分」）的反
映。這種社會大分化不僅指人開始與自然界相疏離，而且也有職業上
的社會分工，還有因財富累積而造成的人的等級分化。這樣的社會大

分化改變了以前的寧靜、純一、樸素，導致了以二分律為核心的思維框架和言辨系統的形成。「道隱於小成，言隱於榮華」（《齊物論》），不但仁義道德是小成，人類的文明成果也是小成，建立在二分律（二元化）基礎上的言辯系統和概念框架分裂了「道」的渾樸混一，遮蔽了存在的真實、完整。《天下》篇在談到原始的渾一不分分化、發展到「百家爭鳴」的紛亂時，描述道：「天下大亂，賢聖不明，道德不一，天下多得一察焉以自好，譬如耳目鼻口，皆有所明，不能相通。猶百家眾技也，皆有所長，時有所用，雖然，不該不遍，一曲之士也。判天地之美，析萬物之理，察古人之全，寡能備於天地之美，稱神明之容……悲乎，百家往而不反，必不合矣！後世之學者，不幸不見天地之純，古人之大體，道術將為天下裂。」這一渾全之「道」被離析、分化的過程，就是一部「道術將為天下裂」的學術史！

　　道家的「歷史哲學」中體現的人類歷史階段的劃分及其歷史退化論，在世界範圍內的文化觀照中，不是獨有的。老子對道德仁義禮及「不知有之」、「親而譽之」、「畏之」、「侮之」的歷史四階段論述，在古印度史詩《摩訶婆羅多》和古希臘詩人赫西俄德的《神譜》中有類似的描述，特別是赫西俄德所描述的黃金時代、白金時代、青銅時代、黑鐵時代，更是影響甚大。[2]即使是以理性的態度來觀照歷史和人類文化的西方近、現代思想，也在許多地方與道家的上述思想存在著極其相似的特點。美國人類學家摩爾根在《古代社會》一書中把人類的發展進程分為蒙昧、野蠻和文明三個階段，摩爾根的這一理論，特別是關於人類由史前（蒙昧、野蠻狀態）向文明過渡的論述，得到了馬克思、恩格斯的高度評價。儘管馬克思、恩格斯、摩爾根與老莊

2　這方面的論述，詳見蕭兵、葉舒憲：《老子的文化解讀》，武漢，湖北人民出版社，1994，第119-123頁。

對人類歷史進程的態度有異，在歷史階段的許多具體論述上不同，但雙方都不約而同地抓住了文明狀態這一歷史關節點。正是在這一關結點上，道家的「歷史哲學」與馬克思主義的唯物歷史觀具有著高度的可比性。恩格斯在論到家庭、私有制、國家這些文明社會必不可少的要素的起源時指出，它們「是由分工方面的一個新的進步開始的」。首先是人與自然的分離。「為了在發展過程中脫離動物狀態，實現自然界中的最偉大的進步，還需要一種因素：以群的聯合力量和集體行動來彌補個體自衛能力的不足」。[3] 這種「群的聯合力量和集體行動」使人類開始與「同與禽獸居，族與萬物並」（《馬蹄》）的自然狀態相疏離。由於這種「群」的社會化舉動，慢慢產生了社會分工。到了文明極度發展的資本主義社會，由於生產的專門化，生產程序被分割為許多孤零零的部分，「享受與勞動脫節，手段與目的脫節，努力和報酬脫節」[4]。不僅如此，那種「群」的社會化舉動中慢慢形成的社會分工，又使人的活動產物反過來成了一種統治人們的、不受人們控制的、限制人們的自我發展的異己力量，正如摩爾根所說：「人類的智慧在自己的創造物面前感到迷惘而不知所措了。」[5] 最後是由財富積累而形成的社會等級集團的劃分，即馬克思所說的階級的形成。這些社會大分化、大裂變，打破了原始狀態的人類生活與自然界直接同一的狀態，形成了人類社會關係的分裂和對立，同時也導致了人性的內在分裂的形成過程，是與非、美與醜、善與惡這些在原始自然狀態中不曾有的二分對立於是乎形成。正如老子所說：「天下皆知美之為

3 　恩格斯：《家庭、私有制和國家的起源》，見《馬克思恩格斯選集》，第4卷，北京，人民出版社，1995，第2版，第165、30-31頁。

4 　〔德〕席勒：《美育書簡》，徐恒醇譯，北京，中國文聯出版公司，1984，第51頁。

5 　〔美〕摩爾根：《古代社會》，轉引自恩格斯：《家庭、私有制和國家的起源》，見《馬克思恩格斯選集》第4卷，北京，人民出版社，1995，第2版，第179頁。

美，斯惡已；皆知善之為善，斯不善已。」（第二章）這裡關鍵在一「知」字，「知」表明了人的意識深處分化的開始。用莊子的話說，與「同乎無知，其德不離，同乎無欲，是為素樸」的原始自然狀態相比，「及至聖人……澶漫為樂，摘僻為禮，而天下始分矣」（《馬蹄》）。

與主張回到「行而無跡，事而無傳」的自然遠古之世的道家不同，儒家代表人物孔子則倡「克己復禮」，以西周禮樂文明作為理想社會的藍本，為已經分化了的人類社群設立規範化、體制化的框架。儘管儒、道在所復之古的時段、具體內涵上有重大差異，但孔子也對「當時」人心不古、奇技百出的滔滔不反時勢深感不滿。與老子「樸散則為器」可相啟發的，是孔子提出了「君子不器」（《論語・為政》）的命題。朱熹解釋道：「器者，各適其用，而不能相通。成德之士，體無不具，故用無不周，非特為一材一藝而已。」[6] 而現今學者以現象學之眼光來解讀，則看到「『器』就是指脫離了緣發境域的技藝；它墮落為有某種固定形式、并因而難於彼此溝通的謀生技巧和藝能」。[7] 孔子「君子不器」所包含的反對限於某種實用目的、淪為技藝活動的思想，就與老子「樸散則為器」、莊子所哀歎的「一曲之士」、「後世之學者」分裂天下「道術」的歷史退化相通。因為老莊所稱道的「樸」、「混成」、「混芒」、「渾沌」、「至一」、「純粹」、「全」、「大」，對立面是「天下始分」以後人們「分」、「析」、「裂」、「鑿」、「剖」、「辨」等文化行為，這些文化行為很容易導致「一材一藝」的技巧和藝能活動。

把上述道家退化歷史觀運用到藝術批評，張彥遠在《歷代名畫

6　〔宋〕朱熹：《四書章句集注・論語集注・為政第二》。

7　張祥龍：《海德格爾思想與中國天道》，北京，生活・讀書・新知三聯書店，1996，第410頁。

記》中說:「失於自然而後神,失於神而後妙,失於妙而後精,精之
為病也,而成謹細。」這種藝術優劣的品第,竟與「上古之畫」、「中
古之畫」、「近代之畫」、「今人之畫」的歷史退化驚人地對應!明人惲
敬申述張彥遠的這一說法並把它擴展到「文」:「畫如是,文可知
矣。」[8]張彥遠的這段名言以及惲敬對它的發揮,不禁使人聯想到老
子的經典名言:「失道而後德,失德而後仁,失仁而後義,失義而後
禮。」不僅因為兩者都運用了「失……而後……」的句法模式,而且
它們都體現了歷史演化(退化)的思想。有趣的是,復古主義者胡應
麟也以從張彥遠開始的品評模式來描述歷代詩歌「代降」的進程:
「五言盛於漢,暢於魏,衰於晉、宋,亡於齊、梁。漢,品之神也;
魏,品之妙也;晉、宋,品之能也;齊、梁、陳、隋,品之雜也。」[9]
足見那種從藝術境界的品第中所體現的歷史退化觀念,在畫論、文
論、詩論都是相通的。明代復古派詩論推尊漢魏,主要因為「漢魏之
間,雖已樸散為器,作者猶質有餘而文不足」[10]。亦以老子「樸散則
為器」的歷史、宇宙演化生成哲學思維來理解詩歌體格的「代降」。
文明化是人類和世界的一種進步,但從另一個角度看,這種表面的進
步隱藏著一種不易為人察覺的退化過程。人類每向文明邁進一步,其
自身的靈氣和自然的完整性就減少一分,其與自然融洽無間的親密關
係也就退化一步。在老莊所批判的「天下始分」以後的文明歷史進程
中,隨著人與自然的分離,隨著人對外在世界渾整的感知分崩離析,
並為概論、名言等框架所分割,隨著文化運作越來越淪為「一材一
藝」的技巧和藝能活動,文學上雕飾、謹細、餖飣、破碎的風氣似乎

8　〔明〕惲敬:《大雲山房文稿》卷二《與來卿》。

9　〔明〕胡應麟:《詩藪》內編卷二。

10　〔明〕王世貞:《藝苑巵言》卷一引獨孤及語,見丁福保輯:《歷代詩話續編》,北
　　京,中華書局,1983,第954頁。

是大勢所趨的。文明愈發展，趣味愈精細，文學愈自覺，文學雕華、格套化的傾向愈來愈容易發生，「詩性智慧」在一步一步地被「文」化、體制化、技藝化所遮蔽。

第二節　道家哲學的復歸意識

在中國思想史上，儒、道兩家都有濃厚的復古傾向，但兩者卻極為不同。王國維很早以「遠古學派」與「近古學派」分屬老子與孔子[11]，這是一個非常重要的區分。大致來說，儒家創始人孔子在社會綱紀鬆弛、禮崩樂壞的大亂之世，主張恢復西周禮制。他主張「克己復禮」，宣稱「郁郁乎文哉，吾從周！」深歎「久矣吾不復夢見周公」，恪守「述而不作，信而好古」。其所信之「古」，乃西周之古；其所復之「禮」，就是相傳為周公創制的西周禮制。關於西周禮制，內容非常豐富，但歸根到一點，則正如王國維所說：「其旨則在納上下於道德，而合天子、諸侯、卿、大夫、士、庶民以成一道德之團體。」[12]也就是說，西周制度的核心就是要把處於混沌、自然狀態的人類納入體制化的社會網路之中，建立一個既等級森嚴而又各安其分的秩序井然的道德群體。同時，周人的統治正好與中國文字的成熟期同步，這使得周代所重視的文化，包括禮儀、誥書，得以因文字的記述而成為文化經典。從這些意義上，西周正是中國社會進入成熟、定型的文明的開始。

如果說孔子的復古是復有形的（有文字記載並經典化）西周之近古的話，那麼老莊則是復無跡的（《天地》篇言其遠古理想社會「行

11　王國維：《屈子文學之精神》，見舒蕪等編選：《中國近代文論選》，北京，人民文學出版社，1981，第772頁。

12　王國維：《殷周制度論》，見《觀堂集林》卷十，北京，中華書局，1959，第454頁。

而無跡，事而無傳」）自然之遠古。老莊道家對走向文明的歷史進程
中人性每況愈下、人與自然越來越疏離、人的思維一步一步解析進行
了盡情的揭露和批判。「自三代以下者，天下何其囂囂也！」「自三代
以下者，天下莫不以物易其性矣！小人則以身殉利，士則以身殉名，
大夫則以身殉家，聖人則以身殉天下。」（《駢拇》）而三代以前的遠
古自然之世則一切出於自然，歸於自然。綜而言之，老莊是以如下概
念來展開其復歸遠古自然之訴求的。

一　「樸」、「混沌」、「渾沌」等原始意象

如果我們把《老子》《莊子》當做文學作品來解讀，則發現其中
經常反覆出現的幾個重要的概念，全是一系列隱喻性的原始意象，它
們是去古未遠的老子、莊子對遠古原始自然之世的一種深情追憶，是
「出於原始類比的自然聯想」[13]。

《老子》第三十二章云：「道恆無名、樸。」「無名」，是老莊之
「道」最為重要的指稱意象。老子言其道「視而不見」、「聽而不
聞」、「搏之不得」，它「不可致詰，故混而為一」（第十四章），道本
不可名，只是強名之曰「道」（第二十五章），因此，「無名」又與
「混而為之」的「混沌」是一致的。《莊子・應帝王》曰：

> 南海之帝為儵，北海之帝為忽，中央之帝為渾沌。儵與忽時相
> 與遇於渾沌之地，渾沌待之甚善。儵與忽謀報渾沌之德，曰：
> 「人皆有七竅以視聽食息，此獨無有，嘗試鑿之。」日鑿一
> 竅，七日而渾沌死。

---

13 蕭兵、葉舒憲：《老子的文化解讀》，武漢，湖北人民出版社，第47頁。

　　「渾沌」，在《莊子》一書中有許多音近義同的詞，如「混芒」、「淬溟」、「鴻蒙」、「空同」等，就是人類渾而未分的「至一」狀態。而「嘗試鑿之」則是企圖以概念、名稱來對宇宙存在進行類分的人為舉動。在人類文明發展史上，以語言來對事物進行指稱是人類智慧、思維發展的一大關鍵。它不僅標誌著「分」、「析」的開始，以概念為核心的抽象思維的開始，而且是人類賴以建立理性秩序的重要依據。儒家代表人物孔子就非常重視「正名」，認為「名不正則言不順」，並且把「正名」與「君君、臣臣、父父、子子」的尊卑等級秩序聯繫起來。「無名」代表了「混沌思維」，而有了語言、名稱，則走向了理性思維。從這個意義上看，「無名」又指的是文明前遠古原始的自然狀態。

　　「樸」是道家思維中又一關鍵概念，而且也與「混沌」、「無名」的原始意象同一旨趣。老子曰：「樸散則為器。」，莊子則曰：「純樸不殘，孰為犧尊？」（《馬蹄》）成玄英注解道：「純樸，全木也；不殘，未雕也。」「樸」的原型就是未經人工雕刻的全木。故莊子又說：「殘樸以為器，工匠之罪也。」（同上）藝人、工匠「殘樸以為器」，雖然巧奪天工，卻破壞了「樸」、「混沌」或「原初之美妙」，就好像「道」被離析、被分解而喪失了它的完整一樣。英國漢學家李約瑟認為「樸」與「混沌」一樣都是「上古道家政治術語」，它「意味著『未經化分，混同一致』。因此是指封建社會以前的原始集產社會」。[14]

　　再聯想到老莊書中，特別是《老子》中引人注目的「母」、「孩」（「嬰兒」）意象，它們都指向人類社會之始。《老子》第十四章曰：

14　〔英〕李約瑟：《中國古代科學思想史》，陳立夫等譯，南昌，江西人民出版社，1990，第140頁。

「能知古始，是謂道紀。」《莊子・田子方》更假託老子對孔子的教誨：「遊心於物之初。」道家思想的那種「回歸初始」的意趣非常明瞭。蕭兵、葉舒憲在《老子的文化解讀》一書中就以西方現代的神話批評中「初始之完美」（Perfect of the Beginnings）的信仰來解讀老子的混沌之戀，並指出：「老子的整個思想體系是以混沌創世神話為基礎的理論抽象。」[15]應該說，這是一種富有啟發意義的「解讀」。

而老、莊所處的時代，卻是一個人欲橫流、奇技百出、矯情偽性、淳擾樸散的囂囂之世。對此，老、莊主張回歸「初始」、「混沌」、「至一」的元古自然之世。因此，道家非常重視「反」。老子云：「反者道之動」（第四十章）、「大曰逝，逝曰遠，遠曰反」（第二十五章）。「反」固然有正反之意，但更為本原的則是回反、回歸。而《莊子》書中正面表達「反」（返）、「復」、「歸」的意念之處更多，如「反其真」、「復其初」、「反其性情」等。這種「回歸意識」在道家思想中佔據著極其重要的地位。

二 「小國寡民」與「至德之世」

如果說，上文還只是對老莊抽象哲學命題進行原始意象的闡釋的話，那麼老子關於「小國寡民」、莊子關於「至德之世」的理想社會描述，則給我們提供了一幅具體的、活生生的原始人的生活圖畫。在老子的「小國寡民」社會中，人們「結繩而用之」，表現的是文字發明以前的一種生活形態。在這裡，人們「甘其食，美其服，安其居，樂其俗。鄰國相望，雞犬之聲相聞。民至老死，不相往來」（《老子》第八十章），所追懷的是一幅儘管封閉、保守、落後，卻和諧、寧

15 蕭兵、葉舒憲：《老子的文化解讀》，武漢，湖北人民出版社，第74頁。

靜、單純的原始村落社會圖景。而莊子所嚮往的「至德之世」，似乎比老子的「小國寡民」更為古遠：

> 彼民有常性，織而衣，耕而食，是謂同德。一而不黨，命曰天放。故至德之世，其行填填，其視顛顛。當是時也，山無蹊隧，澤無舟梁；萬物群生，連屬其鄉；禽獸成群，草木遂長。是故禽獸可係羈而遊，鳥鵲之巢可攀援而窺。夫至德之世，同與禽獸居，族與萬物並，惡知乎君子小人哉！同乎無知，至德不離；同乎無欲，是謂素樸。素樸而民性得矣。(《馬蹄》)
>
> 子獨不知至德之世乎？昔者容成氏、大庭氏、伯皇氏、中央氏、栗陸氏、驪畜氏、軒轅氏、赫胥氏、尊盧氏、祝融氏、伏犧氏、神農氏，當是時也，民結繩而用之，甘其食，美其服，樂其俗，安其居，鄰國相望，雞狗之音相聞，民至老死而不相往來。(《胠篋》)
>
> 至德之世，不尚賢，不使能，上如標枝，民如野鹿。端正而不知以為義，相愛而不知以為仁，實而不知以為忠，當而不知以為信，蠢動而相使不以為賜。是故行而無跡，事而無傳。(《天地》)
>
> 古者禽獸多而人少，於是民皆巢居以避之。晝拾橡栗，暮棲木上，故命之曰「有巢氏之民」。古者民不知衣服，夏多積薪，冬則煬之，古命之曰「知生之民」。神農之世，臥則居居，起則於於。民知其母，不知其父，與麋鹿共處，耕而食，織而衣，無有相害之心。此至德之隆也。(《盜跖》)

這種「至德之世」，莊子有時又稱為「至一」之時：

> 古之人，在混芒之中，與一世而得淡漠焉。當是時也，陰陽和
> 靜，鬼神不擾，四時得節，萬物不傷，群生不夭，人雖有知，
> 無所用之，此之謂至一。當是時也，莫之為常自然。（《繕
> 性》）

「混芒」，陸德明《經典釋文》引崔注：「混混芒芒，未分時也。」成
玄英疏曰：「謂三皇之前，玄古無名號之君也。其時淳風未散，故處
在混沌茫昧之中而與時世為一。冥然無跡。」聯繫到《齊物論》篇中
對「未始有物」的「古之人」的稱揚、《應帝王》篇中關於「有虞氏
不及泰氏」的歷史退化論，這裡是對人類的初始、人類的童年、人類
的黃金時代的追憶，是對人類渾一未分的原始自然之世的讚美。從理
性的歷史眼光來看，它無疑是落後的、消極的。但如果從人與自然萬
物、主體與客體關係的角度來看，從審美的觀點來把握，則發現，老
莊在回歸遠古時代的背後，包含著對自然萬象的天然生機的肯定，包
含著對人與自然和諧合一的秩序的肯定，包含著對人與物渾的秩序中
所獲得的原初體驗、自然生發的純粹境界的肯定。

　　這種一切出於自然、歸於自然的和諧、淳樸、渾一的理想社會，
很多人樂意於指出它是「空言無事實」[16]的「寓言」。宋人林希逸就曾
解讀上引《胠篋》篇的那段：「十二個氏，只軒轅、伏羲、神農見於
經。自此以上，古書中無之。或得於上古之傳，或出於莊子自撰，亦
未可知。」[17]在我們看來，「出於莊子自撰」未必然，「得於上古之
傳」則更具可能性。莊子的這些「至德之世」的描述，更大的可能是

---

16 魯迅：《漢文學史綱要》，見《魯迅全集》第9卷，北京，人民文學出版社，2005，
　　第375頁。
17 〔宋〕林希逸著，周啟成校注：《莊子鬳齋口義校正》，北京，中華書局，1997，第
　　158頁。

來源於人類對遠古自然之世的種族記憶，儘管這些記憶可能有所脫漏、改造。戰國乃至秦漢時期其它典籍也有許多相似的記載，說明這些記憶得到了廣泛的流傳，如《韓非子·五蠹》記載：「上古之世，人民少而禽獸眾。人民不勝禽獸蟲蛇，有聖人作，構木為巢，以避群害，而民悅之，使王天下，號之曰『有巢氏』。民食果蓏蚌蛤，腥臊惡臭，而傷害腹胃，民多疾病；有聖人作，鑽燧取火，以化腥臊，而民悅之，使王天下，號之曰『燧人氏』。」《禮記·禮運》就曾說遠古時人的生活是「未有宮室，冬則居營窟，夏則居橧巢；未有火化，食草木之實、鳥獸之肉，飲其血，茹其毛；未有麻絲，衣其羽毛。」《呂氏春秋·恃君覽》有：「昔太古嘗無君矣，其民聚生群處，知母不知父，無親戚兄弟夫婦男女之別，無上下長幼之道，無進退揖讓之禮。」此種無差別、無階級、無君主的母系氏族社會正是老、莊理想的遠古渾一不分的自然狀態。而最為著名的則是相傳為帝堯時代流行的《擊壤歌》：「日出而作，日入而息。鑿井而飲，耕田而食，帝利於我何有哉！」這一自然和諧、安定的社會與老、莊的「小國寡民」、「至德之世」的情狀完全一致。至於說「神農之世，男耕而食，婦織而衣，刑政不用而治，甲兵不起而王。」（《商君書·畫策》）說黃帝、堯、舜「垂衣裳而天下治」（《周易·繫辭上》），這些滲透了儒、法思想所解讀的史前傳說，就更多了。對這些遠古時期的歷史傳說可能存在不同的解讀立場或加工改造，但其主體為種族的歷史記憶，其實一也。原型批評家榮格指出：「史前社會並不像『文明人』所想像的，已經消失得無影無蹤；相反，它們自在地活生生地存在於廣泛的人群中。」[18]老、莊的「小國寡民」、「至德之世」絕不是憑空想像出

18　〔瑞士〕榮格：《天空中的現代神話》，張躍宏譯，北京，東方出版社，1989，第76頁。

來的，而是一種類似於榮格所說的「原型」，深藏於我們民族的「集體無意識」中。

第三節　道家復歸意識的美學意蘊

　　與儒家「克己復禮」、回歸禮樂隆盛的西周之「近古」不同，老莊主張回到「不尚賢，不使能」、「行而無跡，事而無傳」、人與人「老死不相往來」的「小國寡民」、「至德之世」——原始的自然遠古之世。受道家復遠古思想（筆者稱為「復元古」）影響，後世的中國復古詩學力圖消解文明、文化社會中容易形成的體制化、概念化框架，以恢復人與自然的原始的和諧以及人對外在世界直接的、渾全的感知和接觸，推源詩歌自然感興、自由抒發、渾然天全的原初生發。與儒家復古導向道德目的論美學、高揚人文教化的古典主義精神不同，道家復歸意識影響下的美學旨趣則更多的走向了反文化的自然主義。

　　從「歷史的進步性」來看道家這一「小國寡民」、「至德之世」，可能是一幅生活原始、生產力落後的圖景。如果我們剔除這一思想的落後、消極因素，從人與自然萬物、主體與客體關係的角度來看，從審美的觀點來把握，則發現，其在回歸遠古時代的背後，包含著對自然萬象的天然生機的肯定，包含著對人與自然和諧合一的程序的肯定，包含著在人與物渾的自然秩序中所獲得的原初體驗、自然生發的純粹境界的肯定。後來的莊子注釋者也多把莊子所講的理想人性、理想存在狀態安放到遠古自然之世，如成玄英在注釋《莊子・天運》篇中著名的「兼忘天下」、「天下兼忘我」時疏解道：

　　　　未若忘懷至道，息智自然，將造化而同功，與天地而合德者，

　　故能恣萬物之性分，順百姓之所為，大小咸得，飛沈不喪，利
　　澤潛被，物皆自然，上如標枝，民如野鹿。當是時也，主其安
　　在乎！此使天下兼忘我者也，可謂軒頊之前，淳古之君耳。

這彷彿是在說，莊子所致力追求的自然、自由的人生境界，只有在遠
古自然之世才能得到充分而純粹的展現！莊子的那一復歸遠古的「保
守」「落後」的思想，具有著對現代人極為豐富、深刻的生態美學精
神的啟迪。「陰陽和靜，鬼神不擾，四時得節，萬物不傷，群生不
夭。」這不是一個飽受自然資源遭受污染、破壞的現代人所夢寐以求
的理想世界嗎！這一理想的人間社會，婉約有致，詩情畫意，和諧、
寧靜、溫馨，在美的觀照下，無物不美，無物不善，人生活在自然萬
象的天然生機之中，以「天放」、「素樸」之心來對待自然萬物，與物
無傷，恬然自得。這裡，「一而不黨，命曰天放」。「天放」之心就是
不以人為的分解、偏黨的觀點來對待宇宙萬象，而是順物自化。「同
乎無知，其德不離；同乎無欲，是謂素樸。」成玄英解釋「素樸」為
「無分別之心」，也就是不以分析、是非的觀點來對待自然萬物；而
「無欲」，則是對自然萬物不採取欲念、占有的態度。無知無欲，是
謂「素樸」之心。可見，所謂的「天放」之心、「素樸」之心，就是
不「以我觀物」，而是「以物觀物」。理解了莊子這些概念的特殊含
義，我們就會發現，他的「至德之世」裡，「萬物群生，連屬其鄉；
禽獸成群，草木遂長」，與「萬物不傷，群生不夭」是一個意思，意
在不以人工斫傷自然天全之美，保持自然萬物的天然生機。而「禽獸
可係羈而遊，鳥鵲之巢可攀援而窺」，「同與禽獸居，族與萬物並」，
除了透露出對人與自然尚未分離的鴻蒙狀態的種族歷史記憶外，也在
突出人與自然萬物的和諧親善關係。陶淵明就在《扇上畫贊》中寫
道：「遼遼沮溺，耦耕自欣。入鳥不駭，雜獸斯群。」突出的也是人

與動物和諧相處的那種境。人不是萬物的主宰，而是宇宙萬物之一物，因此《知北遊》說：「聖人處物不傷物。不傷物者，物亦不能傷也。唯無所傷者，方能與人相將迎。」而這些歸結到一點，就是《齊物論》中所稱讚的「古之人」「未始有物」的「至知」，也就是《繕性》中所崇揚的「古之人，在混芒之中」的「至一」。在這種「至知」、「至一」之中，人不以萬物的主宰者身分來對自然萬物進行理智的分解和物欲的破壞，人只是宇宙萬物之一物。由於不以欲望來對待宇宙萬物，由於不以抽象思維來類分宇宙萬物，人與自然萬物處於一種相親相和的渾融關係之中，人身處其間，不知有物，不知有我，物我兩忘，物我同一。這是一種超越了自我中心、人類中心的偏執之後所達到的順天自化、天人合一的純粹自然的境界。這一「天地之大美」體現了一種深刻的宇宙生態和諧精神。

這一詩境，如《二十四詩品》中《自然》品所呈現的那樣：

> 俯拾即是，不取諸鄰。俱道適往，著手成春。如逢花開，如瞻歲新。真與不奪，強得易貧。幽人空山，過雨采蘋。薄言情語，悠悠天鈞。

花開花落，過雨採蘋，真是一片生趣活潑純任自然的景象！而這一有類於現象學意義的純粹境界的呈露，全部秘密都在「薄言情語，悠悠天鈞」兩句上。《莊子・齊物論》言：「是以聖人和之以是非而休乎天鈞」，意謂拋開文明的價值框架和思維方式（「是非」等二元區分就是其表現形式）而返於自然本身的秩序和原始的和諧，如《二十四詩品・高古》所說的「脫然畦封」那樣。畦、封同義，都是界限、界域的意思。「脫然畦封」意承《莊子》。「封」乃莊子哲學中一個重要的帶有負面意義的概念。《齊物論》云：「道未始有封」，「古之人⋯⋯

其次以為有物矣，而未始有封也；其次以為有封焉，而未始有是非也。是非之彰也，道之所以虧也。」此前的莊子解讀者對這一重要概念比較忽略，且多解釋為超越界限，取其道「無所不在」的特點。筆者認為這一解讀比較簡單，與莊子的本意有些出入。從上下文來看，「有封」是相對於莊子所說「道」或「古之人」之「至知」之未鑿未分、混同物我、渾然至一的狀態而言，而「未始」（意謂「未曾」）含有歷史演化（退化）的含義。因此，「封」就是以人為的標準對自然萬象進行類分，它是人類告別了與物玄同的渾一狀態以後的運思行為。「封」以及隨之而來的是非、美醜、善惡等紛爭，應該是指「天下始分」以後的概念（名辨）系統和價值框架。所以在「未始有封」後面，莊子說「為是而有畛也」（「畛」，畛域、界限），並且列舉了「有左有右、有倫有義、有分有辨、有競有爭」這些充斥於文明世界的對待區分。就像「日鑿一竅，七日而渾沌死」的寓言所示，這些概念系統和價值框架遮蔽了存在的真實性，分裂、扼殺了宇宙自然的天然生機和整體意蘊。「脫然畦封」本於「未始有封」，相承於莊子復元古思想，意思就是超越世俗的價值系統和思維方式，返於自然本身的秩序和原始的和諧。人唯有這樣，方能「著手成春」，在物我合一的程序中，天機自動、當下感知（「俯拾即是，不取諸鄰」）。

與「脫然畦封」同趣，《二十四詩品》還有「飲之太和，獨鶴與飛」（《沖淡》）和「黃唐在獨，落落玄宗」（《高古》），深深通於老莊復元古思想。「太和」，一般理解為「陰陽會合沖和之氣」[19]，而筆者則認為，它的意思就是「太古的和諧」，這一美學風格的文化原型就是道家的元古理想。「獨鶴與飛」、「黃唐在獨」，「獨」是道家語境中一個重要概念。「獨」者，不偶也，故《莊子·齊物論》言：「彼是莫

---

19 郭紹虞：《詩品集解·續詩品注》，北京，人民文學出版社，1981，第6頁。

得其偶，謂之道樞。」而所謂的「道樞」，就是「一切差別與對立之
諸相悉為揚棄而返歸於物自身之本然之境地」。[20]徐復觀說：「《莊子》
一書，最重視『獨』的觀念。老子對道的形容是『獨立而不改』，『獨
立』即是在一般因果系列之上，不與他物對待，不受其它因素的影響
的意思。」[21]從哲學上這一解釋可謂正確，但如果我們換一種角度，
從文化人類學的眼光來看，那種「不與他物對待」、「一切差別與對立
之諸相悉為揚棄」的「獨立」狀態，卻是遠古時代人們的一種自然的
「常態」，一種最基本的存在形式。而一旦人類進入社會大分化的文
明時世，人們的意識深處開始出現是非、美醜、利害、善惡等「對
待」的辨別，抽象思維、功利追逐由此產生並日益繁複。所以《二十
四詩品》的作者以黃帝、唐虞這兩個上古帝王來啟發讀者的聯想。
「黃唐在獨，落落玄宗」，體味出的是一種太古的和諧，一種純粹的
「大美」。

如果以「世界性的知識與眼光」來看，以現代文化人類學美學批
評的觀點來解讀，老莊所崇尚的遠古之世乃是人類的文明前、知識
前、語言前的原真狀態，那時人的存在狀態和人對外的感受方式具有
文明人所隔膜的「渾整」和「直接」的特點和優長。

所謂「渾整」，就是老莊所稱道的「混成」、「混沌」、「至一」、
「純粹」、「全」、「大」，它的對立面是「天下始分」以後文明人
「分」、「析」、「裂」、「遍」、「辨」、「小成」的文化行為，它導致了
「天地之大美」、「古人之大體」的離析和解體。老莊所稱道的遠古人
類的「渾整」，既指其時人與自然的渾然一體，即莊子在《齊物論》

---

20 〔日〕福永光司：《莊子》，轉引自陳鼓應：《莊子今注今譯》，北京，中華書局，
　　1983，第57頁。

21 徐復觀：《中國人性論史》，轉引自陳鼓應：《莊子今注今譯》，北京，中華書局，
　　1983，第185頁。

篇所說的「古之人」「未始有物」（不知道天地、萬物、自我的區分）
的「至知」，又包括原始人自然擁有的對外在世界的那種渾整、全面
的感知。蘇聯文藝理論家梅列金斯基在《神話的詩學》一書中概括原
始思維的特徵在於「主體與客體、物質的與觀念的（即對象與符號、
事物與敘說、存在與其稱謂）、事物與其屬性、單一與眾多、靜態與
動態、空間關係與時間關係等等之區分的朦朧。」[22]原始思維的那種
「渾融體」，對後世的文學藝術具有非常重要的意義，中國古代更是
這樣。劉熙載說：「杜陵云：『篇中接混茫。』夫篇中而接混茫，則全
詩亦可知矣。且有混茫之人，而後有混茫之詩，故莊子云：『古之人
在混茫之中。』」[23]這裡就道出了詩的渾整意象與道家遠古文化精神的
深層聯繫。在中國古典美學、詩學史上，那些崇尚漢魏古詩「氣象渾
沌，難以句摘」的復古思想，那些推舉渾樸、自然、高古的審美觀，
都承襲著道家復元古的思想。中國詩歌美學上所追求的「意境」，亦受
惠於此一「渾融性」，近人許文雨在《人間詞話講疏·自序》中云：

> 夫詞之為文字，固亦不越乎作者之意與所作之對象，涵內薄
> 外，以成就其體例。其上焉者，則意融於象，殆與莊生物我雙
> 遣之旨同符，而王氏則謂之意境兩渾矣。[24]

　　至於「直接」，就是指莊子所稱讚的「古之人」與周圍的環境和
世界沒有任何中間環節的同一，這種與外在世界原始的、直接接觸是
「享受與勞動脫節、手段與目的脫節、努力與報酬脫節」的現代人所

---

22 〔蘇聯〕葉·莫·梅列金斯基：《神話的詩學》，魏慶徵譯，北京，商務印書館，
　　1990，第181頁。

23 〔清〕劉熙載：《藝概》，上海，上海古籍出版社，1978，第60頁。

24 許文雨：《人間詞話講疏·自序》，見《文論講疏》，南京，中正書局，1937。

望塵莫及的。黑格爾在《美學》中稱讚《荷馬史詩》中的英雄們親自
動手製造他們自己的用具：他們都親手宰牲畜，親手去燒烤，親自訓
練自己所騎的馬，他們所用的器具也或多或少是親手製造出來的。
「總之，到處都可見出新發明所產生的最初歡樂，占領事物的新鮮感
受和欣賞事物的勝利感覺。一切都是家常的，在一切上面人都可以看
到他的筋力，他的雙手的伶巧，他的心靈的智慧和英勇的結果。」[25]
反觀文明高度發達的近代社會，人與他的本質力量脫節了、隔膜了。
儘管莊子和黑格爾對古代人的稱讚的具體內容有所不同，但它們都具
有這樣的美學啟示：審美的本質在於人與對象、主體與客體的統一，
在於人們對自己的感知所擁有的那份「不隔」的親切感。莊子復元古
主義中所包含的這一美學思想，對後來的中國詩學產生了巨大的影
響，它啟示詩人們「直尋」（鍾嶸）、「直致所得」（司空圖）、「因現量
而出之」（王夫之），去追求與自然真實世界「不隔」的真實感和親切
感，而不要被書本、知識、學問等這些文化框架所遮蔽、所分割。
《二十四詩品・實境》就描述了這一美學境界，其云：

> 取語甚直，計思匪深。忽逢幽人，如見道心。清澗之曲，碧松
> 之蔭。一客荷樵，一客聽琴。性情所至，妙不自尋。遇之自
> 天，泠然希音。

這裡的「直」不是直露、不講含蓄，而是直覺、自然感興。道家的這
種思想影響於後世的中國詩學，就形成了這樣一種極為重要的美學
觀：擺脫充斥著「文人」、「詩法」、「格調」這些在文明、文化氛圍中

---

25 〔德〕黑格爾：《美學》第1卷，朱光潛譯，北京，商務印書館，1982，第2版，第
    332頁。

容易形成的體制化、概念化的框架，追求概論前、語言前與自然真實世界原始的、直接的接觸和原初體驗，主體在外在對象的冥合渾一的直接感知中，自由生成、自然感興。應該說，這堪稱中國詩學的美學之魂。

在西方美學、文化史上，對遠古自然之世的回歸意識可謂源遠流長，且有愈演愈烈之勢。法國啟蒙時期盧梭的「回到自然」說，可說是較早在美學、文學領域產生重大影響的。盧梭對文明上流社會矯揉造作、虛偽刻板的批判很容易使人們聯想到莊子對儒家禮樂教化、仁義德性這些「文化行為」使人「喪真」的揭露。同莊子一樣，盧梭認為遠古自然之世則是一片天機自然：「我們想到風化時，就不能不高興地追懷著太古時代的純樸景象。那是一幅全然出於自然之手的美麗景色。」[26]其後，隨著人類文化學的興起，對遠古文化形態、對原始思維的研究興趣極大發展起來。無論是列維-布留爾所說的原邏輯的「原始思維」，還是列維-斯特勞斯所講的前科學的「野性思維」，還是凱西爾所揭示的符號論的「神話思維」，都是這一思潮的主要體現者。葉秀山指出：「對於原始的思維形式的研究，對人的原始狀態的研究，是當代西方思潮中的一個重要方面，因為它直接與哲學的一個基本命題：思維與存在的同一性、主體與客體的同一性有關，所以這個問題對哲學家就有特別的吸引力。同時又由於這種同一性與感性的形式不可分離，因而對藝術家也同樣具有吸引力。」[27]不妨這樣認為，西方現代興起的對遠古原始文化研究的興趣，歸根到底還是一種對現代人的思維、對文明人的存在狀況日益陷入困境的危機感使然。

26 〔法〕盧梭：《論科學與藝術》，何兆武譯，見伍蠡甫主編：《西方文論選》上卷，上海，上海譯文出版社，1979，第338頁。

27 葉秀山：《思·史·詩——現象學和存在哲學研究》，北京，人民出版社，1988，第47頁。

影響更大的、以海德格爾為代表的存在論現象學哲學、美學，正是這一思潮的集大成式的表現者。海德格爾主張拋棄統治西方二千多年的形而上學理性思維體系，返回蘇格拉底以前的觀念，其核心就是要恢復概念前、語言前的原真狀態，以建立與自然世界原始的、直接的接觸。海德格爾的這一終極性思路很容易使人們把他與老莊的復遠古思想聯繫起來，因為「雙方的思維方式都是一種源於（或緣於）人生的原初體驗視野的、純境域構成的思維方式」[28]。這種思維方式從本質上是詩性的，是審美活動中最基本的、最重要的特徵。

第四節　中國文藝的退化史觀及其道家影響

關於退化，人們容易想起主張宗經復古的劉勰的經典名言：「推而論之，則黃唐淳而質，虞夏質而辨，商周麗而雅，楚漢侈而豔，魏晉淺而綺，宋初訛而新。從質及訛，彌近彌澹。」[29]這裡對古代文學各階段的美學概括儘管不完全正確，但卻體現了這樣一種很有代表性的文學退化思想：一部文學的發展歷史，就是一部文學越來越背離自然渾樸之美的退化史。對劉勰一代不如一代的文學歷史觀，人們往往習慣於輕易地加以否定和批判，或僅僅指出它矯當時雕麗、綺靡文風之弊的用意，殊不知「從質及訛，彌近彌澹」道出了歷史的必然！文明愈發展，趣味愈精細，文學越自覺，文學雕華的傾向似乎愈來愈容易發生。與之同趣，主張「詩之格以代降」的明代復古主義者胡應麟縱論歷代詩歌：「漢人詩，質中有文，文中有質，渾然天成，絕無痕跡，所以冠絕古今。魏人贍而不俳，華而不弱，然文與質離矣；晉與

28　張祥龍：《海德格爾思想與中國天道・引言》，北京，生活・讀書・新知三聯書店，1996，第13-14頁。

29　（南朝梁）劉勰：《文心雕龍・通變》。

宋，文盛而質衰；齊與梁，文勝而質滅；陳、隋無論其質，即文無足論者。」[30]如果從文與質的渾一與分離的歷史進程來看，這一歷史概括有何不准？為什麼中國詩歌發展到兩宋，越來越容易出現古代詩論家所詬病的「餖飣」「七寶樓臺拆得不成片斷」？後來詩歌為什麼境界越來越破碎、細小，而與真實的自然世界越來越「隔」？

再來看一些不是復古主義者的論析。晉人葛洪指出：「且夫古者事事醇素，今則莫不雕飾，時移世改，理自然也。」[31]葛洪秉持今勝於古的立場，從「時移世改」得出文學不斷進化的結論。但如果換一個角度，從追求「醇素」反對「雕飾」這一美學立場著眼，不就很容易達致了文學不斷退化的歷史洞觀？王國維也許不是一個復古主義者，但他的「文體盛衰」話題，卻深深啟發我們「文學後不如前」的美學沉思。他在《人間詞話》中歷數各種詩體的興衰代變後說：「蓋文體通行既久，染指遂多，自成習套，豪傑之士，亦難於其中自出新意，故遁而作他體，以自解脫。一切文體所以始盛終衰者，皆由於此。故謂文學後不如前，余未敢信。但就一體論，則此說固無以易也。」正是從「習套」形成之前之直接感知、自由興發這一角度出發，王國維在《文學小言》中進一步明確認為「詩至唐中葉以後，殆為羔雁之具矣……至南宋以後，詞亦為羔雁之具」。他那追求自然、真切的「不隔」論，推崇的是沒有任何先驗的概念、格套遮隔的原初體驗和直接感受，而諸如「用事」、「代字」、「隸事」、「粉飾」、「美刺投贈」等文化風習、文學法則和傳統框架則容易破壞藝術形象的整體性、直接性和鮮明可感性。朱東潤曾言：「南宋之季，夢窗、玉田之詞大盛，論者或以詞匠少之。實則吾國文學上之演進，每有一定之軌

---

30 〔明〕胡應麟：《詩藪》內編卷二。
31 〔晉〕葛洪：《抱朴子·鈞世》。

則，始出於大眾之謳歌，天然之美，於茲為盛。及其轉變既繁，成為文人學士之辭，組繪之美，於是代興。二美不可兼得，各有所長。必謂後之嚴妝，遜於前之本色，斯又一偏之論耳。」[32]這番話似乎就是針對王氏而發，但朱東潤在指出「必謂後之嚴妝，遜於前之本色」乃「一偏之論」的同時，也承認從「天然之美」到「組繪之美」是文學歷史發展演進的「軌則」。如果從自然感興、渾樸天然的角度講，大概朱東潤也難以否認文學「後不如前」。二十世紀初是進化論引進並產生重大影響的時代，但服膺「進化的研究」的楊鴻烈在《中國詩學大綱》中卻於極稱「詩的進步說」的同時，也從詩性精神的角度充分肯定了中國詩學中極為濃厚的復古倒退思想的合理性，認為「詩的退化的趨勢，乃是人類『理智』進步，『感情』、『想像』退減的結果。這是自然的結果，並不是人為。」[33]

　　這些就啟示我們，一旦把「古」與「今」這些體現了歷史觀念的復古意識與自然、質樸、意象渾全這些中國古代詩學非常重視的美學理論聯繫起來考察，則很容易走向文學不斷退化的思維。中國詩學中極為濃厚、影響甚大的復古退化觀，也許是「一偏之論」，但其「片面性」背後卻隱含著極為豐富的「深刻性」。古今中外不少文論家堅持認為，儘管隨著科學的發展，文學表達技巧日益精緻、細膩，表現方法也日趨豐富、多樣，但從文學情感的維度，從人對外在世界直觀感悟能力的角度，從中國詩論家所極力崇尚的質樸自然、意象混沌的層面，人類的「詩性智慧」卻在一步一步退化！因此，對中國古代文論中獲得廣泛唱和的文學退化觀，我們就不能以簡單化理解了的進化論歷史觀、以所謂的「歷史進步性」思維模式簡單處之，而應該更多

32 朱東潤：《中國文學批評史大綱》，上海，上海古籍出版社，1983，第170頁。
33 楊鴻烈：《中國詩學大綱》，上海，商務印書館，1928，第215頁。

地從文化、美學的角度，充分揭示中國復古主義者在批判「近今」、「近代」奇技百出、競新弄巧的文化風習和刻意為文、餖飣破碎的創作機制背後所體現的終極人文關懷和審美追求。它所牽涉的不僅是文學的歷史觀，更為重要的是對人的本質、人對世界的感知方式、文化氛圍中「詩」的不利處境等重要的美學問題的追尋，更多地表現了對「詩性」精神在歷史文化運作中不斷離散的深沉思考。

在源遠流長、內涵豐富的中國復古文藝思想中，有兩種表面相似但卻內涵差異甚大的退化史觀：一種以儒家宗經復古為支點，另一種則以詩性的衰落、離散為考量。如果說「體大慮周」的《文心雕龍》是前者中最精緻、最有深度的理論文本，[34]那麼嚴羽、七子派則代表了另一路復古退化的美學趣味。

與劉勰以宗經反本、雅正體要為歸宿的文學退化歷史觀構成迥然不同的話語系統，嚴羽及其影響到的明代復古派則在尊漢崇唐的復古構架中凸顯了一種特有的詩史觀，這一詩史觀以自然感興、意象混沌作為理論支點，更多地表現了對「詩性」精神在歷史文化運作中不斷離散的悲觀論思考。與劉勰的三階段（即所謂的聖人時代、楚騷時代、近代辭人）漸次退化的文學史觀有所不同，嚴羽、七子派所描述的詩歌歷史發展則表現為二循環的三階段：「不假悟」的漢魏古詩、「透徹之悟」的盛唐詩人、以及堪稱「不悟」或者「失悟」的「近代諸公」。漢代古詩，「氣象渾厚，難以句摘，況《三百篇》乎？」[35]因此漢詩及其源頭《國風》，堪稱「尚矣，不假悟也」，乃詩之「正」；魏人「稍尚思維」，開始有意為詩，已呈漸變之跡，但「淳樸餘風，隱約尚在」，因此之故，他們有時把漢、魏並置統稱；至晉、宋，則

---

34 參見劉紹瑾：《以比較的視野看劉勰的復古文學思想》，《江西社會科學》2004年第7期。

35 〔明〕謝榛：《四溟詩話》卷二。

經歷了「古今詩道升降之大限」，結果是「真樸漸漓」，「淳樸愈散，漢道盡矣」。[36]這是第一個大循環，講的是詩歌由出自「天地自然之音」的民間無意識歌唱向「巧匠雕鐫」的文人有意識創作的轉變。而至盛唐，則出現了文人詩作的成功典範。漢魏人直抒胸臆，率性而發，「肺肝間流出」，不須憑藉悟，隨手便出好詩，無什麼詩觀詩法。他們似乎是天然的詩人。而「晉以還」的詩作由於是一種自覺的創作，則必須「假悟」。「悟有淺深，有分限，有透徹之悟，有但得一知半解之悟。」在魏晉以來「須以悟入」的詩歌歷史中，「六朝刻雕綺靡，又不可以言悟，初唐沈、宋律詩，造詣雖純，而化機尚淺，亦非透徹之悟。惟盛唐諸公，領會神情，不仿形跡，故忽然而來，渾然而就，如僚之於丸，秋之於弈，公孫之於劍舞，此方是透徹之悟也」。[37]也就是說，只有盛唐人，由於他們「一味妙悟」，「惟在興趣」，掌握並遵守了詩歌藝術的自身規律，達到了「透徹之悟」的化境。而盛唐詩的這一極致經由中唐之漸變，至兩宋而偏出正路，走向了「不問興致」，「以文字為詩，以才學為詩，以議論為詩」[38]的死胡同。這就是第二個循環，講的是文人詩在詩的體制、框架形成之後的正反經驗和歷史流變。

在這一二循環三階段的詩史觀中，有以下三點特別值得我們注意：

第一，關於漢、唐詩的比較。

毫無疑問，無論是漢代古詩還是盛唐律詩，都是嚴羽及其七子派所復之「古」的具體對象，然而，儘管盛唐詩因其「古律之體備」、有「階級可升」而成為取法的對象，但按照「氣象渾沌」、「自然天成」的標準，只有高不可及的漢代古詩才是他們最理想的純粹詩境。

---

36 〔明〕胡應麟：《詩藪》外編卷二。

37 〔明〕許學夷：《詩源辨體》卷十七。

38 〔宋〕嚴羽：《滄浪詩話・詩辨》。

嚴羽在《滄浪詩話・詩評》中指出：「詩有詞、理、意興。南朝人尚詞而病於理，本朝人尚理而病於意興，唐人尚意興而理在其中，漢魏之詩，詞、理、意興，無跡可求。」在漢、唐兩者之間，嚴羽指出了他們各自的不同特點，但對它們未作明確的優劣品第。到了「七子派」的後期追隨者，則在這方面有了明確的價值辨析。胡應麟說：「今人律則稱唐，古則稱漢。然唐之律遠不若漢之古。」[39]許學夷亦云：「或問漢魏詩與李杜孰優劣？曰：漢魏五言，深於興寄，蓋風人之亞也；若李杜五言古，以所向如意為能，乃詞人才子之詩，非漢魏比也。」又曰：「漢魏古詩、盛唐律詩，其妙處皆無跡可求。但漢魏無跡，本乎天成；而盛唐無跡，乃造詣而入也。」[40]簡而言之，漢代古詩是「不假悟」的極致，而盛唐詩則是「假悟」的極品。漢代古詩是詩的體制、格套形成之前的「無詩人」「無詩法」時代人們的自然運作，而盛唐詩則是詩的體制、格套形成以後，詩人們通過「尚意興」、「問興致」、「惟在興趣」創作而成。因此，盛唐詩乃「詞人才子之詩」，經由鍛鍊「造詣而入」，與「本乎天成」、「無跡可求」的漢代古詩不同。

　　第二，尊漢復古的反人文色彩，體現出對文化氛圍中「詩」的不利處境的深刻反思。

　　關於漢魏以來詩歌「樸散為器」的歷史，嚴羽是這樣描述的：「漢魏古詩，氣象混沌，難以句摘。晉以還方有佳句。」但明代復古主義者則更注重對漢、魏之異的辨析。謝榛《四溟詩話》卷一云：「詩以漢魏並言，魏不逮漢也。建安之作，率多平仄穩貼，此聲律之漸，而後流於六朝，千變萬化，至盛唐極矣。」胡應麟對之則有更

39　〔明〕胡應麟：《詩藪》內編卷二。
40　〔明〕許學夷：《詩源辨體》卷三。

多、更明確的論述，其《詩藪》內編卷一云：「魏繼漢後，故漢風猶
存。」這是言其同，而「漢詩自然，魏詩造作，優劣俱見。」則是見
其異，因此胡氏認為「嚴謂建安以前，氣象渾淪，難以句摘，此但可
論漢古詩」。「嚴氏往往漢魏並稱，非篤論也。」（內編卷二）許學夷
則更進一步指出：「魏之於漢，同者十之三，異者十之七，同者為
正，而異始變矣。漢魏同者，情興所至，以不意得之，故其體皆委
婉，而言皆悠圓，有天成之妙。魏人異者，情興未至，始著意為之，
故其體多敷敘，而語多構結，漸見作用之跡。」「漢魏同者，情興所
至，以情為詩，故於古為近。魏人異者，情興未至，以意為詩，故於
古為遠。同者乃風人之遺響，異者為唐古之先驅。」（《詩源辨體》卷
四）這些強調了漢詩「自然」、「天成」、「情興所至，以不意得之」的
特點。在這些方面，「始著意為之」「漸見作用之跡」的魏人是有所不
逮的，「晉以還」就離得更遠了！

　　而漢代古詩那種「情興所至，以不意得之」的自然運作，在出自
「天地自然之音」的民間無意識歌唱中似乎更能得到呈現。胡應麟
云：「二京無詩法，兩漢無詩人。」又說：「周之《國風》，漢之樂
府，皆天地元聲，運數適逢，假人以泄之。」[41]「天地元聲」，即詩歌
的體制、格套尚未形成之前的那種原初、自然、渾整狀態，在這種狀
態下詩歌很容易達到渾融、自然的境界。而一旦「體制既備」，產生
了詩的概念和法則，有了「詩人」的身分感，則同原始真實的渾整世
界產生了「隔膜」的感覺。因此，明代復古主義者非常重視民歌，七
子派領袖人物李夢陽在其《詩集自序》中稱引並讚賞「真詩乃在民
間」的說法，有人認為此乃李氏對其復古思想的「晚年悔悟」，而筆
者則更傾向於認為七子派推尊漢代古詩的復古思想本身，即包含了對

---

41 〔明〕胡應麟：《詩藪》外編卷一。

民歌直抒胸臆、自然感興的創作程序的肯定。因為民歌多為閭巷子女、勞人思婦、田夫野叟之作，其作者無聞無識，未受上層文明社會精細趣味的浸染，未有作詩的明確意識，有的只是真情實感的自然流露，有的只是在人與自然的直接接觸中的自然感興。正是在這種意義上，明代復古派「後勁」胡應麟說：「漢樂府歌謠，採摭閭閻，非由潤色……天下至文，靡以過之。後世言詩，斷自兩漢，宜也。」[42]明代復古者多推崇北朝樂府民歌《敕勒歌》，而謝榛、胡應麟都極稱該詩作者「目不知書」。「此歌成於信口，咸謂宿根。不知此歌之妙，正在不能文者，以無意發之，所以渾樸莽蒼，暗合前古。推之兩漢，樂府歌謠，採自閭巷，大率皆然。使當時文士為之，便欲雕繢滿眼，況後世操觚者！」[43]這就通過「無詩法」、「無詩人」時代「以無意發之」的表現程序與「雕繢滿眼」的「後世操觚者」之鮮明對照，表現了其復古詩學中所特有的反人文精神，並觸及文化氛圍中「詩」的不利處境這一重要的美學問題。在復古主義者看來，古人由於沒有（或較少）關於藝術的格套，詩也沒有完全成為一種「專門之學」，在這樣一種文化生態環境下，詩完全產生於一種自然的運作和渾整的意態，人們直抒直感，自然感興，自由生成。「古人」的這一文化生態優勢，在「詩」成為一種「專門之學」，且其體制日繁、法則日精的「後世」，就漸漸退化甚至消失了，詩從絕對意義上不再是自然的運作和自由的生成，而成為可以拿來博取聲名、取悅社會的「製作」品了。與胡應麟「無詩人」、「無詩法」同趣，不是復古主義者的徐渭區分了「有詩而無詩人」的「古人」和「有詩人而無詩」的「後世」：

42　〔明〕胡應麟：《詩藪》內編卷一。

43　〔明〕胡應麟：《詩藪》內編卷三。

> 古人之詩本乎情，非設以為之者也，是以有詩而無詩人。迨於
> 後世，則有詩人矣，乞詩之目多至不可勝應，而詩之格亦多至
> 不可勝品，然其於詩，類皆本無是情，而設情以為之。夫設情
> 以為之者，其趣在於干詩之名；干詩之名，其勢必至於襲詩之
> 格而剽其華詞。審如是，則詩之實亡矣。是之謂有詩人而無
> 詩。[44]

「有詩人而無詩」，關鍵在於「詩人」的身分感使他與真實自然世界產生了隔膜，而詩人的身分感又主要來自於彌漫、充斥於詩壇的關於「詩」的體制、格套、法則。這些體制、格套、法則，就是「多至不可勝應」的「詩之目」、「多至不可勝品」的「詩之格」，它們形成一種具有強大支配的概念、框架及其文化氛圍，把人的渾整意態和直抒直感的心理機制分割了、隔離了。

第三，這一詩史觀所受道家影響，這一點是以往容易忽略的。

很顯然，嚴羽、七子派所描述的這一詩史觀與道家思想深有淵源。與老莊主張回到文明的體制、規範形成之前的原始自然狀態的復歸哲學相似，嚴羽、七子派所追慕的是詩的概念、體制、格套形成之前的那種原初的渾整狀態，那種純粹自然的運作，那種很容易達到的「氣象渾沌」、「自然天成」的境界。他們所描述的晉、宋以來「真樸漸漓」、「淳樸愈散」這一詩歌淳樸渾融境界日漸散失的詩史觀，真令我們想到道家對「古之人」渾整、至一的境界日益分崩離析的歷史哀歎。它簡直就是老子「樸散則為器」的「歷史哲學」在詩學中的移植。

如果我們把這一詩史觀所體現的復古思想與劉勰作些比較，則很容易見出其影響淵源之所自。兩者都極力推崇漢魏，但劉勰以深染儒

---

44 〔明〕徐渭：《肖甫詩序》，見《徐渭集》第2冊，北京，中華書局，1983，第534頁。

家精神的「風骨」稱之，強調其深厚的思想內容和情感力量，而嚴羽、七子派則崇其「氣象混沌」，更多的沾溉了道家渾一不分、混沌未鑿的元古精神。老莊所稱道的「樸」、「混芒」、「渾沌」、「大」，可能就是其復古詩學所稱「氣象混沌」的文化原型，而道家批判「天下始分」以後人們「分」、「裂」、「鑿」、「辨」等文化行為，又正好對應著復古詩學大為不滿的「巧匠雕鑴」、餖飣破碎的後世風習！

　　再如崇尚自然。一旦把情與辭的關係與文學歷史的發展聯繫起來考察，則很容易從自然的角度發出一種文學退化的歷史哀歎。劉勰正是這樣，其著名的《情采》篇認定「昔詩人什篇，為情而造文」；而「後之作者」，「遠棄風雅，近師辭賦，故體情之制日疏，逐文之篇愈盛。」范文瀾《文心雕龍注》闡發道：「可知詩人什篇，皆出於性情。蓋苟有其情，則耕夫織婦之辭，亦可觀可興。漢之樂府，後世之謠諺，皆里閭小子之作，而情文真切，有非翰墨之士所敢比擬者。」應該說，這段發幽之辭是順著「為情而造文」的邏輯思路而來的，絕對意義上的「自然觀」也必然會得出這樣的結論。然而，劉勰在《文心雕龍‧樂府》篇卻以「正聲」、「正響」、「雅聲」為標準對大部分真正「為情而造文」的優秀篇章或隻字未提，或持否定態度。受孔子「雅、鄭之辨」的影響，劉勰也貶低、輕視出自「天地自然之音」的下層民間歌謠。殊不知，那些為「翰墨之士」所不能比擬的「里閭小子之作」，真正體現了「本乎天成」、「無跡可求」的自然運作，其創作程序卻正是絕對的「為情而造文」！劉勰的這一受到雅正、體要規範了的自然觀，就與我們前面所闡述的七子派對「無詩法」、「無詩人」時代無名氏民間自然之聲無保留的稱揚是極為不同的。

後記

　　「先秦文藝思想史」這個課題是六年前正式作為教育部重點研究基地重大專案立項的，六年來課題組成員可謂殫精竭慮，從整體構思到梳理材料，從論點推敲到形諸文字，大家都盡了各自的力量。童慶炳先生沒有參加本課題的具體研究，但是他作為「中國文藝思想通史」的主編，認真審閱過全部書稿，並提出了許多極為重要的意見與建議。由於本課題申報了國家社科基金的後期資助專案，所以有幸得到有關專家的肯定與鼓勵，特別是一些極有價值的修改意見，本人作為課題負責人，在收到全部書稿之後，根據大家的意見與建議，用了半年時間進行修改潤色，這就是現在這部書的成書經過。

　　儘管還是不能盡如人意，但至少應該說是有自己的特色的。現代以來，國內外學界已經出版了大量中國古代之「藝術史」、「文學史」、「文學批評史」、「文學思想史」等著作，似乎已經不大有創新的空間了。為了避免重複與雷同，我們的研究主要突出了「綜合性」特徵，這主要表現在三個方面：

　　其一，把文學與藝術看做是一個時期裡占主導地位的「藝術精神」或「審美趣味」的表現形式，力求在二者的相互關聯中闡釋其意義。旨在打通「文學」與「藝術」兩大門類之壁壘。此為「文學思想史」與「藝術思想史」之綜合。

　　其二，把文學藝術思想看做是在一個時期裡與政治、宗教、哲學、歷史等觀念形態處於交融互滲之中的話語系統，力求在各門類之間複雜的「互文性」關係中揭示文藝思想的深層意蘊。此為「思想

史」與「文藝思想史」之綜合。

其三，點面結合，即把「概述」與「專題研究」相結合，既有「線」與「面」上之闡述，力求全面、詳備，顯示「通史」面目，復有對某一問題的深入探討，力求有深度，在介紹前人研究基礎上有獨到發現，顯示研究專著之特色。既有一般知識性梳理、介紹，更有有深度的創新性研究。此為「通史」與「專著」之綜合。

「先秦文藝思想史」是一個難度極大的研究課題，許多文獻材料的作者與年代問題至今尚未得到解決，面對絢爛多姿的研究對象，我們只能在盡量吸收前人研究成果的基礎上給出力所能及的理解與闡釋，如果能夠對願意了解兩千多年前中國古人的藝術精神與審美趣味的讀者提供較為清晰的線索與某種啟發，也就達到了我們的目的。

撰稿人及分工如下：

李春青：緒論、第五編

李山：第一編之第一、二、三、四、五章

過常寶：第一編之第六章、第六編

趙新：第二編

褚春元：第三編

陳莉：第四編

劉紹瑾：第七編

在本書的寫作過程中北京師範大學出版社給予了極大關注，特別是趙月華女士，幾年來常常詢及，頗有「督責」之功，在此我們表示由衷的感謝！

本書寫作及出版過程先後得到教育部重點研究基地北京師範大學文藝學研究中心重大項目、北京師範大學文學院二一一工程項目、國家社科基金後期資助專案等資助，這裡一併表示感謝！

李春青二〇一一年三月六日於北京京師園

中華文化思想叢書 A0100055

先秦文藝思想史　第四冊

作　　者　李春青
版權策畫　李　鋒
責任編輯　林以邠

發 行 人　陳滿銘
總 經 理　梁錦興
總 編 輯　陳滿銘
副總編輯　張晏瑞
編 輯 所　萬卷樓圖書股份有限公司
排　　版　林曉敏
印　　刷　百通科技股份有限公司
封面設計　菩薩蠻數位文化有限公司

出　　版　昌明文化有限公司
桃園市龜山區中原街 32 號
電話 (02)23216565
發　　行　萬卷樓圖書股份有限公司
臺北市羅斯福路二段 41 號 6 樓之 3
電話 (02)23216565
傳真 (02)23218698
電郵 SERVICE@WANJUAN.COM.TW
大陸經銷
廈門外圖臺灣書店有限公司
　電郵 JKB188@188.COM

ISBN 978-986-496-096-5
2018 年 1 月初版
定價：新臺幣 480 元

如何購買本書：

1. 劃撥購書，請透過以下郵政劃撥帳號：
　帳號：15624015
　戶名：萬卷樓圖書股份有限公司

2. 轉帳購書，請透過以下帳戶
　合作金庫銀行 古亭分行
　戶名：萬卷樓圖書股份有限公司
　帳號：0877717092596

3. 網路購書，請透過萬卷樓網站
　網址 WWW.WANJUAN.COM.TW

大量購書，請直接聯繫我們，將有專人為您
服務。客服：(02)23216565 分機 610

如有缺頁、破損或裝訂錯誤，請寄回更換
版權所有·翻印必究
Copyright©2016 by WanJuanLou Books CO.,
Ltd.All Right Reserved　**Printed in Taiwan**

國家圖書館出版品預行編目資料

先秦文藝思想史 / 李春青著.-- 初版.-- 桃園
市：昌明文化出版；臺北市：萬卷樓發行,
2018.01
　冊；　公分.--(中華文化思想叢書)
ISBN 978-986-496-096-5(第 4 冊：平裝)
1.文藝思潮 2.思想史 3.先秦
112.1　　　　　　　　　　　　107001267

本著作物經廈門墨客知識產權代理有限公司代理，由北京師範大學出版社（集團）有
限公司授權萬卷樓圖書股份有限公司出版、發行中文繁體字版版權。